젊은 치료자를 위한 라깡

Lionel Bailly 저

김종주 옮김

하나醫學社

차 례

역자서문

역사서문은 대개 번역을 끝내면서 느긋하게 쓰기 시작하는 글이기 쉽습니다. 하지만 이 서문의 앞부분은 번역을 시작하기 전에 미리 쓰기 시작한 특별한 경우가 됩니다. 베일리 박사는 분명히 정신과 의사입니다. NHS 트러스트라는 영국 국민건강서비스의 '자문 정신과의사' 역할을 맡고 있기 때문에 그건 분명합니다. 제가 정신과의사들의 글을 좋아하는 이유는 간단합니다. 그들이 임상경험을 통해 글을 아주 쉽게 쓰기 때문입니다. 문장도 꼬이지 않고 전달하려는 내용도 단순합니다. 지금까지 상당히 많은 라깡의 원본과 해설서들을 읽어왔는데, 막상 어떤 개념에 대해 설명하려면 『라깡 정신분석사전』이나 『라깡정신분석의 핵심용어』를 살펴봐야 합니다. 아직도 라깡 정신분석을 속속들이 잘 알지 못해서 생긴 일이라 생각했습니다. 그래서 더욱 열심히 환자도 보고 생각도 하고 책도 읽고 친구들과 논의도 해왔습니다.

하지만 베일리 박사의 이 Beginner' s Guide를 읽고는 생각이 조금 달라졌습니다. 우선 정신의학의 역사와 정신분석의 발생을 한 눈에 들여다볼 수 있습니다. 라깡도 2개월간이나 공부했던 부르크횔츨리 병원과 그 병원의 원장이면서 카를 융의 선생님이셨던 오이겐 블로일러를 중심으로 유럽의 정신의학이 어떻게 정신분석의 발전에 기여하게 됐는지 알게 됩니다. 또한 제2차 세계대전이 끝난 직후에 5개월간이란 짧은 기간이지만 라깡이 전시의 정신의학을 공부하러 런던에 체류했던 일도 알려줍니다. 지그문트 프로이트가 돌아가시고 그의 후계자들이 본거지로 삼은 도시에서 정신분석의 발전에 대한 호기심이 라깡으로 하여금 런던을 방문하게 했을 겁니다. 이제야 런던의 분석가 친구들이 왜 그리 자존심이 강한지 조금 알 것 같습니다.

라깡의 독특한 성격은 국제정신분석협회와 갈등을 일으켰습니다. 라가쉬와 함께 파리정신분석학회를 탈퇴해서 프랑스정신분석학회를 만들고 국제정신분석협회에 승인을 요청했을 때 협회에서는 요청을 심사할 위원회를 구성했습니다. 라깡에 대한 위원회의 견해는 예상보다 훨씬 더 부정적이었습니다. 위원회는 라깡이 '짧은 분석시간'을 사용한다는 걸 잘 알고 있었습니다. 뿐만 아니라 라깡이 그의 제자들한테 매우 '유혹적'이라고 느꼈다는 것입니다. 위원회는 그 점을 두려워했던 것 같습니다. 그가 너무 많은 훈련생들한테 너무나 막강한 영향력을 발휘하는 것으로 판단했습니다. 이렇게 해서 위원회는 라깡을 분석가로서가 아니라 교육분석가라는 이유로 비판하게 되었습니다.

이런 일들이 벌어지고 있는데도 라깡이나 그의 제자들은 아무 일도 없는 것처럼 여전히 분석경험들을 하고 있었고 라깡의 생각들은 계속 발전되어 가고 있었습니다. 그의 제자들은 그의 '세미나'에 몰려들었습니다. 세미나는 라깡이 자신의 이론들을 자세히 설명해줄 수 있는 활동무대였고 라깡 정전의 기본이 되었습니다. 라깡의 진술에는 도발적인 내용이 가득 들어 있고 그의 이론에는 애매모호함이 군데군데 점령하고 있습니다. 그의 이론이 저술행위라는 냉정한 숙고 끝에 기록된 것이 아니라 말로 강의하는 교육방식이란 상호작용과 청중에 의존하는 형태였기 때문입니다. 바로 이 점이 라깡 이론의 학습에 독특한 맛을 풍겨줍니다. 즉 그의 생각들은 청중한테 큰 소리로 말해준 다음 그들의 반응을 받아들이는 논변적 양식으로 발전되었습니다. 이런 방법은 고대 그리스와 로마의 철학자들이 작업하는 방식이었습니다. 논변적 사고라는 것은 대상을 직관에 의해 단번에 파악하는 것이 아니라 반복된 판단과 추리에 의해 파악하는 방법입니다.

이 책의 12장 「라깡식의 진료」의 앞부분에 나오는 내용인데, 진료에 관심 있는 독자는 여기부터 읽어봐도 좋습니다. 라깡은 가변적인 치료시간을 사용했고 지속시간의 가변성은 그에게 중요한 도구였습니다. 만일 그가 10분 후에 치료시간을 끝낼 수 있다면 그와 마찬가지로 그 다음 치료시간은 50분간이나 지속될 수도 있다는 것입니다. 여러 분석수행자들도 흔히 매우 짧은 치료시간을 경험했다고 말합니다. 이런 분석수행자들의 '인격'이 서로 달라서 그랬을 뿐만 아니라 라깡도 짧은 치료시간을 의도적으로 사용했던 것 같습니다. 그러나 그가 짧은 치료시간을 사용했을 경우에는 흔히 분석수행자들을 더욱 빈번히 만나보거나 간혹은 거의 매일 보자고 제안했을 것입니다. 이처럼 치료시간을 끝내는 일은 라깡한테 의미심장한 행위였고 또 너무나 중요했습니다. 특히 분석수행자가 어떤 흥미로운 담론 중에 있다면 단지 배당된 시간이 끝났기 때문에 치료시간을 끝내는 것은 좋은 방법이 아닙니다. 한편 분석수행자가 어떤 중요한 이야기를 하고 있는 순간에 치료시간을 끝내는 것은 오히려 유용해질 수도 있습니다. 그렇게 해서 다음 시간까지 그 내용은 더 많은 반성을 거치게 됩니다. 이처럼 치료시간의 끝내기는 하나의 해석으로도 작용합니다.

실제로 환자들은 어떤 말을 회피하기 위해 중요치 않은 이야기들을 장황하게 늘어놓는가 중요한 것이 일찍 떠올랐어도 시간이 끝날 때까지 쓸데없는 말 속에 묻어두려고 합니다. 분석수행자는 자신의 목적에 따라 공허한 말 뒤에 숨어서 고정된 분석시간을 갖고 노는 것 같은 일을 흔히 벌입니다. 라깡은 분석수행자가 놀고 있다는 것을 분석가가 알고서 그 두 사람의 시간 허비는 아무런 의미도 없다는 걸 알려주어야 그런 무익한 치료시간을 끝낼 수 있다는 것입니다. 이렇게 가변적인 분석시간은 분석수행자들한테 더욱 솔직해지도록 강요하는 셈이 됩니다. 그들은 어떤 의미심장한 담론을 내보이든가 분석을 중단하게 되어 작업을 계속하고 있는 것처럼 스스로 꾸밀 필요가 없게 됩니다.

라깡은 짧은 치료시간으로 분석수행자를 자극하는 목표를 세웠습니다. 그러나 가변적인 치료시간을 사용하려면 그 뒤에 있는 이론적 근거를 명확히 알고 있어야 합니다. 분석가도 충분히 집중하고 철두철미 정직해야 합니다. 가변적인 분석시간은 귀중하고도 미묘한 도구가 될 수 있지만 해로울 수도 있기 때문입니다. 라깡은 어떤 논문에서 이렇게 말했습니다. "우리의 짧은 치료시간으로 우리는 어느 남성 환자로 하여금 항문성 임신이란 환상에 대해 말하게 하였는데… 그렇지 않았으면 우리는 아직도 도스토예프스키의 예술에 대해 논의하고 있을 그런 시간체계였다." 분석시간이 45분이나 50분간으로 고정되어 분석치료가 위축될 가능성이 더욱 커지고 있습니다. 우리나라 실정으로는 가변적인 분석시간을 사용하는 '라깡의 분석치료'를 새로운 장르로 소개할 만합니다. 국제정신분석협회에 대한 라깡의 적대적인 태도는 그들이 강요하는 규제의 종류가 근본적으로 잘못되었다고 믿기 때문입니다. 아직도 발전해가는 젊은 영역인 정신분석은 어떤 집단의 강요에 의해 제약되지 않아야 한다는 것입니다. 라깡이 말했듯이 프로이트는 결코 독단적이지 않았습니다. 프로이트의 이론과 진료는 그의 생애가 끝날 때까지 계속해서 변하고 발전해갔습니다. 라깡에 따르면 이 점이 바로 정신분석이 추구해야 할 방식인 것입니다.

베일리의 글은 우리의 오해도 간단히 고쳐줍니다. 라깡의 '몰인식'(*méconnaissance*)이란 개념인데, 저자는 이 단어를 어떤 것에 대한 비(非)인식(non-recognition)과 '알아차리지 못함'으로 번역하길 더 좋아합니다. 영어권에서는 '잘못된 인식'이란 뜻의 '오인'(misrecognition)으로 번역되고 있습니다. '잘못된 인식'은 잘못되었을망정 이미 인식된 일이 있었음을 암시해줍니다. '비인식'이나 '알아차리지 못함'은 주체가 그 대상에 대해 완전히 눈멀어 있다는 것을 의미합니다. 대체로 인간들은 자신의 주체를 잘 알지 못하고 있습니다. 자아라는 것은 어떤 사람이 그 자신에 대해 말하는 바로 그것입니다. 그에 비해 주체는 말을 하고 있지만 인식되지 않는 자기입니다. 정신분석은 환자가 지닌 주체의 진실을 향하여 혹은 달리 말해서 목적격의 '나'(me)와 주격의 '내'(I)가 결합될 수 있는 지점을 향해 그 환자와 동행하는 거라고 합니다. 참으로 음미해 볼만한 멋진 글 솜씨입니다.

제2장 거울단계에서는 라깡이 '주체'라는 철학적인 용어를 사용하는 이유가 알기 쉽게 설명되어 있습니다. 거울단계에서 주체는 거울 속의 타자처럼 그 자신의 개념을 만들어내는 '능동적인 마음'입니다. 그러나 주체는 그 자신을 알지도 인식하지도 못합니다. 상징적인 부분으로서 주체는 무의식적이거나 능동적이어서 완전하지는 않을지라도 통일체를 만들어냅니다. 그 주체는 모든 것의 근원에 그 자신이 있다고 생각할지 모르겠지만 실제로는 연속하는 이미지들의 산물이고 언어와 그 시니피앙들의 산물입니다. 주체가 시니피앙을 만들어내는 것이 아니라 시니피앙들이 주체를 구성하고 있습니다.

우리는 흔히 "무의식은 언어처럼 구조화되어 있다"는 라깡의 말을 금언처럼 외우고 있습니다. 역시 베일리의 설명은 정신과의사답게 간단명료합니다. 제3장 「구조주의 언어학과 라깡」에 나오는 그의 설명을 들어봅시다. 라깡의 견해로 인간이 다른 동물들과 달라질 수 있는 것은 우리의 언어 덕분입니다. 우리가 '말하는 존재'(parlêtre)이기 때문입니다. 만일 언어가 우리를 인간으로 만들어주는 것이라면 인간 정신의 근본은 언어에서 찾아야 할 겁니다. 라깡은 우리가 말하는 바와 생각하는 방식과의 사이에는 구조적 반사(mirroring)가 있다고 합니다. 또한 우리가 말하는 것과 우리 뇌가 조직된 방식과의 사이에도 구조적 반사가 있을 거라는 가설을 세웠습니다. "우리는 말하는 것처럼 생각하고 생각하는 것처럼 말한다"고 합니다. 이렇게 베일리의 설명은 참으로 명쾌합니다. 언어의 신경심리학에 의하면 뉴런이 구성되는 흔적을 언어가 지니고 있다는 것입니다. 역으로 말하면 우리의 뉴런도 언어의 구조를 반영하는 방식으로 구성되어 있습니다. 라깡의 뛰어난 직관은 이런 생각을 무의식에 적용시켰다는 것입니다. 그러니까 "무의식은 언어처럼 구조화되어 있습니다."

우리가 라깡을 어렵게 생각하는 이유들 가운데 하나는 불어 때문일지도 모릅니다. 더구나 소쉬르의 언어학 이야기가 나오면서 시니피앙과 시니피에라는 용어를 자주 만나게 되는데 우리나라에서 처음으로 '라깡'에 대해 한 챕터를 쓰신 김형효 교수님은 '능기'와 '소기'란 멋진 용어로 바꿨지만 인문사회학자들이 '기표'와 '기의'라고 써서 더욱 혼란스러워졌습니다. 일본 친구들도 동일한 혼란을 겪었나 봅니다. 이젠 그들도 아예 시니피앙과 시니피에라고 쓰고 있습니다. 또 한 가지 혼란스런 용어가 있습니다. '표상'이란 말과 '재현'이란 말입니다. 저는 이 두 용어를 문맥에 따라 혼용해서 씁니다. 표상은 원래 Vorstellung이란 독일어의 번역인데 이 단어 덕분에 프로이트는

'사물의 관념' 과 사물 그 자체를 구별할 수 있게 되었습니다. 프로이트의 Vorstellungreprasentanzen은 '사물의 관념의 표상' 이지 '사물의 표상' 이 아닙니다. 이것은 '시니피앙' (상징적 표상)과 그 시니피앙이 '시니피에' (관념)와 맺는 관계에 매우 잘 들어맞습니다. 시니피앙과 시니피에에 대한 소쉬르의 공식화는 프로이트가 그의 저술에서 사용했던 용어들과 상응하게 된다는 것을 라깡은 이미 알아차렸습니다. 이 책의 제3장에서 베일리 박사는 아주 간명하게 잘 설명해주고 있습니다.

라깡의 무의식에는 시니피에가 없고 오직 시니피앙만이 있습니다. 만일 무의식에 시니피에가 있다면 주체한테 어떤 시니피앙의 '의미' 는 매우 단단히 고정될 것입니다. 하나의 시니피앙은 하나의 사물에 영원히 부착되고 다른 사물로는 옮겨갈 수 없게 될 것입니다. 그러나 다행스럽게도 무의식에는 시니피앙만이 있습니다. 그래야만 한번 억압된 시니피앙이 언젠가는 다시 회복될 수 있기 때문입니다. 사실상 억압되어 있는 것은 대개 '시니피앙들의 배열' 입니다. 시니피앙의 배열이란 하나의 시니피앙이 다른 시니피앙들과 어떤 관계에 놓여 있는 것을 말합니다. 다른 맥락에서 그 시니피앙에 접근할 수 있다는 것을 의미합니다. 또한 정신병 같은 극단적인 사례에서 어떤 시니피앙은 완전히 지워지는데, 이런 과정은 억압이 아니라 '폐제' (foreclosure)라고 부릅니다.

제4장에는 '타자다움' 이란 개념이 라깡 사유의 핵심이라고 쓰여 있습니다. 라깡은 끊임없이 주체가 타자다움과의 관계에 의해 탄생하는 것으로 가정하고 있습니다. 라깡한테 '타자다움' 은 소타자와 대타자라는 두 가지 형태를 갖게 됩니다. 소타자는 거울단계에 나오는 것이니까 실재적 '타자' 가 아니고 자아의 거울상과 투사인 겁니다. 그러니

소타자는 당연히 상상계에 속하는 것입니다. 또한 소타자는 '타대상'(l'objet petit *a*)의 개념을 만들어내는 원천이 됩니다. 우리는 다른 모든 사람들을 '작은 타자' 로 인식하게 되고 투사와 동일시의 적절한 대상으로 취급하게 됩니다. 한편 대타자는 상상계를 넘어서는 근본적인 타자다움을 가리키고 그 타자다움은 동일시를 통해서도 다뤄질 수 없는 것입니다. 이런 타자다움은 언어와 법으로부터 오기 때문에 당연히 상징계에 속합니다. 이처럼 대타자는 사회와 법이 되고 모든 가설들의 집합이 되는데, 그 속에서 주체가 구성됩니다. 그러니까 대타자는 주체의 출생보다 앞서 있는 상징적 질서이고, 이런 질서가 가장 정교하게 다듬어져 발현된 것이 바로 언어입니다. 그래서 간혹 대타자는 언어 그 자체를 가리키기도 합니다. 그래서 저는 대타자를 사람으로 오인할까봐 그냥 '대타' 라고 부르길 더 좋아합니다.

작년 한 해 동안 세계 곳곳에서 열린 라깡학회의 화두는 자폐증이었습니다. 정신의학에서는 온갖 정신질환을 거의 모두 신경전달물질로 설명하고 그에 따라 뇌 부위에서 정상이 아닌 이상을 찾아내려고 애쓰고 있습니다. 그런데 무슨 정신분석이냐고, 특히 자폐증에서 정신분석이 무엇을 해줄 수 있냐고 회의적인 태도를 보일 수도 있습니다. 그래도 라깡 정신분석에서 자폐증을 어떻게 생각하는지 한번 들어볼 필요가 있습니다. 물론 언어학적인 생각입니다. 아이는 거울단계에서 자신의 거울상을 동일시하면서 그 자신으로부터 소외됩니다. 그 거울상은 아이가 모든 시니피앙들을 옮겨놓을 수 있는 거짓 대상이고 그 시니피앙들로서 자아의 허구를 세우게 됩니다. 거울단계에서 지각된 '소타자' 는 시니피앙들이 부착될 수 있는 '자기의 관념' 입니다. 그런데 거울단계의 소외를 경험하지 못했던 아이는 영원히 언어의 문이 잠겨 언어 속으로 들어갈 수 없어서 대타자에 접근하지 못하게 됩니다. 이런 현상은 심한 자폐증에서 관찰될 수 있습니다. 거울단계가 조금 늦게 일어나서 평범한 언어를 발달시킬 기회를 놓쳐버린 아이는 이런 지연을 극복하는 데에 전문가의 도움이 필요할 수 있습니다.

요즘 아버지가 사라졌다고 야단들입니다. 아버지의 기능을 회복해야 된다는군요. 제5장은 '은유'라는 말이 나오기 때문에 조금 어려움을 느낄 수 있습니다. 라깡은 언어에서 다른 것으로 치환될 수 있는 것을 은유라고 부릅니다. 라깡의 재미난 말놀이 가운데 하나가 바로 '아버지의 이름'입니다. 아버지의 이름은 불어로 nom du père입니다. 제가 이걸 한자를 빌어서 부명(父名)이라 쓰는 까닭은 라깡의 말놀이를 흉내내본 것입니다. 부명은 "안 돼!"라는 아버지의 금지명령(non du père)과 발음이 똑같습니다. 따라서 아버지의 금지명령을 부명(父命)이라 적어봤습니다. 부명에 복종함으로써 아이는 자신을 법칙 내에 위치시킵니다. 어머니는 아이한테 대타의 첫 번째 표상이고 따라서 처음으로 대타와 맺는 아이의 관계는 이자관계입니다. 이런 이자관계의 상태에서 아이는 대타를 표상하는 어머니를 동일시하여 자신이 전능하다고 믿을 수도 있습니다. 따라서 법은 누가 만들고 모든 가설들은 누가 세우는지 그 구별이 잘 안됩니다. 그러니까 아이는 자꾸 두려워집니다.

아이는 어머니라는 대타(mother-Other)의 절대적인 힘에 복종하고 그녀가 멀리 가버리거나 그를 얼마쯤 거부하게 될 때 그녀의 행동을 박해적인 것으로 경험할 수도 있습니다. 왜냐하면 아이는 전능한 이 대타가 제3자라는 또 다른 대타의 요구에 따라 행동하리라고는 도저히 상상할 수 없기 때문입니다. 아이한테 맨 처음의 대타로 나타난 분이 바로 이 엄미입니다. 그래서 어머니 대타를 줄여서 모대타[母大他 (m)Other]라고 부릅니다. 이러한 전능함의 환상이나 박해의 환상들이 정신병의 특징입니다. 어머니가 보다 덜 전능하리라는 가설은 그 아이에게 이런 상황에서 빠져나올 수 있는 출구를 허용해줍니다. 아이한테서 어머니가 사라지는 원인을 '아버지의 이름'이라고 말함으로써 아이는 언어의 상징적 행위를 수행할 수 있게 됩니다. 다시 말해서 어머니가 추구하는 것으로 상상되는 어머니의 욕망의 근본적 대상이 남근인데, 그 남근의 자리에 그 아이를 '임명하고' 있다는 것입니다.

금년 5월 18-19일 아테나에서 열린 The New Lacanian School 학술대회의 주제가 다름 아닌 The Psychotic Subject in the Greek Era입니다. 정신병은 작년 이스라엘 텔아비브학술대회에서 시작된 주제입니다. 그렇다면 정신병으로 이끌어갈 수 있는 어머니와의 이자관계를 생각해보는 것도 시의적절하다고 생각됩니다. 우선 은유의 실패를 생각해봐야 합니다. 은유의 실패가 일어날 수 있는 두 가지 가능성이 있습니다. 만일 어머니가 자신의 행동이 외부의 요구조건이나 논리에 따른다는 것을 보여주지 못하고 아이가 이런 생각을 할 수 없게 된다면 아이는 모대타와의 이자관계에 기초하는 매우 놀라운 환상 속에 확실히 갇혀버립니다. 바로 이것이 아이를 정신병으로 이끌어갑니다. 아이가 남근의 가설을 만들어내긴 하지만 어머니가 부성 은유에 대해 전혀 말하지 않는다면 그 아이는 어머니를 위한 남근을 갖든가 남근이 되는 환상 속에 머물게 됩니다. 이런 경우에도 아이는 이자적인 관계 속에 있지만 아이 자신이 전능하고 두루 존재한다는 환상을 가질 수 있습니다. 이 경우에는 순수한 정신병이 되지 않습니다. 이런 구조는 편집증적인 요소들로 그 특징을 삼게 되고 그의 의지의 실패가 박해적인 것으로 경험됩니다.

라깡은 정신병의 첫 번째 원인이 부명의 폐제라고 주장했습니다. 다시 말해 아이는 실제로 은유적 기능으로 들어가기 위해 "가로줄을 넘어선" 일이 결코 없다는 것입니다. '폐제' 라는 용어는 정신병 환자들에 대한 임상적 관찰에서 나온 라깡의 개념입니다. 은유에 접근하는 그들의 능력이 제한되어 있든가 완전히 결여되어 있음을 뜻합니다. 정신병적 상태에 붙들려있는 사람에게는 상징적 영역이 존재하지 않습니다. 부명의 이론을 아이의 발달에 적용해보면 정신병적 구조가 어떻게 부성 은유에 따르지 못하고 실패하게 되는지 알 수 있습니다. 이처럼 정신병은 어머니와 아이가 융합 관계에 놓여 있는 경우에도 일어나고 그 어머니한테 정신건강상의 문제가 있어서 아이를 돌봐줄 사람이 없을 때에도 일어날 수 있습니다.

아주 어릴 적의 소아정신병은 빈약한 언어발달과 행동장애를 전형적인 증상으로 내보입니다. 여기에 '자폐적' 이란 라벨이 붙게 됩니다. 조기의 소아정신병과 자폐증 사이의 중요한 차이점은 회복 여부에 달려 있습니다. 소아정신병은 회복될 수 있고 사회에 잘 기능하는 수준까지 좋아질 수 있습니다. 그에 비해 자폐증은 영구적인 상태를 의미합니다. 더구나 소아정신병은 사회적인 상호작용이나 접촉의 결여와 관련되어 있지 않지만 자폐증은 관련되어 있습니다. 조기 정신병을 앓고 있는 아이는 눈을 마주치고 타인들과의 상호작용을 찾아 나서기도 합니다. 자폐증은 오로지 기질적인 라벨을 제공할 뿐입니다. 조기의 소아정신병은 심리적 근거를 찾아 나설 수 있고, '부명의 폐제' 는 소아정신병의 치료에 유용합니다.

대타자와 소타자라는 용어는 자주 나타나고 중요하지만 쉽게 이해되지 않는 개념입니다. 무의식적인 실언이나 꿈도 대타자로부터 나오는 것처럼 보입니다. 우리의 욕망이 '대타자의 욕망' 이라는 말은 우리 주위에 있는 사람들에 의해 욕망되고 있는 것을 우리가 욕망하게 된다는 뜻입니다. 또한 어머니는 아이한테 첫 번째 대타자로 구체화되고 아이가 이 대타자로부터 언어를 획득하기 때문에 가장 중요하고, 바로 이 대타자로부터 아이한테로 옮겨오게 된 시니피앙 속에 어머니의 욕망이 포함되어 있습니다. 그렇게 욕망은 시니피앙의 매개를 통해 옮겨갑니다.

아이가 엄마와 맺는 최초의 관계는 무기력한 의존 관계가 됩니다. 왜냐하면 엄마는 전능하지만 예측이 불가능한 대타자이기 때문입니다. 알 수 없는 이유로 대타자가 아이의 요구에 답해주지 않으면 그 결과로 불안이 나타나게 됩니다. 라깡은 그 불안이 욕망의 이면이라고 생각합니다. 불안은 욕망의 종자가 싹을 틔우는 것입니다. 또한 욕망의 대상·원인도 역시 불안의 대상입니다. 어머니는 아이한테 대타자의 유일한 화신이 아닙니다. 정말로 어머니가 유일한 화신으로 남게 된다면 그 결과는 정신병입니다. 상징화된 정신적 세계인 대타자는 사람에 따라 모두 달라집니다. 아이는 아버지의 대타자와 만났다가 조금 뒤에는 동료들의 대타자와 만나게 됩니다. 욕망은 이런 새로운 대타자들의 언어로 전달됩니다. 따라서 아이는 자라면서 그가 동일시해 왔던 많은 대타자들의 욕망에 의해 그 욕망의 모양이 형성되어 갑니다.

소타자는 '타대상' 이란 개념에 연결시켜보면 쉽게 이해됩니다. 타대상(l' objet petit *a*)의 '*a*' 는 '타자' 라는 뜻의 불어(autre)를 나타내기 때문에 타대상이 소타자(le petit autre)에 연결됩니다. 타대상의 기원을 알아보려면 거울단계로 되돌아 가봐야 합니다. 소타자는 유아가 거울 속에서 그 자신을 알아보게 해주는 이미지이고 그것으로 아이는 강력한 동일시 관계를 형성하게 됩니다. 이런 소타자는 상상적 영역에 위치하는데, 상상계는 이 세상에 대하여 아이가 감각적이고 자기중심적인 환상을 갖는 정신(psyche)의 일부입니다. 다른 인간들에 대한 그의 동일시에서 많은 '소타자들' 이 그 아이의 세계에 존재하게 되고 그 소타자들은 온갖 종류의 관념들과 환상들이 첨부될 수 있는 대상들입니다. 소타자로부터 '타대상'으로 만들어져가는 작은 발걸음이 바로 여기에 존재하게 되는 것입니다.

타대상은 욕망의 대상이란 의미를 갖는데, 우리가 욕망하는 특수한 '대상'을 의미하는 것이 아닙니다. 특별한 대상 속에 포함되어 있는 것처럼 보이는 것을 목표로 삼거나 추구하게 되는 것입니다. 그 대상의 '바람직한 속성'으로 생각됩니다. 욕망의 대상은 욕망을 지지해주는 환상이나 유혹물을 가리킵니다. 타대상은 현실세계의 대상인 사물이 아니라서 "욕망이 향해가고 있는 것"이라기보다는 오히려 "욕망의 상상적 원인"입니다. 다시 말해서 타대상은 젖가슴과 대변과 성기처럼 어떤 기능을 발휘하게 만드는 매개물이고, 그것들이 갖고 있는 관계적인 특성이 다양한 종류의 관계들을 외부세계와 맺을 수 있게 해줍니다.

부분대상들의 특성을 갖는 현실세계의 대상들만이 흔히 타대상을 담을 '그릇'이 됩니다. 예를 들어 돈은 상실되거나 보유될 수 있는 것이라서 대변의 속성인 항문기능의 대상을 공유하게 됩니다. 따라서 예기치 못한 상실은 불안의 원인이 되고 그 '지출'은 당연히 향락의 원인이 되며 그 증여와 보유는 다른 사람들한테 의미를 갖게 됩니다. 달리 말해서, 욕망의 대상·원인이 되는 것은 돈 그 자체가 아니고 돈의 대변 같은 속성들 덕분에 돈을 욕망의 대상·원인이 담기는 매우 좋은 그릇으로 만들어준다는 것입니다.

타대상은 거세에서 생겨나는 남근의 한 파편처럼 보일 수 있는데, 그때 아이는 남근을 그 자신은 물론 그의 아버지도 소유하지 못하고 살아있는 사람이라면 그 누구도 소유하지 못한다는 것을 알게 됩니다. 그러나 상실된 남근은 잊혀질 수 없어서 주체는 그걸 상실했다는 사실로부터 그것이 틀림없이 존재했다고 생각하게 되는 것입니다. 남근은 그 자체의 흔적을 모든 곳에 남겨놓는데, 안데르센의 동화에 나오는 '눈의 여왕'의 거울처럼 수억 개의 작은 파편들로 부서져서 대상과 사람들에게 박힙니다. 이런 남근적인 파편들이 타대상이고 욕망의 대상·원인으로서 수많은 사물들에서 찾아볼 수 있습니다. 스포츠카라든가 스마트폰 같은 최신기계장치들에서도 찾아볼 수 있고, 또한 강력한 남자의 사랑을 갈망하는 여인은 그 남자의 소유처럼 보이는 남근적인 파편에 마음이 쉽게 끌립니다.

라깡은 열한 번째 세미나의 첫 번째 강의에 '파문'이란 제목을 붙였습니다. 국제정신분석협회가 종교단체와 비슷하다고 보기 때문입니다. 그러니까 그를 '파문'시킬 수 있는 거죠. 그 빌미를 제공하게 된 것이 바로 가변적인 치료시간입니다. 그쪽에서는 비아냥거리는 의미로 '짧은 치료시간'(short session)이라 부릅니다. 라깡학파에 대한 괴소문은 참으로 다양합니다. 라깡학파의 분석가들은 치료시간에 한 마디 말도 하지 않는다거나 겨우 10분간의 면담시간도 그 대부분이 침묵으로 채워진다고 수군댑니다. 라깡학파 분석가들은 환자 치료에는 관심이 별로 없다고도 합니다. 심지어 라깡은 면담시간에 머리를 깎았다는 소문까지 나돌았는데, 그런 괴담은 그가 환자를 몹시 무시한다는 것을 암시하려고 퍼뜨린 이야기입니다. 이단 심문은 라깡을 악마처럼 만드는 효과를 보입니다. 두 세기 전이라면 아마도 우물에 독극물을 풀었다는 소문이 퍼졌을지도 모릅니다.

라깡식 분석의 기교를 설명하려면 정신분석 이론에 의지해야 합니다. 여기에는 세 가지가 있는데, 대타의 개념과 거울단계에서 주체의 형성, 그리고 욕망의 개념입니다. 먼저 자아부터 살펴보면 자아란 환자가 자기 자신한테 말하는 '거짓말'이 됩니다. 자아라는 것은 자신의 이미지에 대한 사랑과 대타의 담론 위에 세워진 주체의 허구적인 창작물이기 때문입니다. 바로 이런 허구를 유지하려다가 의미화 연쇄를 무의식 속으로 억압하게 되는 겁니다. 그러니 분석과정의 목표는 자아의 '강화'가 될 수 없습니다. 환자가 찾고 있는 지식은 그의 무의식 속에, 즉 주인 시니피앙이 포함된 의미화 연쇄 속에 존재하고, 꿈과 실언과 실수에서 미끄러져 나오는 것입니다. 분석은 무의식에서 꺼내온 의미화 연쇄의 흔적에 연결된 것을 점점 더 많이 찾아내는 일입니다. 진정한 의미화 연쇄는 주체 자신의 의지작용으로 세워집니다. 기껏해야 분석가는 빠진 요소를 올바른 순간에 '공급할' 수 있을 뿐이지만, 연쇄 속으로 그것을 삽입하는 일은 환자의 유일하고 자주적인 권리입니다.

분석가는 '알 것으로 가정된 주체'라고 합니다. 분석수행자는 그 자신이 알지 못하는 그에 관한 것을 분석가가 알고 있을 거라는 가설을 세워둡니다. 이런 가설이 중요한 까닭은 그 가설을 만들어낼 때 분석수행자가 꼭 알아야 할 '어떤 것'이 있다고 인식하기 때문입니다. 여기서 '어떤 것'이란 그가 잊어버리고 있는 것이고 분석에서 만나는 첫 번째 진실이 됩니다. 분석은 이러한 알-것으로-가정된-주체, 즉 분석가가 환자에게 경청할 준비를 갖춤으로써 작동됩니다. 일그러지지 않은 '평탄한 표면의 맑은 거울'이 환자의 시니피앙 속에 들어 있는 지식을 환자한테 정확히 되비춰줄 수 있는 분석가의 능력에 따라 분석이 작동되는 것입니다. 이때 분석을 유지해주는 것은 욕망이고, 그 욕망을 유지시키는 것이 분석가의 일입니다. 분석의 목표는 환자가 진정한 욕망을 의식의 빛 가운데로 데려오도록 허용하는 일입니다. 이렇게 본다면 분석가의 역할은 세 가지로 볼 수 있습니다. 맑은 거울이 되는 것과 대타가 되는 것, 그리고 욕망을 유지시키는 일입니다.

아마도 21세기 초에는 라깡학파의 분석가들이 다른 학파의 분석가들보다 더 많지는 않겠지만 적어도 그만큼은 될 것으로 보고 있습니다. 아직까지는 하나로 통일된 규제기관이 없어서 오늘날 진료중인 라깡학파 분석가들이 얼마나 되는지 그 숫자를 정확히 알기는 어렵습니다. 라깡학파는 정치력의 장악에 흥미를 보이지 않고 '주류' 나 '유행' 에도 흥미를 느끼지 못합니다. 오히려 반(反)조직존중주의는 라깡의 유산이 되어 있습니다. 그런데도 라깡 정신분석이 지속적인 성장을 유지하고 있는 이유는 그의 이론의 유용성에 있습니다. 그의 창의적인 직관력과 세심한 관찰 또 다른 여러 분야에서 빌려온 개념들을 통해 분석가들이 복잡한 문제들을 이해할 수 있도록 효과적인 설명체계를 만들어냈습니다. 젠더 문제와 전이, 트라우마, 아버지의 역할, 정신병, 이런 문제들은 그의 이론 구성을 통해 재검토될 수 있습니다. 문학과 사회학, 정치학, 또 비판적 사고에 관련된 여러 영역들, 예를 들어, 영화학이나 연극학은 모두 라깡의 이론을 이용하고 있습니다.

라깡의 작업은 프로이트의 작업처럼 현재 진행 중에 있습니다. 그가 제기한 많은 문제들은 앞으로도 계속 발전되어갈 것입니다. 라깡이 프로이트의 개념들을 재작업했던 동일한 방법으로 분석가들은 라깡의 개념들을 재검토하기 위해 언어학과 철학 같은 영역의 개념들을 이용하고 있습니다. 그런 면에서 그들은 라깡을 모방하고 또 모방하게 될 겁니다. 라깡의 아이디어는 의사들이 부딪치는 진정한 문제에서 떠올랐기 때문에 분석치료에서 그 타당성이 매우 크다고 보는 것입니다. 그런데도 그런 문제들은 지금까지 제대로 논의되지 않고 있습니다. 한 가지 예는 앞에서 언급된 분석시간의 길이에 관한 논의입니다. 45분 내지 50분간으로 고정된 분석시간에서 벗어나 가변적인 분석시간을 4반세기 이상이나 사용해온 경험에 대해서는 논의되어야 할 가치가 충분할 것으로 보입니다. 더구나 우리나라의 보험수가 체계에서는 더욱 그렇습니다.

그런데도 정신과의사들이 정신과의사인 라깡을 좀처럼 읽지 않습니다. 슬픈 이야기입니다. 그 부분적인 이유로는 아마도 정신의학이 생물학적 모델로 향해가는 움직임 때문일 것입니다. 이 모델은 1960년대 제1세대 향정신성약물의 발달과 함께 시작되었고 1980년에 『진단통계편람』(DSM III)의 출간으로 그 모형에 '공식적인' 지위가 부여되었습니다. 이것은 미국정신의학회의 분류체계지만 전세계의 지배적인 모델이 되었습니다. 여기서는 정신장애의 이해에 대한 심리적 모델의 자리를 찾아볼 수 없습니다. 이런 패러다임의 변화는 그렇지 않아도 이해하기 어려운 정신분석을 멀리할 수밖에 없었을 것입니다. 더구나 정신분석 내에서도 라깡 텍스트가 갖는 어려움에 번역의 문제까지 더해져 공인된 교육과정에서 라깡이 제외되어 왔습니다.

우리 사회에서 어떤 치료체계의 존속 여부가 주로 경제학에 근거해 있다는 것은 불행한 일이지만 틀림없는 사실입니다. 영국은 공적 자금이 투입된 의료서비스의 국가들과 함께 21세기가 시작되면서 '근거중심' 진료에 몰두하게 되었습니다. 그런 방법이 돈의 가치를 보증한다고 생각되었던 것입니다. 다행스럽게도 과학적으로 증명되고 있는 인지행동요법(CBT)의 효과는 심리적인 치료들에 대한 관심을 부활시켜 주었습니다. 정신분석학회는 통계에 의해 그 효과의 정당화를 시험해본 일이 없었습니다. 그러나 심리치료의 일종인 CBT의 효과는 정신분석에 흥미를 일으키는 계기가 되었습니다. CBT의 성공은 정신과의사들로 하여금 DSM의 기초가 되는 가설에 대해 재고해보도록 만들 수도 있습니다.

미국에서 시작된 CBT는 정신분석과는 근본적으로 다르고 대조되는 치료이지만, 두 분야는 흥미롭게도 기본적인 여러 방법들에서 서로 유사합니다. 정신분석처럼 CBT는 심리적인 고통과 기능부전성이 순전히 심리적인 중재로 완화될 수 있다고 믿고 있습니다. 또한 그 고통을 이해하고 언급하는 데에 사용되는 매체가 바로 언어입니다. 환자에 대한 의사 자신의 태도가 치료의 성공에 부정적으로 간여할 수 있다는 점도 서로 비슷합니다. 따라서 정신분석은 CBT가 부상함으로써 장기적으로는 이득을 보게 될 것입니다. CBT와 정신분석 사이에는 몇 가지 차이점들이 있습니다. 특히 증상에 대한 태도와 무의식의 문제입니다. CBT는 증상의 감소를 주된 목표로 삼는데, 정신분석은 증상의 원인에 대한 이해에 초점을 두기 쉽습니다. 공개된 장소에 대한 두려움을 재빨리 감소시키길 원하는 사람은 CBT의 도움을 구하게 되고, 비참한 성생활의 근본적인 원인을 이해하고 싶은 사람은 정신분석의 도움을 구할 수도 있습니다. CBT는 우리를 병들게 하는 것이 사건들 자체가 아니라 그 사건들에 부여된 의미라는 이론에 기초하고 있습니다. CBT는 이런 의미가 의식적이고 애매하지 않아서 접근해 볼 수 있다고 믿습니다. 만일 CBT가 무의식적인 의미와 논리의 가능성을 고려하게 된다면 정신분석의 또 다른 분과가 될 것입니다.

아마도 정신분석에 더 큰 위협이 되는 것은 다양한 형태의 '카운슬링'이 될 것입니다. 영국의 이야기지만 카운슬링은 다양한 근원에서 출발하고 현재로는 진료에 필요한 최소한의 법적인 자격제한도 없다고 합니다. 훈련도 매우 다양해서 어떤 과정은 철저하고 유익한 교육을 제공하지만 상당히 불충분한 프로그램을 제공하기도 한답니다. 애초부터 카운슬링을 받는 사람은 '동정적인' 접근방법을 기대하기 쉽습니다. 내담자는 자신의 문제에 대해 직접 책임감을 느끼기보다 오히려 '정신적 피해자'나 '희생자'로 가정하기 쉽다는 것입니다. 베일리 박사는 가장 바람직하지 못한 형태의 카운슬링이 개인의 신경증적 방어들을 강화시켜주는 경향이라고 주장합니다. 라깡이 '자아의 허구'라고 말하는 것을 지지해주려는 시도가 되기 때문입니다. 카운슬링은 비용이 비교적 덜 들어서 공적 자금으로 이용 가능한 영국에 널리 보급되어 있습니다. 예산상의 문제로 이런 경향이 더욱 커지는 것은 불행한 일입니다.

그러나 정신분석가와 인지행동치료자와 카운슬러 사이의 의견 차이는 심리적인 치료들을 전혀 믿지 않는 사람들과 비교해보면 별것이 아닙니다. 라깡 이론의 미래는 다른 학파들의 미래와 항상 연결되어 있고 모든 심리 치료의 미래와도 연결되어 있습니다. 경쟁이 치열한 치료 시장에서 '일시적인 해결책'을 스스로 거부하는 치료에 대해 밝은 미래를 예견한다는 것은 지나치게 낙관적인 것처럼 보일 수 있습니다. 라깡학파의 정신분석은 날아서는 안 되는데도 날고 있는 뒤영벌과 비슷하다고 합니다. 그것은 더욱 더 많은 분석가들을 유인하고 이 분석가들은 더욱 많은 환자들을 끌어들인다고 해서 나온 비유 같습니다.

또한 임상가들이 라깡 분석에 매혹을 느끼는 까닭은 그것이 발전중인 작업이라서 그 이론을 더욱 발전시킬 수 있는 가능성이 그들한테도 남겨져 있기 때문일 것입니다. 라깡학파를 선택하는 환자들은 그들의 증상이 빨리 치료되길 바라는 사람들이 아닙니다. 그들은 깊숙한 진실과 통찰을 탐구하는 사람들입니다. 현재로선 라깡이 임상에 커다란 영향력을 떨치고 있는 곳은 프랑스와 스페인어권인 것 같은데, 아마도 그 이유 중에 하나는 최근까지도 그의 작업들 가운데 일부만 영어로 번역되어 있기 때문입니다. 근년에는 라깡의 작업들이 더욱 많은 책으로 출간되고 있습니다. 이 책도 그중의 하나일 뿐입니다.

더구나 라깡 제자들의 엄청난 노력으로 라깡 정신분석이 임상에서 꽃을 피우고 있습니다. 라깡의 이론 작업은 이젠 재기 넘친 임상가들의 작업으로 더욱 쉬워지고 우리에게 친근히 다가와 앞으로 영원히 소중한 열매를 맺어 갈 것으로 기대됩니다.

감사의 말씀

제가 이 책의 편집을 샴 앰비어베이거에게 제의했을 때 아직 초안의 형태에 불과했습니다. 제가 의도했던 바의 대부분은 수년 동안 강의와 제 자신의 분석과 저의 임상진료에서 나온 것이었습니다. 샴의 질문은 이따금씩 라깡체계의 약점이라든가 그에 대한 제 이해의 불충분함을 두드러지게 해주었습니다. 하지만 비임상가로서 그녀의 학술적 연구는 책에 근거하고 그녀의 이해수준은 임상경험보다는 통찰과 논리의 혼합에 의한 것이었습니다. 그녀의 논증적인 접근방법은 수년간 경험한 제 라깡식의 진료로 드러나 보인 이론에 대해 설명해 보라는 강요였습니다. 또한 제가 보기에는 라깡의 위대한 통찰들의 대부분이 직관적이고 임상적인 경험에서 나온 것이지 논리적인 철학적 구성물이 아니라는 것입니다. 우리가 참으로 도달할 수 있을지 모르겠지만 어떤 통일된 이론의 시도에 대한 샴의 강조도 최종적인 결과물의 가독성에 기여하게 되었습니다. 그러나 저는 그런 이론에 아무런 구멍도 없는 것처럼 가장하고 싶지 않은데 그 이론의 구성적 기여에 계속 마음이 끌리길 바라고 있긴 하더라도 말입니다.

여기에 덧붙여서, 제 모국어는 불어인데 저는 영어를 하고 그녀의 모국어는 영어인데 그녀는 불어를 할 수 있습니다. 따라서 우리는 단어들의 의미에 대해 타협을 이루고 불가능한 직역이나 두운이 되지 않는 직역을 극복해가야 했습니다. 이런 일들로 인해서 우리는 간혹 텍스트의 개념들과 그 일부를 평범치 않은 방식으로 번역하곤 했는데, 정확히 번역하기보다는 더 나은 불어의 의미를 간직하는 데에 유용할 것으로 생각되었고 그런 번역은 영어의 참뜻으로 작업하는 것이 아니라고 생각되었습니다. 대체로 봐서 샴과 함께 하는 작업과정은 예상외로 풍부하고 복합적이었으며 그런 작업이 없었다면 이 책도 존재할 수 없었을 것입니다.

서문

자끄 라깡은 우선 먼저 정신과의사이고 또한 임상가로서 그는 자신이 알고 이해했던 것보다 알지 못하고 이해하지 못했던 것에 대해서 관심이 더 컸다. 그는 빈약한 설명으로는 '만족할' 수 없는 성격 때문에 20세기 전반에 정신과의사들한테 활용가능한 모든 모델들에 대해 생각하고 탐구하게 되었다. 그는 기질성 정신의학을 옹호하는 가장 우수한 몇몇 지지자들과 함께 작업한 후에 그가 보고 있던 복잡한 환자들을 치료하고 이해하는 데에 가장 유용한 이론적 모델을 정신분석에서 찾아냈다. 그러나 라깡은 단순한 프로이트의 제자가 아니라 그 이상이 되려고 하였다. 즉 그는 프로이트의 이론이 완벽한 체계가 아니라 발전 중인 작업이라고 믿었으며 발전하고 있는 모델로 보이는 것에 기여하고 싶었다. 이론의 발전에 대한 그의 태도는 그가 어떤 과학이든 그걸 기꺼이 검토해보려는 의도에서 현대적이었다. 그것은 그가 설명해보려고 시도하는 현상들을 명확히 밝히거나 새롭게 해명할 수 있는 과학이었고 그 결과로 그는 생물정신의학과 유전심리학과 철학으로부터 영감을 끌어내오고 나중에는 구조주의 언어학과 인류학 그리고 수학까지도 그가 이용하는 이론 모델의 범위 내에 들어오게 되었다.

그 결과는 예사롭지 않았고 그 풍부함은 정신분석학이나 정신의학과는 거리가 먼 분야의 학생들한테도 마음을 끌게 되었다. 참으로 라깡의 모델은 철학적인 것이 아닐지라도 철학도들한테 가장 크게 유행하는 것이 되었다. 드디어 영어권에서 라깡적인 사유가 살아 있도록 만드는 사람들은 대체로 영문학 및 비평적 연구의 철학자들과 대학교수들이라고 말할 수 있게 되었다. 정확히 라깡 자신이 출발했던 분야인 정신의학에서 그의 작업은 대부분 무시되고 있다. 아마도 그 이유는 철학자들과 인문과학의 대학교수들이 한 가지 측면에서 정신의학도나 심리학도보다 그의 저술의 독해에 준비가 더 잘 갖춰져 있기 때문이다. 다시 말해서, 어떤 사상가의 산물이 간혹 짜증날 만큼 이해하기 힘들 때 그 사상가를 이해하려는 준비가 더 잘 갖춰져 있다는 뜻이다. 이런 애매모호함 뒤에는 세 가지 이유들이 있는데, 대부분 라깡 이론이 구성되는 방식으로부터 연유된 것들이다.

라깡 이론은 그 대부분이 그의 강의에서 모아진 것들이다. 그의 테크닉은 고전적인 세계에서 볼 수 있는 철학자들의 테크닉인데, 학생들과의 담론에서 자신들의 생각을 자세히 설명하고 발전시킨 방법이었다. 라깡이 출판을 위해 쓴 글은 극히 드물었다. 발음이 가장 또렷한 강사라도 말에서 옮겨 쓴 필사에는 문제점들이 흔히 많아 보인다. 순수한 논리적 설명 이외의 다른 많은 수단으로 청중에게 관여되었던 사람의 말은 글로 써놓으면 매우 모호해진다. 라깡은 자신의 목표를 향해 달려가려고 자주 극적인 장치들(때맞춘 멈춤, 미완의 생각을 미결상태로 놔두기, 등등)에 의지하곤 했는데, 그것은 그 무엇보다도 **자신들의 의지로** 욕망된 결론에 도달하는 청중들의 능력에 영향을 주는(분석에서 해야 되는 것처럼 최후의 정신적 연결들을 스스로 만들어냄으로써) 그 자신의 인격이며, 또한 이런 표현방식이 좌절감을 안겨주는 독서를 만들어낸다. 라깡이 책임을 질 수 있는 유일한 저술이 그의 『에크리』인데, 그 책은 1966년에 출판사가 라깡한테서 몹시 힘들게 받아낸 것처럼 보인다.[1] 이 책에서 라깡은 난해하고 암시적인 문체를 유지하고 있는데, 그러한 문체로써 독자를 어떤 생각으로 이끌어가지만 '학소'에 의하지 않고서는 결코 명백해질 수 없다. 나는 이해할 수 없는 라깡의 문체가 놀랍게도 그의 지적인 신중함 탓이라는 생각이 드는데, 그는 그 때문에 조잡하고 방어할 수 없는 논문의 경우에는 무척 신중하게 발표했다. 또한 오해에 대한 두려움은 의사소통에서 자연히 서둘러지고 정말로 그의 의미를 말의 매듭에 묶어두었으며 모든 단어를 하나하나 강박적으로 평가해보고 있었다.

둘째로 그의 작업 시기를 둘러싸고 벌이는 논란 때문에 또한 추종자들과 비방자들한테 불러일으킨 강렬한 열정 때문에 그가 실제로 말했던 바를 찾아내는 일은 매우 어려워졌다. 라깡은 살아있는 동안에도 벌써 신화가 되어 있었다. 그의 생각들을 설명했던 주된 무대인 그의 세미나는 그의 사위이자 제자인 자크-알랭 밀레르한테 상속되었고, 밀레르는 세미나의 출판을 엄격하게 통제해 왔다. 라깡의 아주 중요한 몇몇 아이디어들은 아직도 출간되지 않아 다른 논문들에서 간혹 언급되고 있을 뿐이다. 라깡은 세미나에서 설명된 아이디어들이 수정될 것으로는 생각되지 않는다고 판단했다. 또한 녹음된 그의 언급에는 모순과 상위점들이 존재하는데, 그 녹음이 충실한 추종자들에 의해 이뤄진 것은 틀림없지만 그들의 선입견과 해석에 따르게 된다는 것은 유념해둬야 한다.

셋째로 라깡은 개념들의 창안자였고, 철학자처럼 혹은 그 점에 있어서는 발명가처럼 자신의 이론 모델 내에서 평범한 단어들에 새로운 의미를 자유롭게 부여하고 있다. 따라서 그의 이론을 이해하려면 독

---

1) 자끄 라깡 1966. 『에크리』. 파리: 쇠이유. 브루스 핑크의 영역은 엘로와즈 핑크와 러셀 그릭과의 공동 작업으로 2006년 뉴욕 노턴에서 출판됨. 이 책에 인용된 부분은 불어에서 내 자신이 번역한 것이거나 핑크의 번역임.

자들은 단어들의 새로운 정의를 수용할 줄 알아야 하고 그 단어들이 이미 갖고 있는 가정들을 내려놓아야 한다. 라깡식 어휘의 습득이 그의 이론 모델을 이해할 수 있는 전제조건이다. 특히 그가 창안하고 명명하는 개념들 위에 세워진 모델들이 더욱 더 복잡해지는 경우에 그렇다. 이것은 의학도들보다는 철학도들이 더 흔히 사용하는 지적인 접근방법이고, 또한 라깡의 아이디어들이 임상에서보다 대학의 인문학 분야에서 더 자주 논의되고 있는 이유를 설명해줄 수도 있다.

이것은 애석한 일인데, 왜냐하면 라깡의 작업이 프로이트의 작업처럼 철학이 **아니고** 초심리학이기 때문이다. 그런 초심리학의 이론체계 내에서 개개인을 이해할 수 있다. 그것은 분석수행자와 분석가, 달리 말해서, 환자와 치료자 사이의 치료적 관계라는 문맥에서 가장 잘 이해될 수 있다. 그렇기 때문에 순수한 철학도들은 라깡의 핵심적인 개념들에서 문제점을 보일 수 있는데, 그들은 **환자가 말하고 있는 바를 그 환자한테서 목격해본 일이 없었다**. 그것은 또한 임상 의사들이 그의 개념들을 직관적으로 파악하고 적용할 수 있는 이유도 되는데, 반면에 그들은 그 개념들을 논리적인 용어로는 잘 설명하지 못한다. 라깡은 의사소통 스타일의 모호함에도 불구하고 지적인 엄격함을 위해 필사적으로 노력했다. 바로 이것 때문에 단어들과의 관계에 대해 무척 고민하게 되었고, 또한 그가 의미하는 바를 애매모호하지 않게 표현하려고 점차 수학공식 쪽으로 향해갔던 것도 분명히 그 때문이다. 그러나 결국 가장 중요한 것은 라깡의 모델을 확인해주는 것이 순수 논리가 아니라 임상적 관련성이라는 점이다. 이 책에서는 그 둘 사이의 틈새를 연결해 보려고 한다.

저자의 유의사항

이 책은 정신분석이나 심리학에 대한 배경지식을 갖지 않은 독자들을 위해 기획되었기 때문에 나는 일찍이 의도적으로 과도한 단순화를 거쳐 그 개념들을 소개해왔고, 여러 층위의 복잡성이 덧붙여져 그처럼 전달된 이해를 기반으로 삼았다. 결국 독자가 얻게 되는 것은 그의 아이디어에 대한 비교적 충실한 이해가 되리라고 생각한다. 명쾌함을 위하여 나는 실재계, 상상계, 상징계, 주체, 남근과 같은 특정한 단어들을 대문자로 시작했는데, 라깡이 그렇게 한 것은 아니다. 그것은 잠깐 동안의 애매성이라도 피하기 위함인데 이런 단어들도 다른 평범한 의미를 갖고 있어서 우리의 주의를 흐트러 놓을 수 있기 때문이다. 이런 단어들을 대문자로 시작하여 라깡식의 특별한 의미를 명시하고 싶었는데, 다른 의미를 가진 단어들은 대문자로 시작하지 않아 혼동할 위험성을 배제해 두었다.

제1장

역사적 맥락에서의 라깡

만일 1890년에 정신분석의 탄생을 보게 되었다면 1920년에는 정신분석이 청소년기에 도달했음을 보게 되었을 것이다. 정신분석은 유럽을 건너 부모의 울타리로부터 도망쳐 나와 더 넓은 지식의 세계에서 그 자리를 찾고 있었다. 매력적이고 흥미를 자아내는 신인으로서 정신분석은 다양하고 수많은 오래된 학문들—의학, 예술, 문학—의 유혹을 받았는데, 그 종사자들이 그것을 열광적으로 받아들였고 이용하든가 남용하기도 했으며 그것에 대해 수다를 떨고 그것을 두고 싸우기도 했다. 그와 똑같이 정신분석은 그러한 영역들과 그 영역의 사람들을 걱정해주고 있었는데, 그 사람들한테는 정신분석이 최근에 나타난 위협처럼 느껴졌다. 정신분석 그 자체는 젊은 탐구력과 창조성이란 광범위하고 때론 예기치 못한 영향력을 흡수했다. 즉 초현실주의로부터 또한 언어학자와 시인들로부터 영향을 흡수하게 되었다. 파리의 1920년대는 젊은 세대의 정신과의사들이 지적으로 만발한 그런 전성기를 보였는데, 새로운 과학(그 단어를 넓은 의미로 사용해서)과 맺게 된 그들의 관계가 오늘날 같은 프랑스 정신분석의 기초를 쌓아두게 되었다.

프랑스의 정신분석은 비엔나의 선조와는 그 뿌리가 달랐다. 비엔나의 정신분석은 카우치에 누운 중산층의 신경증 환자들과 더불어 성장했고, 프랑스의 정신분석은 정신병원의 황량한 병동에 입원된 정신병 환자들과 함께 성장했다. 1920년대까지는 새로운 생각들을 그들의 가슴속에 실제로 받아들이지 못하는 의료시설과 함께 그것은 나중에 발달한 개발자의 것이 되기도 했다. 그 당시에 파리의 생트안느병원—프랑스 수도의 주요한 정신병원—에는 두 명의 과장들이 존재했다. 경시청의 정신과 의무실에서 근무하는 가에탕 드 클레랑보와 앙리 클로드는 그들의 나라에서 정신분석의 발달에 중대한 영향을 주기 시작했다. 전자의 기여는 우연적이었지만—클레랑보 그 자신은 새로운 생각을 전혀 좋아하지 않았다—앙리 클로드는 정신분석에 열광적이었고, 생트안느병원에 있는 그의 병동에서 프로이트의 분석수행자였던 소콜니카가 젊은 정신과의사들을 분석할 수 있도록 허용하였다. 클로드의 격려로 이런 사람들의 대다수—혹은 그들의 분석수행자들—가 프랑스 정신분석운동의 창립회원들이 되었는데, 그들 가운데에는 라포르그와 피숑, 알랑디, 모르젠스테른 같은 분석가들이 있다. 1926년에는 마리 보나파르트 황녀의 확고한 영향력 아래 그들은 파리정신분석학회(SPP)를 창립했는데, 그 학회가 프랑스에서 가장 중요한 정신분석 조직이 되었고 국제정신분석협회(IPA)에 공식적으로 가입된 프랑스의 두 그룹 가운데 하나이다.

클레랑보는 그의 괴팍하고 난해한 성격 때문에 논의의 여지가 있는 인물이었다. 그는 정신분석을 할 만한 시간이 없었지만 비범한 임상가로서 정신병적인 증상들에 대한 그의 상세한 묘사는 아직도 임상적으로 탁월한 척도를 만들어주고 있다. 1909년에 쓰인 그의 첫 번째 정신의학 저술인 「정신자동증」(l'Automatisme mental)에서 클레랑보는 '정신자동증'의 기제—마음이 의식적인 통제와 상관없이 작동하는 것으로 보일 때—가 '환각 경험'에 대한 책임이 있을 거라고 암시해 주었다. 그는 정신자동증을 세 가지 유형으로 나눴다. 연상자동증은 사고 형태의 장애(마치 여러분이 통제력을 갖지 못한 것처럼 일어나는 환각적인 사고)를 포함한다. 감각자동증은 다른 사람에 의해 야기된 것처럼 생각되는 내장의 불쾌한 느낌으로 나타난다. 운동자동증은 자신의 운동과 행동을 누군가 다른 사람이 수행한다는 망상적인 믿음을 수반한다.

클레랑보는 편집장애의 한 형태로 그 자신의 이름을 남겼는데, 영어권에서는 '클레랑보증후군'이나 '색정광 망상' 혹은 '색정광'으로 알려진 것으로서, 지금 사랑을 받고 있다는 망상이다. 그는 1927년에 이런 상태를 열정정신병(psychose passionelle)으로 묘사했는데, 사랑의 특성을 지닌 편집증적 망상의 형태를 갖는 일종의 정열적인 정신병이다. 그는 그 환자가 대개 망상적인 믿음을 발전시킨 여자라는 점에 주목했는데, 그녀와 아주 드물게 접촉했거나 사실상 전혀 접촉할 수 없었던 어떤 남자가 그녀를 사랑하고 있다는 믿음이다. 선택된 그 사람은 대개 훨씬 더 높은 사회적 지위에 놓여 있고 따라서 사랑의 대상으로 이뤄지기가 힘들 것 같았다.

클레랑보의 임상작업이 거둔 탁월함은 그의 병동에 있던 젊은 수련의의 마음에 강렬한 인상을 남겨 놓았다. 그가 바로 자끄 라깡인데 세심한 임상적 관찰이란 선생님의 스타일을 정신분석에 적용해 보려고 했던 사람이다.

형성의 시기

처음부터 라깡의 지적인 여정은 프랑스 정신분석운동에서 창립회원들의 다수가 보여주는 여정이었다. 그는 파리 의과대학에서 공부를 시작했고 정신의학 훈련은 생트안느 병원에서 클레랑보와 클로드 밑에서 마쳤는데(1927년에서 1931년까지), 그 선생님들과는 좋은 관계를 유지하고 있었다. 그러나 그는 SPP가 창립되었을 때 25살이어서 이런 창립회원들보다 몇 살쯤 적었고, 회원자격을 획득하려면 몇 년간을 더 기다려야 했다. 이러한 SPP의 중추그룹에서 그의 위치는 그 시작부터 반절쯤 떨어져 있었다.

프랑스의 정신분석은 정신의학과 밀접하게 연결되어 있었고 그 지지자들은 힘든 사례들을 치료하고 있었다. 클레랑보와 클로드에 의해서 또한 라깡과 그의 동료들에 의해 치료되고 있던 사람들은 급성정신병과 만성정신병 또는 조울병을 앓고 있었다. 게다가 1930년에 라깡은 취리히에 있는 정신병원인 부르크횔츨리병원에서 두 달간을 보냈다. 그 병원은 심한 정신질환자들을 새롭고도 인도적인 방법으로 치료하는 모델로서 1860년대에 설립되었다. 여기서 그는 그 당시 가장 저명했던 오이겐 블로일러 원장의 후계자인 한스 볼프강 마이어 밑에서 일했다.

블로일러(그의 조수가 카를 융이었음)는 정신분석의 탄생을 주재했던 세대에 속했다. 그는 신경증의 영역에서 취해온 프로이트의 생각들을 정신병으로 옮겨갔다. 그러면서 정신병이 기질적인 뇌손상의 결과라고 보는 지배적인 믿음에 이의를 제기하고 정신병도 심리적인 원인을 가질 수 있다고 주장하면서 정신병을 이해하기 위해 프로이트의 기제들을 이용하려고 애썼다. 그는 1911년에 『조발성치매 혹은 정신분열증 집단』에서 이렇게 썼다. "내가 조발성치매를 '정신분열증' 이라 부르는 이유는 (내가 보여주고 싶은 것처럼) 다양한 정신기능들의 '분열' 이 가장 중요한 특징들 중의 하나이기 때문이다. 편의상 나는 그 집단이 분명히 몇 가지 질병들을 포함할지라도 그 단어를 단수로 사용하고 있다." 블로일러는 망상이 정신병에서도 의미를 가질 수 있다고 믿었다. 예를 들어 청각망상(목소리를 듣는 것)은 그 주체에 관련되는 내부적 담론으로 보일 수 있다. 그 당시에 참신한 이런 견해는 널리 받아들여졌다. 그것은 자끄 라깡의 마음속에도 한 관념의 발아로 숨겨져 있었다. 블로일러는 자가-성애증(Auto-Erotism)의 줄임말로 '자폐증' (Autism)이란 용어를 만들어냈다.

라깡은 파리로 돌아와서 의학박사 학위논문을 완성했는데, 그를 훈련시켜준 사람들의 흔적들이 깊이 새겨져 있는 논문이었다. 1932년에 제출된 『그 인격과의 관계에서 편집증적 정신병에 관한 연구』에는 클레랑보의 색정광이란 '열정정신병' 을 앓고 있는 여자환자 사례가 포함되어 있고 망상에 의미가 붙어있다는 블로일러의 생각이 통합되어 있다. 그러나 흔히 부르는 것처럼 『애메 사례』는 그의 선생님들의 생각을 단지 재생산하는 것 그 이상이다. 이미 그 논문에는 라깡이 유별난 자료에서 영감을 떠올리고 있었다는 것을 볼 수 있다.

라깡은 이 논문을 발표한 직후에 폴란드 출신의 분석가인 뢰벤슈타인과 함께 그 자신의 분석을 시작했다. 뢰벤슈타인은 SPP의 창립회원들 중의 한 사람으로 그의 분석가는 IPA의 중요한 비엔나 회원이면서 프로이트의 제자인 한스 작스였다. 뢰벤슈타인은 매우 '정통적인' 분석가였고 라깡과의 관계에는 얼마큼의 갈등이 끼어 있었다. 개인적으로 뢰벤슈타인은 라깡의 분석가능성에 대해 의구심을 품었고 라깡은 뢰벤슈타인의 재능을 의심했던 것 같다. 아마도 라깡은 이미 자신의 생각들을 너무 많이 품고 있던 것처럼 보였다.

라깡은 1934년에 SPP에 회원자격을 신청했고 '후보회원'의 지위가 주어졌다. 그는 4년 후에 정회원이 되었다. 라깡은 1936년 마리엔바트에서 열린 국제정신분석학회에서 그의 첫 번째 논문인 「거울단계」[2)]를 발표했다. 여기서 라깡과 정신분석협회와의 사이에 어떤 긴장상태가 뚜렷이 나타났다. 그의 발표에 주어진 10분이 끝났기 때문에 어니스트 존즈에 의해 중단된 것을 그는 불쾌해 했다. 아마도 양측 모두에게 잘못이 있었던 것 같다. 협회 측에선 라깡에게 얼마큼의 자유를 줘도 충분할 만큼 그의 발표의 중요성을 인식하지 못한 잘못이 있고, 라깡한테는 그가 신참으로서 '정정당당하게 행동하지 않은' 잘못이 있었다. 그러나 그 부수사건, 그리고 그에 대해 화를 내는 라깡의 반응은 자기 확신을 보여주는 일인데, 어떤 사람들은 그걸 오만이라고도 부른다. 그는 자신을 대단한 사람으로 생각했고 따라서 마이너 플레이어로 취급당하는 것을 참을 수가 없었다. 그러나 나중에 가서 그 자신의 작업에 비범함이 있다고 믿는 그의 생각이 옳았음을 보여준다. 왜냐하면 그 컨퍼런스에서 발표된 모든 논문들 가운데 「거울단계」가 가장 중요한 작업으로 남아있기 때문이다.

라깡은 1920년대부터 아방가르드 지식인 사회에서 활동하면서 앙드레 브르통과 조르주 바타이유와 같은 저자들과 친교를 맺었다. 앙드레 브르통은 1924년에 초현실주의 선언서를 썼던 프랑스 초현실주의의 지도자였다. 한편 조르주 바타이유의 저술은 더욱 추상적인 철학이었다. 그는 기저 유물론(base materialism)이라는 개념을 발전시켰는데, 이 개념은 자크 데리다의 해체주의적인 사유에 영향을 주었

---

2) 「거울단계」, 1936. 『에크리』(불어본)에는 「나의 기능의 형성으로서 거울단계」로 출판됨.

다. 또한 라깡은 살바도르 달리와 파블로 피카소와 교제했는데 그는 그들을 굉장히 칭찬했고 몇 편의 논문을 초현실주의 잡지인 『미노토르』에 출판했다.

라깡은 1938년에 SPP의 정회원이 되었는데, 이 해에는 전쟁의 암운이 유럽 전역을 뒤덮고 있었다. 프로이트와 비엔나학회의 여러 사람들은 도움을 받아가며 영국으로 피난하는 도중 파리에 잠시 머물게 되었다. 마리 보나파르트가 주관한 비엔나 사람들을 환영하는 만찬에 라깡이 부재했다는 사실이 역사가들의 입에 오르내리고 있으며 라깡이 "마리 보나파르트를 기쁘게" 하고 싶지 않아서 참석하지 않기로 결정했다는 훗날의 주장에 대해서도 마찬가지다. 그러나 실제로는 젊은 정신과의사이자 SPP의 신참 회원이라서 단지 초청되지 않았을 가능성이 훨씬 더 크고, 이 일에 대한 라깡의 설명은 그가 나르시시즘에 상처 받기 쉬웠음을 보여주는 것이다.

전쟁이 정신분석의 발전에 끼친 한 가지 주요한 영향은 지도적인 인물들의 대부분을 유럽에서 영어권으로 이동시킨 일이다. 전쟁 이전부터 미국정신분석협회(APA)와 IPA 사이에는 긴장이 있어 왔는데, 미국인들은 의사로서 훈련받은 사람들만 분석가로 승인하려 했고 유럽인들은 새로운 학문을 의학과는 완전히 분리된 분야로 유지하길 바랐다. 그 당시에 (또한 오늘날에도 여전히) 미국의 지배적인 심리적 모델은 손다이크와 왓슨과 스키너의 행동주의였다. APA는 의학박사 학위를 고집하면서 정신분석을 과학의 동일한 트래핑으로 제시하든가 혹은 적어도 과학과 같은 동일한 방식으로 평가되고 통제될 수 있는 것으로 제시하는 일이 필수적이라고 분명히 생각했다.

나치가 비엔나협회를 해체시켰을 때 유럽에서 영국과 미국으로 지식인들의 전반적인 대이동이 일어났다. 지그문트 프로이트는 1939년에 런던에서 죽었다. 그의 딸인 안나와 제자인 멜라니 클라인은 여생을 그곳에서 계속 작업하며 보냈다. 더욱 의미 있는 일은 하인츠 하르트만과 에른스트 크리스 그리고 루돌프 뢰벤슈타인(라깡을 분석해줬던 분석가)이 미국으로 도피했다는 사실이다. 그들은 미국에서 자아심리학의 창설자가 되었는데, 자아심리학은 현대 심리학의 기능주의적인 사유를 향해 신속히 이동해간 정신분석의 한 분파이다. 정신분석적 배경이 전혀 없는 유럽의 심리학자들도 미국으로 도피했다. 그들 가운데에는 볼프강 쾰러와 막스 베르타이머가 있는데, 그들의 동료인 코프카와 합류해서 인지심리학의 근원이 된 게슈탈트 심리학의 창시자가 되었다.

정신분석이 나치의 지배하의 유럽에서는 동면하고 있는 동안에 미국의 동부해안과 런던이 그 발전의 중심지가 되었다. 런던은 비엔나의 '창립 멤버들' 대부분을 받아들인 곳이었다. 그곳에는 몇몇의 가장 훌륭한 이론가들이 활동하고 있었지만 미국은 더욱 부유하고 따라서 그 세력이 더욱 막강했다. 런던에서 어니스트 존즈는 IPA의 지배에 대한 미국의 도전에 계속 저항하고 있었지만 그건 지는 싸움이었다. 전쟁 직후의 어떤 회의에서 그는 IPA의 회장을 유럽과 미국이 교대로 맡기로 하는 '권력 공조'에 합의할 수밖에 없었다. 이런 합의는 7명의 미국인들과 6명의 영국학회 회원들 사이에서 이뤄졌다. 유럽의 다른 단체들은 그 합의에 전혀 관여하지도 못했다. 사실상 미국은 유럽의 다른 모든 대표들의 부재 속에서 '대성공'을 거뒀다. 이 시점으로부터 정신분석가의 통제와 인정(또한 훈련)의 문제는 그 학문의 발전을 구속하는 방식으로 지배하게 되었다.

전쟁은 라깡한테 어떤 영향을 주었을까? 그에게 전쟁기간은 침묵의 시기였다. 즉 그는 이 기간 동안 아무것도 출판하지 않았고 파리에 있는 발 드 그라스 군병원에서 정신과의사로 복무했다. 전쟁의 직접적인 영향 하에서 라깡이 했던 일은 침묵이라고 해서 그에게 지적인 동면을 의미하지 않았다는 것이다. 전쟁 직후에 그의 발표물들이 급증하고 숙성된 것은 전쟁기간이 격렬한 반성의 시간이었음을 말해준다. 그러나 이 시기에 그가 정신분석학계에서 다른 사람들의 발전을 관찰하게 된 것은 오히려 마음에 들지 않을 수도 있었다.

전쟁 중에 라깡이 영국과 미국에서 얼마나 많은 정보를 받았는지 아는 사람은 없지만 그 여파로 라깡은 대서양의 건너편에서 나오는 정신분석적인 저술들이 그의 생각과는 관계없는 자아심리학과 게슈탈트 심리학으로 발전해가는 것이라고 봤을 것이다. 전쟁이 끝난 직후(1945년 가을)에 그는 5개월간 영국에서 표면상으론 전시의 영국 정신과 진료를 연구하면서 보냈다. 그러나 지그문트 프로이트가 죽었고 이젠 그의 직속 후계자들의 본거지가 되어버린 도시에서 정신분석 발전에 대한 호기심이 이런 방문의 동기에 얼마나 작용했을지 알고 싶어진다.

바로 그 다음 해에 라깡은 정신분석 논문들을 다시금 발표하기 시작했다. 즉 그가 점령기간에도 생각을 계속해왔고 아마도 내밀히 저술을 계속했으리라는 것은 1년 동안에 발표된 6편의 논문으로 증명되었다. 라깡의 생산성은 그 다음 몇 년 동안에도 계속 놀라울 만큼 보여주었는데, 그 대부분이 발표문의 형식이었다. 클로드 레비-스트로스가 미국에서 몇 년간 체류한 다음 1948년 프랑스로 귀환했던 일이 그의 생각에 참신한 자극을 제공해주었다. 레비-스트로스의 구조주의 인류학 발전은 라깡으로 하여금 동일한 방식으로 소쉬르의 언어학을 이용할 수 있도록 이끌어 주었다.

라깡은 이제 다음과 같은 반응을 불러일으키고 있었다. 특히 젊은 분석가들이 그의 새로운 아이디어에 호기심을 내보이고 있는데, 영어권에서의 발전에 대한 반대방향으로 발전되고 있었다. 라깡의 더욱 자극적인 형성물들 중의 몇 가지는 정신분석과 심리학을 단순한 과학적 증거들의 지배를 받는 것으로 취급하려는 경향에 대해 도전하는 맥락에서 가장 잘 이해될 수 있다. 프랑스는 형식화 경향에 면제되어 있지 않았다. 여기서 형식화 경향이란 IPA에 인정받기 위해 SPP가 인가체계를 만들고 그에 따라 훈련 프로그램을 만들어내야 했던 것을 말한다. 자끄 라깡은 1949년에야 이런 프로그램의 공식화에서 중심적인 역할을 맡게 되었지만, 항상 그렇듯이 SPP의 다른 지도적인 인물들과의 관계는 불편스러웠다.

학회들 간의 투쟁

SPP에 최대의 문제를 야기했던 라깡의 혁신은 다양한 길이의 분석시간을 사용하는 일이었는데, 흔히 '짧은 분석시간'으로 알려져 왔다. 고전적인 정신분석에서 환자와 분석가 간의 임상적인 분석시간은 정확히 한 시간 이내로 지속되었고 이것이 규칙제정의 단계에서 IPA에 의해 고정된 분석시간으로 되었다. 엘리자베트 루디네스코에 따르면 라깡의 분석시간은 10분에서 40분간 사이로서 평균 20분간 지속되었다. 분석학회가 짧은 분석시간을 문제로 삼았던 이유는 한 가지 이상이었다. 첫째, 그런 분석시간은 IPA의 규칙을 위반하는 일이었다. 둘째, IPA는 이런 진료가 분석가를 전능한 위치로 올려 놓을까봐 두려워하였다. 셋째, 이것이 아마 가장 중요한 이유가 될 텐데, 그로 인해 라깡이 다른 교육분석가들보다 훨씬 더 많은 훈련생들을 받아들일 수 있게 된다는 것이었다. 몇 년간 이런 제도를 시행한 뒤에는 라깡이 새로 훈련된 정신분석가들 대부분의 충성심을 모으게 되리라는 위험이었다. 이 테크닉에 대한 라깡의 집착은 그의 여생에 걸쳐 모든 정신분석 학회들과 문제를 야기하게 되었지만, 1950년대 초에는 그와 SPP의 다른 지도적인 회원들 간에 생긴 긴장의 원인들이 더욱 전반적이고 정치적이었다.

그 당시 SPP의 권력투쟁이 보일 수밖에 없었던 더 넓은 맥락은 전쟁 종료 직후에 보인 미국인들의 권력 장악으로 만들어졌고 또한 훈련과 인가의 통제에 대한 그들의 고집으로 만들어졌다. 이제 IPA는 형식화된 인가체계를 주장하게 되었고, SPP가 IPA의 승인을 유지하고 싶다면 IPA의 생각에 일치된 일련의 규칙들을 만들어내야 했다. 1950년대 초에 SPP 내에는 두 가지 흐름들이 나타나기 시작했다. 한편에는 의학모델을 선호하고 IPA의 훈련기준을 충족시키기 위해 정신분석연구소를 창립하고 싶어 했던 '보수주의자들'이 있고, 다른 편에는 더욱 심리적인 모델을 선호하고 입안된 연구소의 경직성에 반대했던 '자유주의자들'이 있었다. 라깡은 자신이 의사임에도 불구하고 '자유주의자들'의 편을 들었고 아이러니하게도 그가 SPP의 회장직을 사임한 것은 회장이 되고난 직후였다.

1953년 6월에는 다니엘 라가쉬가 이끄는 '자유주의자들'의 작은 집단이 대안으로서 또 다른 학회인 프랑스정신분석학회(SFP)를 세우기 위해 SPP에서 걸어 나왔다. 라깡은 신속하게 그들과 합류했다. 새로운 SFP는 이제 IPA의 승인을 놓고 협상해야 했고, 그렇게 함으로써 그 회원들이 SPP에 있을 때 경험했던 동일한 함정에 빠져들게 되었다. 즉 그들의 훈련기준을 IPA의 규칙에 따르다는 것을 IPA에게 증명할 필요성이 생긴 것이다. 예상할 수 있듯이 위기를 유발시킨 것은 라깡의 '짧은 분석시간' 사용이었다. 1953년 런던에서 열린 연례회의에서 IPA는 SFP의 가입을 거부했고 그들의 신청을 검토하도록 위원회에 요청했다. 이러한 진상조사 위원회는 위니코트가 이끌었고 그 위원들로는 미국의 정신분석가인 필리스 그리네이커와 안나 프로이트의 친구인 윌리 호퍼 그리고 프로이트한테 직접 훈련을 받은 네덜란드의 분석가 램플 드 그로트가 있었다,

이런 일로는 라깡의 사기가 꺾이는 것처럼 보이지 않았다. SFP가 IPA 위원회의 감시 하에 뭔가가 있었다면 그가 자신의 이론들을 계속 발전시키고 유포해갈 수 있는 에너지가 증가되고 있었다는 것이다. SPP가 분열된 직후에 그는 생트안느 병원에서 「상징계와 상상계와 실재계」라는 논문을 발표했다. 두 달 뒤에는 로마에서 「정신분석에서 말과 언어의 기능과 영역」이란 논문도 발표했다. 그는 11월에 공개 세미나를 시작했는데, 27년간 계속될 시리즈의 첫 번째 것이었다.

이런 IPA의 첫 번째 조사가 이뤄지는 동안에 다양한 길이의 분석시간 문제가 그냥 사그라지는 것은 아니었다. 라깡은 그것들을 포기하지 않을 것이고 IPA는 결코 받아들이지 않을 것이다. 그는 공적으로 그걸 부정하면서도 그런 방식으로 계속 진료하고 있었다. 그는 IPA 대표자들에게 그들의 규칙에 따르고 있다고 말했다. 그러나 규제기관은 위반자들을 미워하고 더 큰 경멸을 보이는 위반자들을 증오한다. 그 다음에 일어났던 일은 프랑스의 정신분석운동에 커다란 충격을 주고 있었다. 특히 수년간의 형성기에 발전해가는 학문에 대해 느긋한 자유와 함께 성장해왔던 회원들한테는 더욱 충격적이었다.

라깡에 대한 위원회의 견해는 예상보다 훨씬 더 많은 방식에서 부정적이었다. 그들은 그가 '짧은 분석시간'을 사용하고 있다는 걸 알게 되었을 뿐만 아니라 그가 그의 제자들한테 매우 '유혹적'이라고

느꼈다. 즉 그가 아마 건강치 못할 것으로 생각되는 너무 많은 훈련생들한테 영향력을 갖고 있었다는 것이다. 또한 위원회는 소아 정신분석가인 프랑수와 돌토를 비난했는데, 그녀는 분석가가 아니라 교육분석가로서 비판을 받게 되었다. 그들은 그녀한테 방법이 결여되어 있다고 느꼈으며 그녀가 자주 그녀의 제자들한테 '열광적인 전이'의 대상이 된다고 느꼈다. 위원회는 그녀가 "젊은 세대에게 영향을 줄" 것이라 해서 두려워했다. 따라서 이런 위원회의 조사결과들은 프랑스에서 가장 존경받고 영향력 있는 두 명의 정신분석가들이 교육분석가로서 전문적인 인정을 못 받게 되리라는 것을 의미했다.

라깡이 비판에서 불러일으킨 적개심과 그의 찬미자들의 눈에 비친 그의 위상과의 사이에 놓인 불일치는 국제협회의 감시위원들한테 커다란 문제를 제기해 주었다. SFP와 IPA 사이에 협상은 계속되다가 1959년 7월에 IPA의 실행위원회는 프랑스 협회의 신청을 재검토하기 위해 새로운 위원회를 만들기로 결정했다. 1961년 5월에 피에르 튀르케, 파울라 하이만, 일즈 헬먼 및 피터 얀 반 데르 레이우는 SFP의 회원들을 심문하려고 파리에 도착해서 그들을 상위집단과 하위집단으로 나눴다. 1961년 5월과 1963년 12월 사이에 협상이 벌어졌다. 그러나 이미 그 과정의 시작부터 1961년 5-6월에 그 위원회가 가진 첫 번째 인터뷰에서 IPA의 실행위원회는 라깡이 새로운 훈련생들을 받지 않도록 해야 한다고 권고하였다.

이런 일들은 라깡한테나 그의 발전적인 생각들에 있어서, 혹은 그의 제자들한테도 아무런 차이를 만들어내지 못했다. 즉 그의 제자들은 그의 세미나에 계속 몰려들었다. 세미나는 그가 자신의 이론들을 자세히 설명해줄 수 있는 활동무대였고 라깡 정전(正典)의 기본이 되었다. 명심해둘 일은 라깡의 진술이 갖는 도발적인 특성들뿐만 아니라 라깡의 이론이 보이는 모호함의 대부분이 다음과 같은 단순한 사실로부터 생겨났다는 것이다. 즉 그의 이론이 저술행위의 냉정한 숙고에 의해 기록된 것이 아니라 구두교육의 상호작용과 청중-의존적인 형태에서 나왔기 때문이다. 이 점이 라깡 이론의 학습에 독특한 맛을 가져다준다. 즉 그의 생각들은 청중한테 큰 소리로 말하고 그들의 반응을 받아들이는 고대의 논변적인[3] 양식으로 발전되었다. 이것은 고대 그리스와 로마의 철학자들이 작업하는 방식이거나 혹은 중세 대학들의 학자들이 쓰는 방법이다. 라깡의 이론은 세미나들을 문자화해왔던 것인데, 세미나에서 그의 표명은 청중으로 하여금 개념을 이해시키도록 하고 현현(epiphany)의 느낌 같은 것이 존재하는 순간으로 몰아가게 한다. 현현의 순간에 청자는 실현되고 그 덕분에 그에게 '구루'(guru)라는 부정적인 별칭을 붙여주게 되었다. '구루주의'라는 말은 지적으로 의심스럽지만 '제자들'이 불합리한 믿음으로 속고 있거나 유혹되어 왔음을 암시해주기 때문이다. 그러나 모든 이론가들은 그런 유혹에 대해 죄책감을 느끼는데, 외관상으론 합리적이고 허울만 과학적인 그런 수단에 의해 더욱 흔히 수행되기도 한다.

라깡의 소통방식은 그의 청중들한테 효과적이다. 그것이 '실현'의 장치를 이용하기 때문이다. 분석에서와 똑같이 각 개인은 혼자의 힘으로 실현에 도달해야 하고, 또한 그런 실현은 다른 당사자한테서 받아들인 것이 있다면 그 '정보'보다 훨씬 더 큰 힘을 갖게 된다. 라깡은 자신의 청중들이 도달해주길 바라는 결론에 자발적으로 도달할 때까지 어떤 경로를 따라 생각할 수 있도록 간혹은 성내게 해서 간혹은 애매모호한 말로서 인도해갔다. 따라서 그를 이해했던/이해하는 사

3) 논변적인(discursive) 사고는 대상을 직관에 의해 단번에 파악하는 것이 아니라 반복된 판단과 추리에 의해 파악하는 사고를 말함(역자).

람들이 그런 믿음과 확신으로 그렇게 했다/한다는 것은 놀라운 일이 아니다. 즉 그들은 그가 말했던 바의 진실을 내부에서 경험해 왔다. 다시 말해 그것은 '실현의 힘'을 갖추고 있다. 그러나 이런 스타일의 소통이 그의 세미나에서는 잘 작동되고 있었지만, 책으로 문자화되었을 때에는 오해나 노여움 혹은 혐오감으로 이끌어갔다. 흔히 그 이유는 전체적으로 그런 것을 읽으려고 애쓰는 사람이 거의 없거나 혹은 그가 전후관계를 무시하고 입 밖에 냈던 진술들이 별로 흥미를 유발시키지 않기 때문이다.

라깡의 학구적인 경력은 공식적인 승인의 결여 때문에 방해받는 것처럼 보이지 않았다. 그는 1964년 고등연구원에 파트타임 강사와 샹프로이디엥(the Champ Freudien) 총서의 편집자로 임명되었다. 그러나 바로 그 해에 IPA 위원회는 리포트를 종결지었고 8월에는 라깡이 그해 10월부터 교육분석가의 명부에서 삭제될 것이라고 알려주었다. 라깡은 그 즉시 IPA와 SFP 둘 모두에서 사임했다.

한동안 SFP 내에서도 라깡의 비타협적인 태도에 대한 반대의견이 있었다. 어떤 회원들은 다른 사람들에 비해 국제적인 승인을 훨씬 더 원했고 IPA의 둥지 내에 남아 있기 위해 라깡이 얼마큼 양보해야—특히 짧은 분석시간의 사용을 버려야—한다고 느꼈다. SFP가 해체되었을 때 그 회원들은 프랑스정신분석협회(APF)를 창립했지만, 라깡한테 '충성스런' 회원들은 라깡과 합류해서 1964년 6월 21일에 파리프로이트학파(EFP : Ecole Freudienne de Paris)를 설립했다. 이 학파는 곧 이어 그 자체의 훈련 프로그램을 고안해내게 되었다.

자끄 라깡의 심리와 '재판'은 프랑스의 정신분석학계를 분열시켰다. IPA에 대한 라깡의 태도와 행동은 오만하면서도 어른답지 못했다. 그는 튀르케(Turquet) 위원회를 '칠면조(turkey) 위원회'라고 불렀다. 또한 그는 마치 아무런 상관도 없다는 듯이 짧은 분석시간의 사용에 대해 그들에게 거짓말을 했다. 그러나 그 위원회의 방식도 역시 똑같이 유치했던 것 같다. 즉 그들이 라깡의 축출을 권고했던 근거들은 모두 그의 인격에 관한 그들의 판단과 관련되어 있었다. 그의 생각이나 그의 가르침에 대해서 혹은 그의 짧은 분석시간 사용에 대한 이론적인 근거를 둘러싼 논의나 토론은 전혀 없었다. 참으로 라깡이 교육 분석가로서 축출되었다는데, 그 이론에 대해 언급되지 않았다는 것은 놀라운 일이다. 훨씬 더 주목할 만한 것은 라깡의 추방 이후에 IPA의 인정을 받은 사람들까지 포함하여 프랑스 정신분석의 지도적인 인물들—장 라플랑쉬, 장-베르트랑 퐁탈리스, 디디에르 앙지외 및 다니엘 위들로셔—은 모두 라깡한테 훈련을 받았다는 사실이다. 다니엘 위들로셔는 IPA의 회장이 되기도 했다. IPA는 어떤 사람은 나쁜 트레이너로 추방하면서 그의 제자들 가운데 한 사람을 회장으로 지명하는 아이러니를 보이는 것 같았다.

IPA에 대한 라깡의 적대적인 태도는 단순히 유치한 수준을 넘어서는 것 같았다. 즉 그는 그들이 강요하려는 규제의 종류가 근본적으로 잘못되었다고 진실로 믿고 있는 것 같았다. 아직도 발전해가는 젊은 영역인 정신분석이 어떤 집단의 사람들에 의해 강요된 제약에 묶여 있지 않아야 한다. 그가 지적하길 좋아했듯이 프로이트는 결코 독단적이지 않았다. 그의 이론 그리고 그의 진료는 그의 생애가 끝날 때까지 계속해서 변하고 발전해갔다. 라깡에 따르면 이 점이 바로 정신분석이 추구해가야 할 방식이다. 누구든 그 어떤 과학이나 인문학 혹은 예술의 역사를 들여다보면 한 세대나 혹은 심지어 천년 동안 모범적이고 고정되고 인정되어 온 견해들이 어떻게 헛물을 켜게 됐는지 알 수 있다. 또한 정신분석의 탄생 이후 몇 십 년 만에 프로이트의 제자들 가운데 한 집단이 도그마의 길로 들어섰는데, 그 태도와 가장 닮은 것은 오로지 종교에서 찾아볼 수 있을 뿐이다.

국제적으로 승인된 모든 단체로부터 라깡이 축출되자 프랑스의 정신분석은 분열의 날짜를 확실히 잡은 것 같았는데, 그 두 학회는 가톨릭교회와 개신교교회처럼 화해할 수 없는 것 같았다. 그러나 '대립교황' 인 라깡은 세력을 얻어가는 것처럼 보였을 뿐이다. 역설적으로 그는 미국의 지식인 사회에 널리 보급되기도 했는데, 미국의 문학도와 철학도가 그에게 보여준 관심은 거의 심리학의 동료들이 보여준 경멸에 견줄만했다.

그는 1966년에 존스홉킨스대학교의 콜로키엄에서 강연했다. 1968년에는 라깡식으로 훈련된 분석가들의 한 집단이 뱅센대학(파리 8대학)에 정신분석학과를 설립했다. 라깡은 1974년에 그 학과의 책임자가 되었다. 그 다음 해에 그는 예일대학과 MIT에서 강의하기 위해 초빙되었다. 라깡은 죽기 전 해인 1980년에 EFP를 해체시키고 그 자리에 프로이트대의학파(Ecole de la Cause Freudienne)를 설립했다. 그는 여든 살의 나이에 죽었다. 그는 자신의 작업이 자신보다 더 오래 살아남으리라는 것을 보면서 살아왔고 그때까지도 IPA로부터 인정받지 못했다. 아마도 그는 자신의 견해가 진실한 것으로 증명되길 바랐을 것이다. 다시 말해, "정신분석가는 자신의 권한부여를 오직 자신한테서 끌어낸다"는 것이다.

라깡의 지적인 여정

창조적인 사유는 다양한 수많은 근원들에서 끌어오는데, 흔히 수평적 사고라고 알려져 왔던 것으로서 단지 다양한 근원들에서 나온 생각들에의 개방을 의미하고 이런저런 생각들의 관련성을 볼 수 있는 지적인 능력의 소유를 의미할 뿐이다. 새로운 과학이나 예술형태의 실행자들은 특히 다양한 분야들에서 나온 생각들을 자유롭게 모아서 그 자신의 분야를 발전시키려고 한다. 어떤 교차수정의 성공률은 다른 경우보다 낮기도 하다. SPP의 창립회원 가운데 한 사람인 르네 알랑디는 동종요법과 수점(數占)과 비교(秘敎)의 신봉자였다. 카를 융은 영감을 위해 연금술과 민속학으로 돌아섰다. 시간이 생각들의 가치를 시험할 수 있는 가장 좋은 방법이고, 지적인 시대정신을 알아보는 자끄 라깡의 후각은 적중하는 것처럼 보인다. 그는 지적인 활동의 주류 내에 남아 있는 학문영역을 선택했고, 또한 오늘날에도 존중되고 있는 그러한 영역들 내에서 혁신에 초점을 맞췄다.

초현실주의

한 유명한 여배우를 칼로 찌르려 했던 망상의 여자 사례를 자세하게 제시하는 라깡의 의학논문은 초현실주의자들의 작업을 이끌어냈다. 특히 그는 살바도르 달리가 쓴 논문에 반하게 되었는데, 그 논문에서 예술가는 자신의 어떤 이미지들이 "분명히 편집증적인 과정"에 의해 얻어지는 방법을 묘사하고 있었다. 바꿔 말해서 달리의 이미지들은 편집증적 망상들이 만들어지는 동일한 정신과정에 의해 창조된다는 것이다. 이 사례는 구두 은유가 구체적인 대상으로 변형되는 것이다. 어떤 일을 '열심히 하려고 노력하는'(bending over backwards) 어떤 사람들의 생각은 마치 그들의 척추가 잘못된 방식으로 연결되어 있는 것처럼 글자 그대로 '몸을 뒤로 굽히는' 사람의 이미지를 떠올리게 할 것이다. 그런 종류의 이미지는 꿈이나 초현실주의의 그림 혹은 편집증적 망상에 나타날 수 있다. 라깡은 망상들이 그 주체와 함께 '내부 담론'의 의미를 지닌다는 블로일러의 개념에다가 자신의 창작과정에 관한 달리의 관찰을 굳게 결합시켰고, 망상/꿈의 이미지가 언어에 의한 현실의 해석을 통해 만들어지는 과정에 대해 숙고하였다.

철학

젊을 때부터 라깡은 철학에 흥미를 느꼈다. 그의 어머니에 의해 그에게 주입된 완고한 가톨릭교리(그는 예수회 학교에 다녔다)는 스피노자에 대한 그의 애정 때문에 약해져 갔다. 일생에 걸쳐 그에게 정동과 지능 간의 불가분성이란 확신이라든가 혹은 이해의 수단으로서 구획화의 잘못이란 확신을 심어준 것은 아마도 스피노자의 일원론의 영향일 것이다. 그의 일원론은 마음과 물질 사이에는 이원성이 존재하지 않는다는 믿음, 현상들 뒤에는 단 하나의 운전 원리가 있다는 믿음, 그리고 모든 것은 수학공식으로 환원될 수 있다는 믿음이다. 라깡은 당연히 철학에 대한 애정에서 사유의 체계화와 패러다임의 구성 쪽으로 끌려가고 있었다. 또한 그는 상용어들을 획득해서 그것들에 새로운 패러다임과 관련된 의미를 첨부하려는 철학자들의 습관에 빠져 있었다. 그의 그런 습관 때문에 동일한 지적인 여정을 겪어본 일이 없던 독자들은 라깡을 쉽게 오해하게 된다.

라깡한테 철학적인 방법의 수단은 너무나 필수적이어서 의학공부를 마친 뒤로 그의 이론적인 혁신이 끓어오르기 시작하던 시기에 그는 속성과정으로 철학을 가르쳐줄 개인교수를 채용했고, 그에게 헤겔과 하이데거와 후설을 소개해준 알렉상드르 코이레와 알렉상드르 코제브의 세미나에 참석했다. 특히 후설의 작품은 라깡한테 자아와 타자아(타자), 의식, 등등의 개념에 대한 강렬한 반성으로 이끌어주고 직접적으로는 주체와 대타자(the Other, le grand Autre)의 형식화로 또한 나중에는 '부명'(父名)으로 이끌어주었다. 마찬가지로 플라톤의 형상에 대한 관심은 실재계와 상상계의 형식화로 이끌어갔다.

심리학

앙리 왈롱(1879-1962)은 생각의 대부분을 철학적 모델에 기본을 둔 심리학자였는데, 특히 마르크스주의와 헤겔의 변증법에 기본을 두었다. 왈롱은 철학에 대하여 라깡과 애정을 공유했을 뿐만 아니라 그 당시 심리학과 정신분석학을 타가(他家)수정시키려고 했던 극소수의 저자들 중 한 사람이기도 했다.

왈롱은 소아기 발달의 개념화에 정동과 지능 사이의 변증법적 관계라는 방법론을 사용했는데, 그것이 바로 소아의 발달을 지지해준다. 이 말의 의미는 언제든지 정동과 지능 둘 모두가 작용하고 있지만 한 가지가 다른 것보다 우세하다는 것이다. 이런 모델 덕분에 퇴행이 가능해지고, 발달심리학의 또 다른 위대한 창시자인 장 피아제와는 크게 달라지는데, 피아제는 발달을 인지영역과 사회영역 및 정서영역으로 구획하였고 발달에 대한 그의 견해는 더욱 선형적이다. 왈롱은 이런 종류의 구획화가 유용하지 않는다는 것을 알고서 그 대신에 발달단계 내에서 발달의 다양한 영역들 간에 일종의 수평적 연결이 있다고 주장했다. 또한 그는 단계들 간의 불연속을 믿고서 이런 불연속이 위기에 의해 촉발된다고 믿었다. 왈롱은 소아의 발달에 대한 이해에 언어와 사회 환경의 역할을 크게 강조하였다. 그는 또한 소아의 발달단계에 다섯 가지 주요단계들을 규정했는데, 각 단계마다 정동과 지능이 더 크거나 더 작은 역할을 해낸다. 즉 충동·정서 단계(0개월에서 3개월), 감각운동·투사 단계(1년에서 3년), 인격주의 단계(3년에서 6년), 분류 단계(6년에서 11년), 그리고 11세 이후에 시작되는 청소년 단계가 있다.

라깡은 1930년에 왈롱을 사교적으로 만나게 되었고, 왈롱의 생각은 라깡 이론의 발전 초기에 한 역할을 해내고 있었다. 왈롱은 소아의 정신 발달에 관련된 '상징'과 '이미지'에 관한 글을 썼다. 라깡은 그 글에 의거해서 "상징계와 상상계 및 실재계"란 개념에 도달하게 되었다. 여기에 덧붙여 1934년에 출간된 왈롱의 『소아에서 성격의 기원』은 유아의 미숙성과 이행증, 등등과 같은 주제들을 발전시켰고 또한 유아와 거울 속의 이미지—이 모든 생각들이 라깡 사유의 핵심이 되었음—에 관하여 20 페이지를 할애했다.

왈롱은 라깡한테 『프랑스 백과사전』에 하나의 장을 써달라고 요청했고, 1938년에 출간된 「가족 콤플렉스」라는 그의 논문은 분명히 왈롱의 생각으로부터 깊은 영향을 받았다. 그가 사용한 왈롱의 생각들 가운데에는 기능적인 예기, 신체상의 구성에서 고유체위감각(신체의 위치와 움직임의 지각)의 역할, 그리고 거울 속에서 자신의 인식이 그 과정의 시작에서 온다고 하는 것인데, 그것에 의해 아동은 이미지의 단순한 지각으로부터 첨부한 라벨들과 그것들의 의미로까지 발전시킨다. 즉 "이미지로부터 상징으로의 통과"가 된다. 더욱 유명한 것은 라깡의 기본적인 작품인 「거울단계」(1936)가 왈롱의 거울 테스트 개념을 빌려다가 수정했다는 것이다. 거울 테스트는 생후 6개월 내지 8개월 사이의 아이가 거울 속에서 그 자신을 알아보게 되는 일이다.

언어학과 구조주의

언어학은 크게 발전한 또 다른 분야였고 그로부터 라깡은 아이디어를 빌려왔으며 여기서 처음으로 언어학을 빌려왔던 사회인류학자들의 작업에 의해 그의 '차용'은 고무되었다. 이십세기 초에 스위스의 언어학자인 페르디낭 드 소쉬르의 혁신적인 제네바 강의는 독일 언어학(언어의 역사적 발달과 형태론에 관한 연구)의 정통적인 견해들을 뒤엎었고, 언어학뿐 아니라 인류학과 사회학에도 새로운 접근방법의 기초를 놓게 되었다. 소쉬르는 유럽 언어의 아시아적 어원에 관한 조사를 착수했던 운동의 일부가 되었다.

소쉬르는 물질계와의 단순한 대응의 하나라는 언어의 실증주의적 개념을 거부했다. 단어들 간의 관계는 단어들과 대상들 간의 관계보다 훨씬 더 중요하다. 그것은 외부대상과의 단순한 대응보다 오히려 그 의미와 일치하는 의미작용의 코드(언어)에 대한 기호(단어)의 관계이다. 소쉬르는 언어적인 변이와 혁신을 들여다봄으로써 언어 내의 구별이 다른 술어와 시제, 접두어, 등등에 연쇄효과를 갖는다고 보았다. 여기서 그 말이 의미하는 것은 그 어떤 독특한 혁신이라도 반드시 언어의 전체적인 코드나 그 구조에 강렬한 영향을 준다는 것이다(그러므로 그의 언어학을 '구조적'이라고 부른다). 소쉬르한테 언어는 도구나 매체로 연구되는 것이 아니라 언어 그 자체가 연구의 대상이다. 라깡의 개념과 진료에 핵심이 되는 언어학에 대한 소쉬르의 혁신들 가운데 하나는 시니피앙(단어)과 시니피에(의미)의 관계에 관한 분석이었다.

클로드 레비-스트로스는 소쉬르의 언어학적 소견과 최근의 인류학적 발전 사이에서 유사함을 보았다. 인류학은 사회학과 민족학의 근본 학문으로부터 완전히 분리되는 과정 중에 있던 새롭고 유연한 또 다른 '학문'이다. 그 당시에 인류학은 에밀 뒤르켐의 '기능주의' 사회학에 깊이 의존하고 있었으며, 원시사회에 대한 그 기능성의 관점에서 원시사회의 의식(儀式)과 터부와 관습을 들여다보려고 그것을 이용하고 있었다. 인류학에 대한 이러한 접근방법은 뒤르켐의 조카인 마르셀 모스에 의해 개척되었는데, 희생제물의 특성과 기능에 대한 그의 연구에 그것을 채용했고, 미국원주민들 가운데 상징적인 선물의 역할에 대한 그의 유명한 논문(Essai sur le don, 1924)에도 이용되었다.

레비-스트로스는 인류학의 기능주의적 접근방법에 만족하지 못했는데, 그 방법은 특별한 관례들을 격리시키고 그 관례들과 현대의 관례들 사이에서 유사점을 찾으려는 것과 관련되어 있었다(예를 들어, 아잔데 사회의 주술은 의학의 '그들 방식의 변형'이다). 그것은 다른 문화들을 단순히 우리 자신의 문화의 변형으로 보는 시각을 함축하고 있었다. 레비-스트로스는 소쉬르의 접근방법이 그로 하여금 뒤르켐의 기능주의보다 한 걸음 더 나아가게 했고 본질적으로 문화를 의미의 코드로 보게끔 했다는 것을 깨달았다. 소쉬르가 언어의 요소들 간의 관계를 연구하여 자신의 언어코드에 도달한 것처럼 그와 똑같이 레비-스트로스도 문화 내의 요소들의 기초가 되면서 그 요소들을 연결해주는 코드를 찾아내려고 했다. 예를 들어, 어떤 문화의 관습과 터부가 서로 간에 상호작용하고 서로를 지지해주는 방법이 그것이다

문학평론가인 롤랑 바르트는 레비-스트로스와 소쉬르에 의해 발전

된 의미작용 코드의 분석을 확장해서 대중문화를 분석했다. 그의 손에서 소쉬르와 레비-스트로스의 구조주의는 만개한 '기호의 과학' 혹은 기호학이 되었다. 바르트는 저자가 텍스트를 쓴다는 상식적인 견해를 뒤집어서 텍스트가 저자를 '쓴다' 고—아리송하게—주장했다. 기호학의 슬로건은 '저자의 죽음' 이 되었다.

라깡은 1940년대 중반에 이미 자신의 정신분석 진료에 관한 이론 형성에서 소쉬르 언어학에의 관련성을 발견했다. 종전 이후 그의 첫 번째 논문발표에서 화자의 의식을 회피해가는 방식으로 의미가 분석 수행자의 말에 암호화되는 방법에 대해 그가 숙고하고 있음을 보여주었다. 라깡은 1950년대와 1960년대에 레비-스트로스의 방법인 '구조주의' 를 채택해서 언어와 문화뿐만 아니라 각 개인들 스스로가 소쉬르의 의미에서 의미의 코드로 보일 수 있는 방법을 검토하는 데에 그것을 이용하고 있었다. 또한 텍스트가 저자들을 '썼다' 는 바르트의 주장처럼 라깡도 "담론이 주체를 쓰고 있다"고 주장했다.

또한 소쉬르에 관한 묘사에서 라깡은 주체의 무의식에서 단어들 간의 상호관계가 한 단어와 한 대상의 관계보다 훨씬 더 중요하다고 제안했다. 그의 이론들 가운데 또 하나는 "무의식이 언어처럼 구조화되어 있다"는 것이다. 그 말은 간혹 언어에 의해 구조화되어 있는 무의식으로 오해되어 왔다. 여기서 라깡의 통찰은 경험 많은 임상가의 통찰이다. 그는 꿈 이미지에서 의미의 암호화가 언어에서 의미의 암호화와 동일한 규칙을 따른다고 보았다. 이런 생각 덕분에 그는 꿈에 관한 주체들의 담론에 의해 꿈을 '읽을' 수 있게 되었다.

수학

라깡은 자신을 분명하게 표현할 수 없다는 의미에서 볼 때 언어와 상당히 어려운 관계를 항상 유지하고 있었다. 젊은 의사로서 백과사전에 실릴 「가족 콤플렉스」를 써달라고 요청 받았을 때 그의 원본은 너무나 불분명해서 교정을 위해 수차례나 되돌아왔다. 그의 글을 읽을 때 그가 항상 단어선택에 있어 매우 조심스러워 한다는 것을 짐작할 수 있는데, 어떤 때는 너무 조심스러워서 모든 진술들이 6개의 한정적인 하위조항에 의해 제약을 받게 된다. 그 다음에는 다양한 탈선을 허용해서 문장의 주안점을 따라가기가 어렵게 된다. 그러나 그때 받는 인상은 이상하게도 이런 모호함이 틀린 것을 말하기가 두려워서 오는 결과로 생각된다는 것이다. 수학공식에 빠져들게 했던 것도 아마 이런 걱정 때문일테니까 거기서 그는 더욱 분명한 표현을 찾아볼 수 있길 바랐을 것이다.

라깡은 18세기의 수학자인 데자르그와 라이프니츠에게 매료되었는데, 그들은 위상수학 모델을 발전시켰다. 라깡은 언제나 그런 도형들에서 문제를 직시하는 용이한 방법을 찾는 것처럼 보였다. 그러니까 그의 생애가 끝날 즈음에는 위상수학의 이용이 더욱 더 복잡해져서 그의 마지막 세미나에서는 그것들이 그의 생각들을 표현하는 주된 방식이 되었다.

위상수학은 연속적인 위상변환 하에서도 보존되는 공간의 특성을 연구하는 수학의 분야이다. 그것은 공간의 외관이 아무리 변할지라도 일정하게 유지되는 특성들을 찾아내는 것과 관련되기 때문에 인간 정신의 당혹할만한 복잡성과 그 상호작용에서 요인들의 일관성을 찾아내려는 정신분석가한테 매력적인 모델이 된다. 라깡은 심리적인 모형들을 수학적인 도형으로 표현함으로써 다양한 요소들 간의 관계를 마음속에 그려내기가 더 쉬워질 수 있다고 느꼈다. 우리는 모두 이런 일을 어느 정도는 매일 같이 하고 있는데, 그 실례로서 우리는 감정의 역동이 세 명의 당사자들에 의해 좌우될 때 '삼각관계'란 용어를 사용해서 묘사한다.

라깡의 위상수학 모델은 점점 더 복잡해지다가 그 끝으로 갈수록 고도로 복잡해진다. 가장 잘 알려지고 가장 유용한 것이 뫼비우스 띠이다. 그는 주체의 구성에서 의식과 무의식 간의 관계를 묘사하기 위해 이것을 이용했다. 뫼비우스 띠는 단 하나의 표면을 갖는 연속적인 고리이지만 그럼에도 앞면과 뒷면(볼 수 있는 면과 볼 수 없는 면)을 보이고 있어 분명한 이원체계로 주체의 특이성을 보여준다.

또한 라깡은 상상계와 상징계와 실재계 사이의 관계를 표현하기 위해 매듭이론을 이용했다. 그는 '학소'(matheme)—정신분석 개념들을 표현하기 위한 공식—를 구성하는 대수 표기법도 이용하고 있었다. 그중에서도 제일 먼저이고 가장 유명한 것이 소쉬르의 알고리듬을 다음과 같이 써서 뒤집은 것이다.

$$\frac{S\ (\text{시니피앙})}{s\ (\text{시니피에})}$$

이것은 정신의 기능에 있어서 시니피앙과 시니피에의 관계를 표현하고 있다.

라깡의 수학적인 정교화는 비실용적인 지점까지 따라가기가 어렵긴 하지만 그것은 역설적으로 명료함에 대한 욕망에서 태어났다. 그것은 분석가의 재능과 인격과는 전혀 상관없이 작동할 수 있는 모델을 만들어냄으로써 직관에 대한 정신분석의 의존성을 감소시키는 데에 그 목표를 두고 있었다. 또한 그것은 교육적인 목적도 갖고 있었다. 즉 라깡은 선생님과 학생의 상상력으로 만들어질 수 있는 변이와 뉘앙스와는 아무런 상관도 없이 정확하게 자신의 이론이 전달되길 바랐다.

라깡의 학소와 위상수학 모델은 아마도 그의 철학의 기념비가 되었을 것이다. 즉 그의 야망이 분별력을 뛰어넘는 그의 탐색 지점을 가리킨다. 혹은 그는 단지 이런 것들이 유용해지는 지점까지 자신의 방법을 충분히 다듬을 수 있을 만큼 오래 살지는 못했던 것 같다. 왜냐하면 그것들은 주로 상당히 비전적인 학문적 흥미로 남아있기 때문이다.

제2장

거울단계

거울을 통해서 보기

아직 걷거나 서지도 못하고 인간이든 인공물이든 어떤 지지자에 의해 단단히 붙잡혀 있는 그는 그럼에도 환호하는 움직임의 파닥거림 속에서 그의 지지자의 가로막음을 이겨내고, 앞쪽으로 약간 기울인 자세를 고정시키면서… 그 이미지의 순간적인 모습을 되가져온다.

(「거울단계」, 저자의 번역)

자끄 라깡의 핵심적인 중대관심사들 가운데 하나가 서로 분리할 수 없는 의식적 요소와 무의식적 요소로 구성된 완전한 실체로서 개별적인 인간 정신의 발달이었다. 그것은 라깡의 용어로 "주체의 탄생"이다. '주체' 라는 라깡의 개념은 그 어떤 실제적인 인간 주체와도 현저하게 진화적으로 유사하기 때문에 끝까지 알기 어려운 상태였지만 몇 십 년에 걸쳐 더욱 더 중첩되고 난해해지고 복잡해졌다. 그것은 그의 작업 내에서 흡인력 있는 자석이고 그의 작업의 대부분이 그것을 규정하려는 시도로 향해가고 있다.

'동일성' (identity)이란 영어단어는 『옥스퍼드 영어사전』에 다음과 같이 정의되어 있다. "언제든지 혹은 모든 상황에서 인간이나 사물의 동일함; 인간이나 사물이 그 자체이지 뭔가 다른 것이 아닌 상태나 사실; 존재의 다양한 국면들을 통해서도 동일한 인간으로 머무르는 상태나 사실; 인격의 연속성." 이것은 라깡의 주체와 가장 가깝고 평범한 등가물이 될 수도 있지만, 후자는 그가 무의식적인 그의 동일성의 요소들이 존재한다는 것을 받아들이는 사용자에 달려 있다. 그의 동일성이 오로지 그가 그 자신에 대해 말하고 싶은 것이라고 생각하는 사람이면 누구나("나는 아일랜드 사람이고, 나는 독립된 직장 여성이다," 등등) 라깡이 자아라고 불렀을 것에 대하여 이야기하게 된다. 라깡의 주체는 시니피앙들로 구성되어 있고 시니피앙에 의해 드러나는데, 주체는 그 시니피앙이 무엇을 의미하는지 알지 못한 채로 발언하고 있다.

주체에 대해서 더욱 다듬은 정교화는 이 책의 나중 장들에서 보게 되겠지만, 핵심적이고 가장 접근하기 쉬운 작업은 정신분석에 관한 그의 첫 번째 논문인 「거울단계」(1936)이다. 거울단계는 아이가 그 자신을 '나'로 생각하는 첫 번째 시간과 관련되기 마련인데, 그가 그 자신의 재현으로 이해하기 시작하는 이미지와의 관계에서 그렇다.

발달심리학자인 앙리 왈롱이 지적했던 것처럼 인간 유아는 출생 때에 고등 영장류를 포함한 다른 동물들에 비해 매우 미숙하다. 태어나서부터 아마도 18개월 이상까지도 영아는 일어서지도 걷지도 못하고 솜씨 있게 물건을 다루지도 못한다. 또한 성숙한 고유체위감각(자신의 환경 내에서 전신의 지각)에 의해 허용되는 '자기'의 감각과 '완전함'의 감각이 부재해 있다. 그러나 이런 인간 유아—미숙하고 무기력하며, 그 자신을 오직 조각난 방식으로만 지각하는 아이—는 생후 6개월과 18개월 사이의 어떤 시점에서 거울 속에 있는 어떤 이미지를 보게 되고 그것이 그 자신이라고 알게 된다. 이것이 유아가 그 자신을 단일의 존재로 발견하는 첫 번째 순간이다. 이런 발견이 기쁨과 흥분이란 강렬한 느낌의 근원이 되는데, 그 느낌은 대개 함께 존재하는 어른과 공유하게 된다. 이런 발견을 해낸 유아는 고개를 돌려서, 예를 들어, 그의 어머니를 보게 되고 어머니와 함께 자랑과 놀람을 공유하게 된다. 자아의 형성과 주체의 지각으로 이끌어가는 이런 기본적인 행위에는 강력한 감정이 동반된다.

라깡은 이렇게 말했다. "우리는 거울단계를 동일시로 이해해야 하는데… 주체가 어떤 이미지를 취하게 될 때 그 주체 내에서 일어나는 변형이다." 유아의 자기 발견은 지적인 행위이다. 즉 그것은 이미지를 생각—'나' 혹은 '자기'의 아이디어—으로 바꾸는 변환과 관련된다. 그러므로 인간의 동일성은 지성의 최초 행위에 기초를 둔다. 그러나 이것은 데카르트의 "나는 생각한다. 고로 존재한다"(cogito ergo sum)의 수정이 아니다. 참으로 라깡은 "코기토로부터 직접 나온 그 어떤 철학에도" 완전히 반대하고 있었다.[4] 그에게는 그 반대가 진실이었다. 즉 **나는 생각한다, 따라서 나는 존재하지 않는다**, 혹은 **나는 오직 생각하지 않을 때에만 완전히 한 주체가 된다**. 그러니까 그 자신에 대해서 생각하는 바로 그 행위가 주체를 무효화한다. 이것은 나중에 설명될 것이다.

그 자신을 거울 속에서 확인하고 있는 동안에 아이는 자신을 분리시키는 어떤 것을 동일시하기도 한다. 주체는 하나의 '타자'로서 그 자신을 맨 처음 확인하고 경험하게 된다. 따라서 동일성의 기본적인 행위는 단지 정서적이고 지적인 것만이 아니라 분리주의적이기도 해서 주체를 그 자신으로부터 분리시켜 하나의 대상으로 삼는다. 라깡

4) 『거울단계』, 『에크리』, 저자의 번역.

한테 거울단계는 "그것('나' 라는 것-역자)이 타자와의 동일시[5]라는 변증법으로 구체화되기 이전에, 또한 언어가 일반개념으로 주체로서의 그것의 기능을 그것으로 되돌려주기 전에, 나라는 것이 원시적인 형태로 응결되어 나오는 상징적 모체"[6]이다. 거울단계에서 그 자신의 지적인 지각은 소외시키는 경험이 되고 일련의 비(非)진실의 시작이 된다. 그러나 주체로 하여금 상징적 영역에 접근하도록 허용하는 것은 필수적인 소외이다.

거울상(specular or mirror image)은 유혹물이다. 즉 현실과 정반대가 되기도 하는 비현실적인 특성(우측이 좌측이 되고 그 역도 되는 것)이다. 거울단계 이전에 아이는 이미 거울 속에서 다른 사람들을 인식할 수 있었다. 그의 어머니와 그의 형과 다른 아이로서 그는 그 자신의 이미지를 인식하기 전에 다른 동료들의 이미지를 인식할 수 있었다. 이 말은 아이가 이미지의 거짓된 특성에 대한 사전지식을 지니고서 거울단계에 도달한다는 것을 의미한다. 아이가 그 자신을 거울 속에서 마침내 인식하게 될 때 그 아이는 이런 이미지가 '실제적인 사람' 이 아니라는 것을 이미 알고 있다. 이미지를 경쟁자로 보고서 공격할 수도 있는 원숭이와는 달리 유아는 그것의 비현실성을 거의 즉각적으로 이해하고 있는데, 이런 비현실성을 통하여 처음으로 그 자신의 전체성을 강력히 경험하게 된다. 즉 "이것은 내가 아니고, 그런데도 이것은 나이다." 처음 시작부터 아이의 동일성(혹은 주체)은 '현재의 나' (what I am)이면서 동시에 "다른 사람들과 내가 나에 대

---

5) "동일시는 모방과 대조를 이루는데, 구조의 전체적인 동화로서 뿐만 아니라 아직도 미분화된 상태에서 그 구조에 의해 포함된 발달의 실질적 동화로서 이뤄진다"(「현실원칙을 넘어서」, 『에크리』, 브루스 핑크의 번역). 달리 말해서, 어떤 사람을 모방하기는 단지 현재의 그들의 상태를 베끼는 일이지만, 동일시는 그들의 인격구조의 동화가 이뤄져서 여러분이 그들이 되어가는 것처럼 발달되고 또한 미래에는 동일시의 대상이 결코 만나지 못할 수도 있는 상황들에 대한 동일한 기본적 구조에 따라 그녀/그가 할 수 있는 방식으로 반응하게 될 것이다.

6) 「거울단계」, 『에크리』, 브루스 핑크의 번역.

해 알고 있는 것"도 된다. 그 이미지는 그 자신이 되면서 동시에 그 자신이 아니고, 또한 이런 분열이 있자마자 주체와 대상의 합병과 혼동이 존재하게 되는데, 주체에 의한 그의 구체화된 이미지의 '차용'이다. 영아한테 그 자신의 이미지는 매혹적이어서 그 자신에 대한 평생의 반영의 시작점이 된다. 이 말은 인간 주체 혹은 동일성의 초석이 자기애의 분열적이면서 지적인 행위라는 것을 의미한다.

'자기애'는 상투적인 말투로 허영심이란 부정적인 함축을 갖는 용어이다. 그러나 정신분석에서 그 의미는 '그 자신에 대한 사랑하는 태도'에 더욱 가까운 것으로서 동일성/주체의 발달에 근본적인 주춧돌이 된다. 이런 태도는 반드시 사랑스런 것이 되는데, 그 이유는 그것이 항상 매우 긍정적인 태도라서가 아니라 그것 없이는 동일성이 무너지기 때문이다. 자신의 자기애에 대한 공격은 흔히 매우 강렬하게 경험되고 주체의 완전한 구조를 위협할 수도 있다. 이것은 아마도 영아들과 어린 아이들이 그들 자신과 가장 많이 닮은 사람들한테 그처럼 강렬하게 반응하는 것을 관찰하게 되는 이유가 된다. 또한 그러한 반응은 사랑으로 '억제되거나' 혹은 미움으로 인식되어야 한다. 매우 어린 아이들한테 가장 견디기 어려운 것은 매우 비슷한 어떤 사람과 그 자신 사이에 존재하는 작은 차이점들인 것처럼 보이는데, 아마도 그 이유는 자아의 완전한 구조를 공격하는 것처럼 보이는 "어느 쪽이 진정한 생각이냐?"는 질문을 그들이 제기하는 것 같기 때문이다. 거울단계는 동일성/주체의 창작에서 자기애의 근본적인 장소를 두드러지게 해주는데, 그 자신을 하나의 이미지로서 보는 것이고 바로 그 자신이 되는 이미지에 대한 사랑이다.

정신분석 치료에서 이러한 이해의 가치는 다양하다. '나' 주체의 이런 개념 형성에 대한 라깡의 강조는 정신분석 과정에 대한 그의 개념형성 전체를 보강해준다. "거울단계의 기능은… 유기체와 그의 현실 사이에 어떤 관계를 설정해주는 것이다."[7] 주체의 내부세계와 외부세계의 이런 지적인 관계가 대상으로서 자기의 의식의 시작이 되고, 이미지를 '자기'의 개념으로 번역하는 정신과정 때문에 그것은 주체적인 자기가 상징화 과정에 복종하기 시작하는 것도 된다.

라깡이 처음으로 거울단계를 소개한 것은 1936년 마리엔바트에서 열린 국제정신분석학회였고, 그 뒤로 라깡의 정신분석 진료의 기초를 형성해주는 주체와 대타자의 개념들을 보강하기 위해 그것을 더욱 발전시켰다. 그는 1949년 취리히에서 열린 제16차 국제정신분석학회에서 더욱 발전된 논문을 발표했는데, 거기서 그는 "그것[거울단계]이 우리가 정신분석에서 경험하는 것처럼 '나'라는 것의 형성을 밝혀주고 있다"고 설명했다.

라깡은 유아가 그의 거울상과 우연히 만남으로써 응결된 완전한 자기라는 생각에 대해 말하고 있었다.

> 이런 형태는 '이상적인 나'(the Ideal-I)라고 불러야 할 것이고… 그것은 또한 이차성 동일시의 근원도 될 것이며… 이런 형태는 그의 사회적인 결정 이전에 자아로 알려진 행위자를 어떤 단 한 사람한테도 영원히 환원시킬 수 없는 허구의 방향에 위치시키거나, 혹은 차라리 그가 그 자신의 현실과의 부조화를 '나'로서 해결해야 하는 변증법적인 종합이 아무리 성공적일지라도 주체의 생성을 오직 점근적으로 접근하게 될 뿐이라는 그런 방향에 위치시킨다.[8]

---

7) 「거울단계」, 『에크리』, 저자의 번역.
8) 「거울단계」, 『에크리』, 브루스 핑크의 번역.

라깡의 주체를 규정하는 데 있어 자아와 이드의 형성에서 라깡한테 불만족스럽던 것이 무엇인지 먼저 고찰해봐야 한다. 이 일을 하기 위해서는 그런 용어들의 발전으로 되돌아 가봐야 할 것이다. 라깡은 프로이트의 말에 반대하려고 하지 않았다. 그는 항상 프로이트를 되찾길 원한다고 말했다. 프로이트는 '자아' 와 '초자아' 와 '이드' 와 같은 용어들을 만들어낸 사람이 결코 아니라는 것을 기억해둬야 한다. 그는 항상 'das Ich', 'uber-ich', 'das Es' 라고 썼다. 그것들은 단순히 그리고 솔직히 'the I', 'super-I' 혹은 'over-I' 그리고 'the It' 로 번역될 것이다. 프랑스에서는 이것들이 'le moi', 'le sur-moi', 그리고 'le Ça' 로 번역되었다. 프로이트는 자신의 작품들의 번역에 대해 매우 염려스러워 했고, 그의 두려움에는 근거가 충분했다. 그의 저서 가운데 영어로 번역된 첫 번째 책이 『꿈의 해석』인데, 거기에는 'das Ich' 의 첫 번째 공식화가 포함되어 있었다. 번역자인 아브라함 브릴은 갈리시아 출신의 의사로서 프로이트와 개인적인 친분관계가 있어 그의 강의에 참석했던 사람이고 미국으로 이민을 갔지만 그의 모국어는 영어가 아니었다. 그런데도 프로이트는 그가 번역자로서 '확실한 사람' 이라고 생각했는데, 왜냐하면 그가 그를 잘 알고 있었기 때문이다.

그러나 'das Ich' 를 라틴어 '자아' (ego)로 바꾼 브릴의 치환 때문에 그것은 단순한 '나' 의 정서적인 힘과 완전히 개인적인 힘을 즉각적으로 빼앗겨버렸다. 브릴과 그 다음의 번역자들은 'Ich' 속에 내재된 주체성의 중요함을 알지 못했거나 또는 그것의 일상적인 평이함이 그것에 손쉽게 첨부된 타락된 의미들에 대한 방어라는 사실을 알지 못했다. '나' 와 같이 평범하고 감정이 실린 단어들에는 새로운 의미를 다시 규정하거나 부여할 수 없다. 이것이 필요로 하는 모든 신중함과 강렬한 반성으로 그것들을 더 잘 묘사하고 설명하려고 시도할 수 있을 뿐이다. '자아' 의 선택—평범한 의미가 전혀 없는—은 영어권 정신분석 학계의 혁신적인 학자들이 그것에 첨부하고 싶어 하는 새로운 의미로 재빨리 채워질 수 있다는 것을 의미했다. 더구나 그것이 가지고 있었던 하찮은 의미(학생 수준의 라틴어 실력을 가진 사람들한테)는 자기 중심과 자만심이 강하다고 조롱하는 의미였다. 이것은 생성중인 개념한테는 좋지 않은 시작이었다. '자아' 는 단지 사유화를 방어하기에는 너무나 허약했을 뿐이다. 이러한 위험은 그 당시에도 인식되었다. 즉 제임스 스트레이치와 앨릭스 스트레이치가 『자아와 이드』(Das Ich und das Es)의 표준번역본을 쓰게 되었을 때 발행인이었던 레오나드 울프가 더욱 간단한 "나와 그것"(The I and the It)을 선호한다고 말했다. 그의 제안은 이 단어들을 손수 마련해 두었던 스트레이치 부부가 취소한 것이 아니라 새로운 '과학' 에 대해 '전문용어' 를 원했던 사람들에 의해 취소되었다. 그 결과는 이렇다. 자아는 생겨난 뒤 30년만에 das Ich로부터 멀어져갔고, 행동주의에서 다량으로 끌어온 '전문용어' 에 자아심리학이 정의와 특성들을 첨부시켰는데, 행동주의는 아마도 프로이트를 실망시켰을 것이고 카우치 위에서 '나' 라고 말하는 사람이라는 단순한 사실로부터 그것을 떼어놓았을 것이다.

라깡은 영어권 세계에서 전개되는 정신분석의 발전에 대해 잘 알고 있으면서 자아의 발전에 의한 영향을 덜 받아왔을 것 같다. 그러나 프랑스에서도 역시 '자아' (le moi)는 원본에 더 가깝지만 일인칭 대명사의 목적격이 되는 문제를 갖고 있다. 다시 말해서 그것은 '나' (je)의 주체성을 상실해 버렸다. 라깡의 관점으로 보면 '자아' (le moi)는 거울 속에서 그 자신에 대한 그의 첫 번째 이해의 지점에서 정확히 주체를 이미 마련된 함정 속에 빠뜨린다. 즉 그것은 그 자신을 하나의 '타자' 로 보고, 또한 그것이 타자들한테 하는 것처럼 그 자신을 묘사하며 규정하려고 애쓰는데, 그때 사용하는 도구(언어)는 바로 그의 통제를 벗어나서 그것이 그렇게 하는 것처럼 거짓말이란 연막을 만들어낸다. 조엘 도르는 다음과 같이 지적해내고 있다. "그 자신에 대한 주체의 상상적인 대상화(objectivation)를 자아(le moi)라고 부른다." 또한 "자아(le moi)는 그 자신을 나(the I)라고 생각한다."[9] 라깡은 'das Ich'의 주체성이나 '자아'(moi)에 대한 대조로서 '나'(je)를 되찾으려고 노력했는데, 그가 듣고 있는 담론의 소유자인 그 사람의 주체성을 회복시키려고 했다.

자아(le moi)를 만들어가기

유아가 그 자신을 거울 속의 '이상적인-나'(Ideal-I)로 확인해왔던 자기-인식의 최초 행위 이후에 자아의 정교화는 점진적인 언어습득과 함께 찾아온다. 유아는 그 자신이 되는 대상을 거울 속에서 보게 되고, 톰이라든가 엘리, 등등, 그의 이름을 부르는 어머니의 소리를 듣게 된다. 그는 물론 이전에도 그의 이름을 들어봤지만 이제 그는 거울 속의 영상에 그 이름을 붙여놓게 되고, 또한 처음으로 공식화하기 시작한다. 즉 그것은 톰/엘리야. 그것이 나야. '나'(me)는 인칭대명사의 목적격이고, 그가 그 자신을 하나의 대상으로 보아버린 직후에 그 아이는 이런 '나'(me)한테 특성들과 특징들이 있다고 생각하기 시작한다. 그 영상과의 동일시를 통하여 그 개인은 배우가 말하는 것처럼 말하게 된다. 간혹 그 아이는 말하기 시작할 때 목적격으로

---

9) 조엘 도르 1985.『라깡에 관한 독해 입문』, 파리, 드노엘.

그 자신을 가리키는데, 주격의 '나'(I)를 사용하는 것을 배우기 이전의 '나'(me)이다. "나 배고파"(me hungry)… 혹은 간혹 훨씬 더 객관적으로 삼인칭을 사용한다. "엘리는 텔레비를 원해," "톰의 공이야!" '나'(me) 혹은 그의 이름을 사용하지 않을 때 아이는 대명사를 완전히 회피함으로써 '나'(I)의 불가사의를 피해갈 것이다. "나는 피곤하지 않아"라고 말하기 전에 "피곤하지 않아"가 먼저 나온다. 그 자신을 삼인칭이나 목적격의 대명사로 가리키는 영아의 습관은 주체에 대한 '몰인식'(méconnaissance)이나 '알아차리지 못함'(obliviousness)을 암시해주는데, 그 주체는 자기-인식의 그런 최초 행위에서 대상-이미지에 덮여 가려져왔다. 아이는 오직 대상-이미지를 통해서만 그 자신에 대해 말할 수 있다. 그런데도 그와 동시에 말하고 있는 사람은 인식되지 않은 그러한 주체이다.

몰인식(méconnaissance)은 어떤 것에 대한 비(非)인식(non-recognition)과 알아차리지 못함을 포함하는 불어 단어이다. 그것은 간혹 '잘못된 인식'(misrecognition)으로 번역되고 있는데, 나는 그 번역이 표적에서 많이 벗어나 있는 것으로 알고 있다. '잘못된 인식'은 어떤 것이 오로지 잘못되게만 인식되었다는 것을 암시해준다. '비인식'이나 '알아차리지 못함' 처럼 내가 선호하는 번역에서 주체는 그 대상에 대해 완전히 눈멀어 있었다. 라깡의 가장 중요한 격언들 가운데 하나는 인간들이 그들 자신의 주체에 대해 대체로 알아차리지 못한다는 것이다. 자아는 어떤 사람이 그/그녀 자신에 대해 말하는 바로 그것이다. 그런데 주체는 말을 하고 있지만 인식되지 않는 자기이다. 정신분석은 환자의 주체적 진실을 향하여 혹은 목적격의 '나'(me)와 주격의 '나'(I)가 결합될 수 있는 지점을 향하여 그 환자와 동행하는 일에 관한 것이다.

라깡은 자아의 허구적인 성질을 강조하고 있는데, "모양이 만들어지거나 맞춰지는 것"이란 원래의 의미로 허구적이고 그와 동시에 "상상적 서술"이란 그 상식에서 허구적이다. 거울단계는 자아를 "허구의 방향에서 그의 사회적 결정 이전에" 위치시키고… "그[유아]는 그 자신의 현실과의 부조화를 '나'(I)로서 해결해야 한다." 그는 자아가 지각-의식 계통 위에 근거하거나 현실원칙에 의해 조직되는 것이 아니고 그 대신에 '몰인식의 기능'에 의해 존재하게 된다고 주장했다. 아이의 언어가 발달하면서 아이는 대상화된 자기에다 생각들을 붙여놓기 시작하는데, 그것이 자아(the ego 혹은 'le moi')가 되어갈 것이다. 아이가 붙여놓는 생각들은 흔히 현실의 부정이나 거부 혹은 소망하는 생각에 의해 만들어진다. "아빠, 나하고 달리기해! 내가 이길 거야!"라고 소리치는 3살 된 아이는 아빠의 다리가 4배나 더 길고 훨씬 빠르다는 쉽게 관찰되는 현실에도 불구하고 이기고 싶은 그/그녀의 욕망을 내보이고 있다. 아버지로서는 아이가 이기도록 해주기 쉽다. 그 아버지는 정확히 자식이 승리자로서 그 자신의 이미지를 발달시킬 수 있도록 도와주고 싶기 때문이다. 그는 사실상 그의 자식이 지닌 자아의 허구(이 경우에는 매우 작고 무기력해서 발생하는 불안에 대한 필요한 방어)를 거들어주면서 부추기고 있다. 또한 이런 허구는 자신의 생애에 걸쳐 유지되고 양육된다. 부정도 역시 도움이 된다. "아무개와는 지금까지 아무런 문제가 없었어요"라는 말은 거의 항상 진실의 부정이 된다. 그러나 그것은 화자가 아무개 당사자의 영향을 받지 않는다/아무개를 태평스럽게 대한다는 그/그녀의 허구를 유지하도록 도와주고 있다.

자아의 허구적인 '창조된' 성질은 "코기토로부터 직접 유래한 그 어떤 철학"에 대해서도 반대하는 라깡의 대립 뒤에 놓여있다. 데카르트 사유의 코기토는 대부분 의식의 상태에 의존하고 있는데, 그 상태에서 자아는 대부분 스스로 통제되어 있다는 것을 믿고 있다. 그러나 라깡한테 실재적인 '나' (I)는 주체—"I am"에서의 'I'—이고, 이것은 그 자신에 대한 의식적인 생각에 의해 반드시 숨겨져 있다. 거울단계에서 그의 '이미지-자기' 또는 자아에 관한 이야기를 '창작하는' 부분으로 주체를 생각할 수도 있는데, 그때 그가 언어를 습득하면서 그것에 시니피앙들을 첨부하게 된다. 즉 소녀라든가 금발, 귀엽다, 초콜렛을 좋아한다, 핑크빛을 싫어한다, 그림솜씨가 좋다, 등등이다. 그러나 그는 선택하는 것만큼 많은 시니피앙들을 억압하게 되고, 또한 그렇게 하면서 그 자신의 어떤 것을 숨기려고 애쓴다. 참으로 주체는 생각하지 않고 있을 때에 오로지 존재할 수 있을 뿐인데, 왜냐하면 그의 자아와 관련되는 어떤 생각이든 생각하는 바로 그 행위가 연막을 만들어내고 그 연막 뒤로 그는 사라지기 때문이다.

다른 거울들

유아가 거울 속에서 그 자신을 처음으로 인식하는 동안 그리고 이 단계에서 그의 무기력함 때문에 그는 대개 혼자가 아니다. 라깡한테는 거울단계에 대한 묘사에서 영아가 나오는데 아마 그를 거울 속에 끌어들였을 어른(어머니)이 받쳐주고 있는 그 아이다. 그녀는 유아가 이런 난처한 상황을 풀어가는 데에 그 중요성을 예상하고서 침묵을 지키기는 어려울 것이다. 그녀는 아이에게 다음처럼 말하면서 안내해 간다. "여기 보자, 거울 속에 있는 저게 누구지?" 이처럼 감정이 실린 대화에서 아이는 그 이미지가 누구를 표시하는지 갑자기 깨닫고서 흥분되고 몹시 감격하며, 그의 어머니를 보기 위해 고개를 뒤로 돌린다. 그는 자신의 승리를 어머니에게 바치면서 그 환희를 어머니와 공유하고 싶어 한다. 흔히 어머니는 그의 이름이 사용되는 형태로 그 유아의 발견을 확인해 준다. "거울 속에 있는 것이 존이구나!" 즉 거울 속의 이미지를 암시해주는 형식화가 빼쏜 사람, 즉 또 다른 유아이고, 하나의 대상으로서 그 자신에 대한 유아 자신의 지각을 강화시켜 주고 있다.

아이의 동일성 획득에 어머니가 관련되어 있다는 것은 놀라운 일이 아니다. 참으로 아이의 출생 이후로 거울단계는 유아와 그의 어머니 사이의 관계 내에서 예기되어 왔다. 어머니의 시선은 아이가 자신의 이미지의 문제—즉, 어머니가 보고 있는 것—에 직면하게 되는 첫 번째 거울이다. 거울단계 이전에 아이는 그의 어머니가 그를 바라보고 있을 때 어머니가 어떤 것을 보는 것으로 알고 있다. 즉 그는 웃어주는 애정과 화난 성급함의 수용자로 그 자신을 알고 있다. 아이는 어머니가 정답게 속삭여주는 발가락과 간지럼을 태우는 옆구리를 갖고 있다고 생각하기 시작한다. 이 말이 의미하는 것은 거울단계 이전에도 주체의 개념이 이미 존재하고, 거의 전부 유아에 대한 어머니의 시선 위에 근거를 두며, 또한 어머니가 아이에 대해 형성하는 추측("너 배고프니?"; "저 심술궂은 얼굴 좀 봐라!", 등등) 위에 근거를 둔다는 것이다. 그러나 몇 달 이내에 어머니의 눈에서 유아가 보았던 이런 타자아의 개념은 그의 거울상에 대한 그 자신의 반응 위에 기반을 두게 될 것이다.

어머니의 시선은 아이의 첫 번째 거울이다. 즉 아이의 동일성 혹은 완전한 존재로서 그 자신의 개념은 맨 처음 그러한 시선에서 형성된다. 따라서 동일성의 발담을 지지해주는 것은 자기애적인 주자번이다. **만일 어머니의 시선이** 유아의 첫 번째 거울로 되지 **못하는** 경우라면 아이의 동일성 발달에 대한 흥미로운 반성으로 이끌어갈 수 있다. 20세기 중반에 시설에 수용된 유아들에 대한 연구는 적절히 돌봐주었을 때일지라도 그 아이들이 잘 자라지 못했다는 것을 보여주었다. 그들은 무관심하고 우울하며 어떤 아이들은 인지발달에서도 심하게 뒤떨어지기 시작했다. 주체 형성에 의해 설명한다면 이 말은 시설에서 거울단계를 보낸 유아는 어머니의 한결같고 사랑스런 시선이 모여 있는 맑은 저수지를 대신하여 (또한 그녀의 가설의 일관성에서) 무관심하고 다양한 많은 보모들의 변하기 쉬운 물결과 잔물결들을 만나기 때문이고, 또한 자기에 대한 자신의 감각을 세우게 될 그 자신의 이미지를 전혀 볼 수 없기 때문이다. 거울단계의 실패는 주체의 발달에 커다란 재해가 될 수도 있다.

어떤 경우에는 어머니가 함께 있을지라도 아이의 첫 번째 거울로서 실패할 수도 있다. 그렇다면 우리는 어머니 시선의 **속성**에 대해 생각해봐야 한다. 즉 대부분의 경우에 그것은 사랑으로 가득 차서 아이한테 그 자신에 대한 긍정적 반영을 해주게 된다. 또한 그것은 안정적이어서 아이에 대한 어머니의 시선이 **어머니 나름대로 특별한** 것이 된다. 그 시선에는 기쁨과 기대가 부여되어 있고 가족의 역사에 대한 사전지식과 함께 두려움도 깃들어 있으며 참으로 인간을 주체로 만드는 복잡한 구성성분들이 모두 포함되어 있어서 이런 시선이 아이의 동일성을 구체화한다. 그런 추측들이 최초의 거울이 되어 그 거울 속에서 아이는 처음으로 자기와 완전함의 개념을 발전시키게 된다. 그러나 간혹 어머니의 시선은 이와 같지 않을 수도 있다. 어머니는 아이를 그녀 자신의 한 조각으로 보거나 그녀가 동일시할 수 없는 하나의 생물체로 볼 수 있다. 혹은 그녀는 아이를 단순히 욕구들과 요구들의 덩어리로 보니까 아이가 앞으로 성숙한 '말하는 존재' 로 발전하길 기대하지 못할 수도 있다. 심하게 우울하거나 정신적으로 병들었거나 혹은 어떤 이유로 완전히 자기중심적인 사람이 되어버린 어머니는 아이한테 일그러진 거울의 결과를 제공하거나 전혀 거울 노릇을 못하게 된다. 왜곡시키는 거울은 허약함의 자기애적인 윤곽, 즉 '단층선'(faultline)을 만들어줄 수 있는데, 그 위에 동일성을 세우게 된다. 그보다 더 나쁜 것은 그 자신의 '타자아'를 전혀 볼 수 없는 아이가 그의 상상 속에서 훨씬 더 긴 시간 동안 조각난 신체단계에 머물러 있어 오랫동안 손상되는 결과를 가져올 수 있다는 것이다. 흔히 '자폐적'으로 보이는 어떤 증상들은 이처럼 매우 어린 단계에서 아이의 주체 감각의 발달에 필수적인 자기애적인 초석을 쌓지 못한 실패의 관점에서도 해석될 수 있다.

심한 자폐증의 경우에는 '내'(I)가 거울단계에서 "기본 형태로 응결되지" 못한 것처럼 보이고, 또한 아이도 조각난 신체라는 환상에서 자기의 완전함이란 환상으로 정신적인 도약을 해내지 못한다. 의사소통이 이뤄지려면 최소한 두 명의 주체들이 필요한데, 아이의 주체적인 '나'(I)의 결여는 의사소통을 불가능하게 만든다. 자폐아동들에서 관찰되는 눈 맞춤의 결여는 아이의 사회적 상호작용 능력에 생긴 장애로 보이지 않고(그러나 이것은 원인에 더 가까이 접근하지 않고서 단지 증상을 기술할 뿐임) 주체의 부재에 대한 신호로 보일 수 있다. 언술하는 주체도 없이 언어는 완전히 부재할 수도 있고 또는 메시지가 타인을 목표로 삼지 않는 체계로서 거의 생물학적으로 발달하게 될 것이다. 즉 자폐아는 단어들을 말할 수 있겠지만 의사소통의 맥락에서 사용하는 것은 아니다.

거울단계에서의 주체

라깡식의 주체는 정의에 저항하는 어떤 것이다. 따라서 정신분석은 그 주체를 해명하는 것으로서 자아가 던진 그림자들 밖으로 그 주체를 데려나오는 일에 관한 것이다. 가장 일반적인 용법으로 주체를 '동일성'과 비슷한 것으로 생각하는 일이 유용해질 수 있는데, 그것은 적어도 의식적인 영역과 무의식적인 영역을 연결해준다. 그것은 객관적인 실존이 전혀 없는 것이다. 그것은 여러분을 표시하는 시니피앙들의 총합이고, 주체에 도달할 수 있게 해주는 것은 '말치료'(talking cure)가 유일한 방법이 되는 정확한 이유이다. 주체에 대해 더욱 다듬어진 라깡의 정교화는 뒤에 가서 보게 될 것이다.

거울단계에서 주체는 거울 속의 타자처럼 그 자신의 개념을 만들어내는 능동적인 마음이다. 그러나 그것은 그 자신을 알지(혹은 인식하지) 못한다. 따라서 주체는 그것이라고 생각하는 바가 결코 아니고, 자아는 그 주체의 상상적 게임의 산물이다. 자아는 앞뒤가 맞지 않음과 무능함의 위협에 대해 그 사람을 보호하도록 도와주고 가공의 일관성을 제공해준다. 주체는 상징적 부분으로서 무의식적이나 능동적이고, 완전함은 아닐지라도 통일체를 만들어낸다. 그 주체는 모든 것의 근원에서 그 자신을 생각하고 있지만 실제로는 연속하는 이미지들의 산물이고 언어와 그 시니피앙들의 산물이다. 시니피앙들은 주체에 의해 만들어지는 것이 아니라 그 시니피앙들이 주체를 구성하고 있는 것이다.

제3장

구조주의 언어학과 라깡

태초에 말씀이 있었다

라깡의 견해는 인간을 다른 동물들로부터 구별시켜주는 특징이 언어라는 것이었다. 즉 우리는 '말하는 존재' (parlêtre)이다. 만일 언어가 우리를 인간으로 만들어주는 것이라면 인간 정신의 근본은 언어에서 찾아야 할 것이다. 라깡은 우리가 말하는 바와 우리가 생각하는 방식과의 사이에 또한 우리의 뇌가 조직되는 방식과의 사이에도 구조적 반사라는 가설을 세웠다. 우리는 말하는 것처럼 생각하고 생각하는 것처럼 말한다. 언어의 신경심리학에 관하여 이런 견해를 취할 수 있고 언어가 신경세포 구성의 흔적을 지닌다는 것은 가능한 일이 된다. 역으로 생각해서 우리의 신경세포(뉴런)는 언어의 구조를 반영하는 방식으로 구성된다는 생각도 가능한 일이다. 라깡의 직관은 이것을 무의식에 적용시키는 것이다. 즉 무의식은 언어처럼 구조화되어 있다.

'무의식' 이란 단어 그 자체는 정의를 필요로 하는데, 프로이트가 그것의 정신분석 개념을 공식화한 이후 한 세기 동안 너무 멋대로 다뤄져왔기 때문이다. 융과 같은 초기 이론가들의 영향으로 그 단어는 그림자처럼 신비적인 함축을 갖게 되었다. 더욱 행동주의 모델의 영향

하에 그것은 동물과 비슷한 본능적인 것의 모습을 취하게 되었다. 라깡은 원초적인 프로이트의 모델로부터 벗어난 이런 일탈 때문에 몹시 소름이 끼쳤다. "고태적인 기능으로서의 무의식… 에두아르트 폰 하르트만의 형이상학적 무의식… 특히 본능으로서의 무의식—이 모든 것은 프로이트식의 무의식과는 아무런 상관도 없고… 우리의 경험과도 전혀 관련이 없습니다. 나는 분석가들한테 직접 물어볼까 합니다. 여러분은 단 한 순간이라도 여러분이 본능의 흙덩어리를 다루고 있다는 느낌을 가져본 일이 있습니까?"[10)]

라깡한테 무의식은 상징적 요소들로 구성되어 있고, 또한 우리가 '말하는 존재' 이고 우리한테 언어가 주된 표상수단이기 때문에 그 구성요소가 말이고, 또한 그 구조는 문법적이다(과도한 단순화라서 간단히 다듬어질 것이다). 이것은 분석시간의 세팅에서 담론이 효과적으로 작용하는 유일한 방법이 되는 이유이다.

무의식은 주체가 억압하고 있는 것이라서 정의상 그 주체에 의해 의식적으로 표현될 수 없다. 그러나 그것은 끊임없이 스스로를 나타내려고 하는데, 주체의 의도와는 상관없이 꿈속에, 성공하지 못한/문제되는 행위들, 실언 그리고 병리적인 증상들 속에 드러난다. 이러한 발현들은 라깡에겐 '무의식의 담론' 이 된다. 담론이라고 부르는 까닭은 그것들이 항상 언어의 구조를 보여주기 때문이다. 라깡은 환자들의 의식적인 말이라고 생각했던 것까지도 숨겨진 구조를 따른다는 것을 자신의 카우치 위에 누워 있는 환자들과 더불어 알게 되었다. 다시 말해 그들의 생략과 거부, '망각' , 반복, 등등이 무의식의 담론을 포함한다는 것을 알게 되었다는 것이다. 이런 관찰 덕분에 그는 무의

10) 『세미나 XI, 정신분석의 네 가지 기본개념』, 앨런 셰리던 번역 2004(1977). 뉴욕, 카르낙.

식을 구성하는 것, 즉 언어와 닮은 그런 구조를 갖는 것의 발현들을 집중적으로 되돌아보게 되었다. 그는 언어학자들에 의해 발전된 이론적 도구들을 이용하여 이 문제에 접근하고 있었다.

구조주의 언어학과 무의식

언어와 무의식에 관한 라깡의 견해를 이해하기 위해서는 언어학자인 페르디낭 드 소쉬르의 작업에 대해 얼마큼의 지식을 가질 필요가 있는데, 소쉬르는 라깡한테 위대한 영감의 원천이 되었다. 소쉬르한테 언어의 기본적인 요소는 기호이다. 기호는 흔히 단어와 그 의미로 구성된다고 생각되었다. 언어적 표현은 기호들의 선택과 결합에 의해 이뤄진다. 소쉬르의 혁신적인 생각은 언어적 기호가 이름과 사물이 아니라 소리-이미지와 개념의 결합이라고 말한 것이었다. 따라서 그는 단어와 의미에 대해 말했던 것이 아니라 시니피앙과 시니피에에 대하여 말했다.

어째서 그는 '단어'와 '의미'로 만족하지 못했을까? 처음부터 단어는 말해진 형태와 쓰인 형태로 존재하고 수많은 의미를 가질 수 있다. 의미는 수많은 방법들—그림, 글씨, 등등—로 표현될 수 있다. 바늘이란 대상은 '바늘'이란 단어가 없어도 존재할 수 있다. '바늘'이란 단어는 쓰인 형태나 말해진 형태를 취할 수 있고 그 대상의 부재 속에서도 발음될 수 있는데, 그 대상과의 연결은 완전히 지적인 것이다. 그것은 한쪽 끝에 바느질에 쓰일 실을 꿰는 구멍이 나있으며 가느다랗고 끝이 뾰족한 금속물건이지만 그 위에 다른 의미들을 갖기도 한다. 소쉬르는 기호학에 관하여 일반화를 착수하지 않고 있었다. 그는 언어학에만 관심을 두고 원래의 형태로 언어기호의 구성효소들을 분석하고 싶어 했다. 그런 형태로 인간들이 맨 처음 그것에 접근하고 그것은 소리-이미지로 구성된 말이다. 말은 인류사와 아동발달 양쪽에서 쓰는 것보다 훨씬 앞서 있다. 쓰기는 말에 비해 부차적이다. 따라서 소쉬르가 흥미를 가졌던 것은 우선 먼저 말에 있는 기호들의 형성이었고 그는 이 과정의 심리적 특성에 대해 잘 알고 있었다. 그는 언어기호의 비실체성(추상적인 성질)을 강조했다. 따라서 시니피앙(소리이미지/청각 이미지)은 **구체적인** 소리가 아니라 소리에 대한 청자의 심리적 각인으로서 그것이 우리 감각에 만들어 놓는 인상이다. 또한 시니피에(개념)는 대상(여러분 앞에 놓인 의자)이 아니라 **그 대상의 관념**(여러분이 말하고 있는 시간에 어떤 실례가 여러분의 앞에 있거나 없을 수도 있는 모든 의자—의자가 되는 속성)이다.

시니피에 = 개념 → 시니피앙 = 청각 이미지

이런 두 가지 요소들이 언어기호를 만들어내기 위해 '의미작용' 이라 부르는 관계 속에서 결합되는데, 언어기호를 소쉬르의 도형으로 표현하면 다음과 같다.

$$\textbf{기호} = \downarrow \frac{\textbf{시니피에}}{\textbf{시니피앙}} \uparrow$$

기호의 두 요소들을 구분하는 수평선을 '가로줄' 이라 부른다. 수직의 화살표는 의미작용의 관계를 나타낸다. 소쉬르한테 시니피앙과 시니피에는 한 장의 종이 위에 쓴 단어와 비슷한데, 한쪽에는 시니피앙을 다른 쪽에는 그것의 시니피에를 쓴 것이다. 그것들은 분리될 수 없지만 동일한 자리를 차지할 수도 없다.

다른 맥락에서 철학자인 수잔 랭거는 이렇게 썼다. "상징들(소쉬르는 기호라고 불렀을 것)은 그 대상들을 대신하지 못하지만 **대상들의 개념을 위한 매개물들**이며…. 우리는 사물들에 **관하여** 말할 때 사물들 그 자체가 아니라 그것들의 개념들을 가지고 있다. 또한 **상징들이 직접 의미하는 것은 사물들이 아니라 그 개념들이다.** 개념작용을 향한 행동은 단어들이 정상적으로 환기시켜주는 것이다. 이것이 사유하기의 전형적인 과정이다."[11]

시니피앙과 시니피에에 대한 소쉬르의 공식화는 프로이트가 이미 그의 저술에서 사용했던 용어들과 상응된다는 것을 라깡은 알아차렸다. 그런데 프랑스어로는 그리 만족스럽게 번역되지 않았다. 프랑스어로 '표상'이란 단어는 정확히 표상하고 있었던 것에 대해 아무런 차별 없이 사용되고 있다. 표상(Vorstellung)이란 독일어 덕분에 프로이트는 '사물의 관념'과 사물 그 자체를 구별할 수 있게 되었다. 프로이트의 표상대리(Vorstellungreprasentanzen)는 '사물의 관념의 표상'이지 '사물의 표상'이 아니다. 이것은 '시니피앙'(상징적 표상)과 그 시니피앙이 '시니피에'(관념)와 맺는 관계에 매우 잘 상응한다.

시니피앙과 인간의 마음

정신분석의 시작과 함께 말해진 단어는 환자의 마음으로 가는 통로

---

11) 수잔 랭거 1951(1942). 「기호와 상징의 논리」, 『새로운 해답의 철학: 이성과 예식 및 예술의 상징주의에 관한 연구』, 케임브리지. MA, 하버드대학교 출판부.

가 되면서 특별한 중요성을 갖게 되었다. 프로이트는 표상대리, 즉 '관념화-대리' (ideational-representatives)라는 용어를 사용할지라도 감정(정동) 그 자체가 의미에 부착되는 것이 아니라 시니피앙에 부착된다는 것을 이미 지적해 두었다. 프로이트가 욕동을 관념화-대리와 연결시켰던 곳에서 라깡을 이해하려면 그 등가물은 "시니피앙에 부착된 정서적 부하"로 생각해 볼 수 있다. 여기서 중요한 것은 이런 하중을 짊어진 것이 (시니피에가 아니고) 시니피앙이라는 것이다.

임상가로서 라깡은 말과 그 말의 의도된 의미 사이에서 분리된 정도와 그 빈도에 깊은 인상을 받았다. 즉 카우치 위에서 분석수행자가 언급한 단어들은 어떻게 화자의 의도를 피해 달아나서 의식적으로 의도하지 않은 것을 표현하게 되는지 궁금했다. 그가 더 많이 들으면 들을수록 시니피에와 시니피앙 사이의 연결은 더욱 더 약해지는 것처럼 보였고, 또한 시니피앙들 간의 연결은 더욱 커지는 것 같았다. 패러독스의 사용을 좋아했던 라깡은 소쉬르의 기호 모델을 유사대수학 기호의 형태로 고쳐 써서 마음속에 있는 시니피앙의 우선권을 강조하려고 하였는데, 거기서 대문자 S(**시니피앙**을 나타냄)를 이탤릭체 소문자 s(**시니피에**를 나타냄) 위에 올려둠으로써 이 둘의 상징들은 수평의 '가로줄' 에 의해 분리되어 있다.

$$\frac{S}{s}$$

이것은 시니피에의 한계를 정하려는 우리의 시도에 저항하면서 시니피에가 불가피하게 시니피앙 '밑으로 미끄러지는' 방식을 강조하려는 라깡의 목적에 딱 들어맞았다. 가로줄의 중요성은 그것이 언어에 내재되어 있는 의미에 대한 저항이란 생각을 전달해준다는 것이다. 즉 의미는 저절로 나타날 뿐만 아니라 가로줄을 건너는 행위와 관련되고, 또한 이런 행위에서 의미작용 혹은 의미가 만들어진다는 것이다.

가로줄의 횡단

이것은 본질적으로 인간적인 행위가 될 것이다. 다른 동물들은 전혀 수행할 수 없는 지적인 실행이다. 개는 말로 하는 명령에 반응할 수 있고 침팬지가 언어를 사용할 수 있다는 것을 보여주려는 수많은 연구들이 시행되어 왔다. 어떤 연구들은 미국식 수화에서 언어기호를 수행하는 침팬지들의 훈련에 성공했다. 그러나 침팬지들이 이러한 기호(잠잘 시각에 '칫솔질'의 신호)를 '적절히 사용하는' 것은 몇 달간 반복하여 얻어진 파블로프의 훈련된 행동 그 이상이라는 확실한 증거는 없다. 어린 아이는 훈련이 필요 없고 가르침도 필요 없다. 인간들은 시니피앙과 시니피에의 관계에서 단지 '가로줄 건너기'로서 언어를 획득한다. 또한 한번 그 가로줄을 건너면 인간의 마음은 상징적 영역의 현관 홀에 그 모든 광대한 가능성과 함께 들어와 있게 된다.

'가로줄 횡단'의 실패라는 개념은 라깡의 이론 가운데 몇 가지 관점에서 다시 제기된다. 예를 들어서, 정신병의 지표이자 원인이 되는 은유의 가로줄 횡단의 실패이다. 그러나 시니피앙/시니피에의 공식화는 라깡한테 또 다른 중요성을 갖는다. 그것은 시니피에와의 관계에서 시니피앙의 자율성을 강조해주고 또한 시니피앙들의 움직임을 매우 쉽게 만들어주는 것이 바로 이 자율성인데, 치환과 재결합이란 다양한 연상들을 매우 용이하게 제공해주고 인간의 의식적인 사유와 무의식적인 사유 둘 모두의 구성요소들처럼 매우 완벽하게 만들어준다.

의미화 연쇄에서 시니피앙들의 연합에 의해 의미가 주어진다는 것을 알아차리는 일이 여기서 중요해진다. 시니피에에 연결되는 시니피앙의 단순한 연합은 그 중요성이 훨씬 적은데, 특히 이런 연결이 영구적이지 않고 다른 시니피앙들로 항상 대체될 수 있을 때이다. 아이가 은유의 가로줄을 건너게 될 때 시니피앙들의 이런 치환은 거창하게 복잡해진다. (우리가 나중에 보게 될 것처럼) 그 덕분에 시니피앙들의 다양한 층위들로 대체될 수 있다. 따라서 동일한 시니피에들이 다양한 시니피앙 연쇄들의 거대한 행렬에 의해 표시된다. 예를 들어서, 실패나 무능이란 생각은 매우 다양한 의미화 연쇄들의 가로줄 밑에 잠복해 있다. "나는 옥스퍼드나 케임브리지에 들어가지 못했어." 혹은 "그녀는 내가 했던 말에 감동하지 않았어." 혹은 "그녀는 거의 빈손으로 그럭저럭 살아가고 있어." 시니피앙들과 그 높은 가동성과의 연합은 의식적이면서 무의식적인 인간의 심리적 기능의 헤아릴 수 없는 복잡성을 참작하게 된다.

무의식의 형성

초보적인 기능의 세계에서 신생아는 무의식을 갖지 못하고 제한된 의식을 지닐 뿐이다. 그러나 프로이트나 많은 심리학자들과는 달리 라깡은 유아가 단지 욕동과 신체적 욕구의 덩어리일 뿐이라고 생각하지 않았다. 라깡한테는 사유할 수 있는 인간의 가능성을 지닌 채로 태어난 유아는 맨 처음부터 일종의 원초적-사유를 내보인다. 아이는 갓 태어났을 때부터 개념과 추측들을 형성한다. 그 최초의 개념들이 편안함/불편함, 현존/부재라는 변증법 위에 기초하게 된다. 아이는 어머니가 그 자리에 있고 없는 것에 따른 환경의 변화를 알게 되고, 얼굴을 알아봄으로써 어머니라는 관념—시니피에—을 형성하는데, 갓난아이가 '엄마' 라고 발음할 수 없을 때일지라도 그것에 부착된 시니피앙의 희미한 빛이 나타나게 된다. 다른 시니피에들도 비슷한 방식으로 형성되고 아이한테서 그것들은 이미 원초적-시니피앙들을 갖게 되며 그것들에 부착되기 위하여 언어에 의해 표기된 시니피앙들을 기다리고 있다. 그런데도 그것들이 사회적으로 인정된 상징적 요소에 의해 표시되기도 전에 이런 시니피에들은 이미 어떤 힘을 갖게 되고 또한 표현되지 않은 개념들로 생각될 수 있다.

언어 이전의 유아로 하여금, 예를 들어, 어떤 상황에서 유머를 찾아낼 수 있도록 만들어 주는 것은 이런 능력이라고 생각할 수 있다. 헬륨으로 채워진 풍선이 천정으로 떠오르는 모습을 보고서 깔깔대고 웃는 유아를 본 일이 있을 것이다. 그 아이는 이미 중력법칙이란 개념을 형성해 두었는데, 풍선이 그 법칙을 어긴 것이다. 신생아의 원초적-개념화는 이 책에서 나중에 더욱 자세히 논의될 것이다. 우선 중요한 것은 인간의 사회구조 내에서 개념적 표상의 가능성과 추상적인 관념들의 정교화에서 훨씬 더 큰 미묘함과 유연성의 가능성을 영아한테 허용해주는 것이 언어의 습득이라는 점이다.

유아나 어린 아이가 자신의 생각을 언어로 구성하기 시작하는 시점부터 무의식의 창조 가능성이 존재하게 된다. 아이에게 견뎌낼 수 없는 생각이 처음으로 떠오르는 순간이 찾아오게 된다. 또한 처음으로 그의 정신기구가 그것을 억압하게 된다. 그렇다면 그것은 무엇을 억압할까? 그 생각을 만들어냈던 시니피앙이다.

라깡의 무의식에는 시니피에는 없고 오직 시니피앙만이 있을 뿐이다. 만일 시니피에가 무의식에 있다면 주체한테 그 어떤 특별한 시니피앙의 의미는 매우 단단하게 고정될 것이다. 하나의 시니피앙(또한 그 정서적 부하)은 하나의 특별한 사물에 영원히 부착되고 다른 사물로는 옮겨갈 수 없어 움직이지 않은 채로 남아 있게 될 것이다. 그러나 다행스럽게도 그렇지 않다. 만일 그렇다면 한번 억압된 시니피앙은 영원히 회복될 수 없기 때문일 것이다. 예를 들어서, 어떤 순간에 '상실' 이란 생각이 주체한테 견딜 수 없는 것이 되어 그 주체는 의식적인 말에서 '상실' 이란 단어를 다시는 사용할 수 없게 된다. 이것은 매우 드문 사건이고 정신병리의 신호가 될 것이다. 사실상 억압되어 있는 것은 대개 **시니피앙들의 배열**(하나의 시니피앙은 다른 시니피앙들과 어떤 관계에 놓여 있다는 것)이다. 이 말이 의미하는 것은 시니피앙 그 자체가 다른 맥락에서 접근될 수 있다는 것이다. 오직 극단적인 사례에서 어떤 시니피앙은 완전히 지워지는데, 이런 과정은 억압이 아니라 **폐제**(foreclosure)이다.

무의식에서 시니피앙들은 그 구성요소들로 흩어지는데, 간혹은 개별적인 음성요소들(문자-음 letter-sound)로 귀착하게 된다. 이런 요소들은 재결합해서 새로운 시니피앙들이 된다. 또한 아마도 이런 새로운 시니피앙들이 새로운 연쇄로 재결합될 수 있을 것이다. 라깡은 시니피앙의 최소 부분인 문자음이 최소의 재결합 요소라고 주장했다. 시니피앙의 최초 문자음은 특별히 중요해서 어떤 아이라도 인식하게 될 것이다. 자신의 이름의 철자를 방금 배웠던 여섯 살 된 아이는 그 이름이 시작되는 문자에 특별한 의미를 붙이게 될 것이다.

이러한 일차억압은 의식에 접근할 수 없는 마음의 한 측면—무의식—을 만들어낸다. 무의식을 프로이트가 사용했던 위상적인 표상으로 보기보다는 액정(liquid crystal)에서 분자들의 방향을 정하는 세력장 (force field)으로 생각할 수 있는데, 거기서 분자는 시니피앙이 된다. 액정의 유추는 무의식의 내부에서 시니피앙들의 관계를 묘사할 때 유용하다. 그것들은 액정 내의 분자와 비슷하게 행동하여 그들 간에 서로 끈을 형성하고 어떤 에너지원의 영향 하에 액정 내에서 다른 분자들과 다른 끈을 형성하기 위해 자유롭게 서로한테로 미끄러져 나아간다. 무의식에서 시니피앙들은 그 자신들 사이에 의식적인 마음과 동일한 유형의 관계를 발전시킨다. 그것들은 스스로를 '의미화 연쇄'로 만들어간다. 무의식은 주체의 통제나 의도 속에 있는 것이 아니다. 자아에도 불구하고 그것은 주체가 억압해왔던 시니피앙들을 끊임없이 내던지면서 작용하고 있다. 그것은 어린 아이들에게서 가장 다루기 힘든 것이 된다. 무의식의 요소들은 소망과 욕망, 두려움 및 이미지를 나타내는 시니피앙들이다.

억압의 행위는 불쾌한 정동(감정)에 연결된 시니피앙을 묻어 버릴 수 있지만 정동을 묻을 수는 없다. 시니피앙이 억압된 뒤에 이제 '고아가 된' 정동은 부착될 수 있는 다른 시니피앙을 찾아 마음속에서 자유롭게 떠돌아다닌다. 이것은 전치에 대한 프로이트 이론의 기초를 형성한다. '떠돌아다니는' 정동은, 예를 들어, 아이가 다른 어떤 시니피앙(아마도 거미나 대머리)에 갖다 붙이는 걱정이나 두려움이란 감정의 형태를 취할 수 있는데, 두려움의 진정한 원인이 될 수 없었던 사물에 대해 걱정하거나 두려워하게 되는 것이다. 재부착 과정 그 자체는 닥치는 대로가 아니라 무의식에서 형성된 의미화 연쇄에 의해 통제된다. 또한 바로 이것이 무의식으로부터 억압된 의미화 연쇄를 되찾아내는 작업에 의해 분명히 무의미한 대상에 붙이는 정동 재부착의 '출처를 밝히는' 일이 분석에서 가능해지는 이유이다.

라깡은 의미화 연쇄에서 어떤 하나의 시니피앙이 다른 시니피앙들과의 연결을 통해, 즉 연쇄 내의 그의 자리를 통해 의미를 지니게 된다고 주장했다. 식욕부진을 앓는 한 소녀는 이렇게 말하고 있다. "저는 그저 홀쭉해지고 싶을 뿐이에요." 그러나 그녀의 무의식에서는 '홀쭉한'은 기다란 연상 사슬의 끝이다. 즉 "관리중이고, 일곱 살 때처럼 행복하며, 그 아이처럼 순수하고 강력하며, 이런 지방질을 갖지 않고, 이러한 둥근 덩어리들이 아니며, 그건 당혹스런 것이고…." 그 환자가 자신의 주체의 핵심을 향하여 더욱 더 가까이 다가갈 수 있는 것은 이런 사슬의 연결들을 의식적인 말 속으로 가져옴으로써 가능해진다. 왜냐하면 그 사슬은 실례에서 주어진 극히 적은 몇몇 시니피앙들을 넘어서 기다란 길을 따라 나아가게 되기 때문이다.

> 담론의 발전은 두 가지 서로 다른 의미론적 계열을 따라 일어날 수 있다. 하나의 토픽은 그것들의 유사성[은유적 방식]이나 그것들의 인접성[환유적 방식]을 통해 다른 토픽으로 인도될 수 있다.[12)]

시니피에들은 시니피앙들의 그물망으로부터 그 일관성을 가져온다. 시니피앙들의 연쇄는 시니피에의 집합을 지배하고 단어들은 다른 단어들과의 연상으로부터 그 완전한 의미를 가져온다. 이러한 연상들은 선택과 조합이란 두 가지 주요한 과정들에 의해 수행된다. 우리가 말할 때 우리의 정신적 어휘로부터 일정한 수효의 언어단위들을 선택하고 그것들을 결합시킨다. 이런 과정들은 계열축(선택)과 통합축(조합)으로 묘사된다. 선택의 축은 언어체계(랑그 langue)에 관련되어 어

12) 로만 야콥슨 1956. 「언어의 두 측면들과 실어증 장애의 두 유형」, 『언어의 원리』, R. 야콥슨 및 M. 할레(편). 헤이그: 무톤.

휘선택을 수반하게 된다. 그에 비해서 말(빠롤 parole)에서는 선택된 어휘용어들의 사용이 조합의 축에 의지한다. 이런 두 가지 축들의 존재는 실어증의 다른 임상증상들로부터 추리될 수 있는데. 실어증은 언어중추를 침범하는 신경학적 장애이다.

실어증에는 수많은 유형들이 있다. 그중에서도 가장 고전적인 두 가지가 언어 연상의 두 축들의 존재를 보여주는 것 같다. 첫째에는 단어에 접근할 수 없는 사람들이 포함되는데, 다시 말해서, 언어 기호들의 어휘목록에서 선택할 수 있는 능력에 관련된다. 예를 들어, 만일 그들이 당신한테 당신의 모자가 의자 위에 있다는 말을 하고 싶은데 그들은 '모자' 나 '의자' 라는 단어들을 찾아낼 수 없지만 "당신의 거시기가 거시기 위에 있어요"라는 말은 전달할 수 있을지도 모른다. 이런 종류의 실어증에서는 계열축이 침범되었다고 가정할 수 있다. 다른 형태의 실어증에서 환자는 단어들에 접근할 수는 있지만 그것들을 결합시키지 못한다. 그들은 '모자' 와 '의자' 란 이름을 부를 수는 있지만, "당신의 모자가 의자 위에 있어요"라는 말은 입 밖에 내지 못한다. 이것은 통합축이 침범되어 있음을 암시해준다.

은유는 어휘의 축(계열축)을 따라 작용한다. 은유라는 것은 명칭 혹은 묘사적인 단어나 구절이 말 그대로 응용할 수 있는 것과는 다르지만 그래도 닮은 그런 대상이나 행동으로 옮겨지는 비유적 표현이다. 따라서 그것은 유사성의 관계에 기초를 둔 문체적 비유이다. 은유는 다른 어떤 것의 명칭으로 어떤 것을 지칭하는 것으로 이뤄져 있다. 예를 들어, 스타가 태어나다. 이 은유는 '스타' 라는 언어기호로 구성되어 있는데, '스타' 라는 시니피앙과 명민함이나 상류사회의 속성을 지닌 사람의 개념이 되는 시니피에로 구성된다 그러나 인간에 대한 언급이 없고 '스타' 라는 시니피앙이 어쨌든 수많은 다양한 시니피에들을 가질 수 있는데, 여기에는 커다란 질량과 에너지를 갖거나 혹은 다섯 개의 꼭짓점 모양을 가진 천체가 포함된다. 청자가 은유를 이해하려면 수많은 정신 작용들이 수행되어야 한다. 첫째, '스타'라는 시니피앙으로 연상된 올바른 시니피에를 선택하고 다른 것들은 배제해야 한다. 둘째, 청자는 인간의 개념에 첨가된 스타의 어떤 속성들로 구성되어 있는 새로운 시니피에를 형성하기 위하여 '스타'의 의미화 가로줄 밑에 인간의 개념을 삽입해야 한다. 그러나 인간의 개념은 재현되어야 하는데, 의미가 의미작용의 가로줄의 횡단에서 생겨나기 때문이다. 이것은 '사람'이란 시니피앙이 삭제되기 이전에도 의식에 떠오르지 않은 채로 그곳에 존재해 왔어야 한다는 것을 의미한다. 달리 말해서, 은유가 작용하려면 청자는 '사람'이라는 언급되지 않은 언어기호를 몇 단계들의 과정 속에 정신적으로 삽입했어야 한다. 다음은 그것이 작용하게 될 방식이다.

(언급되지 않은 것)	**(언급된 것)**
$\frac{S1}{s1}$ '인간'의 청각 이미지 / 인간의 개념	$\frac{S2}{s2}$ '스타'의 청각 이미지 / 명민함과 상류사회의 개념

(언급된 은유)

$$\frac{\dfrac{S1}{S1 \cdot s2}}{s1}$$

S1: '스타'의 청각 이미지

S1 · s2: '인간'이란 언어기호는 가로줄 밑에서 언급되지 않고 청자가 그것을 건널 때 그녀/그는 '스타'라는 청각 이미지를 새로운 시니피에에 연결시키는데, 그 시니피에는 인간의 개념에 명민함과 상류사회를 첨가하여 얻어진 결과임 : $s1 + s2$는 새로운 시니피에를 만들어내고, S1은 삭제된다.

(이해된 은유, 가로줄의 횡단으로 만들어짐)

(삭제된) $S1 \leftarrow \frac{S2}{s1 + s2} = \frac{S2}{s3}$ '스타'는 명민하고 상류사회의 인간이란 개념

이제 은유는 '스타'라는 청각 이미지와 새로운 시니피에로 만들어진 새로운 기호(S3이라 부르자)가 된다.

이것은 물론 그 문장 내에서 오직 '스타'라는 은유만을 다룬 것이다. 거기에는 '태어난'도 있는데, 은유를 이해할 수 없는 인간에게는 상당히 혼란스러운 함축을 가질 수도 있다. 여기서 다시 복잡한 정신작용이 수행되어야 한다. 라깡의 관점은 복잡하고 추상적으로 생각하는 인간의 능력이 치환과 선택, 삭제, 첨가 및 의미작용의 많은 가로줄들의 횡단이란 이런 묘기들을 너무 쉽게 수행할 수 있어서 그것의 역학(mechanics)에 대해 생각조차 하지 않는 그런 마음의 능력 위에 세워진다는 것이다. 그런데도 그 역학은 알아둘만한 가치가 있는데, 바로 이런 동일한 과정들이 우리 무의식의 발현들을 만들어내기 때문이다. 또한 우리가 하고 있는 일에 대해 생각하고 느끼는 이유를 이해하게 되는 것은 **오직** 이런 과정들의 이해에 의해 이뤄질 뿐이다.

정신병의 특정한 사례들의 환자는 은유에서 가로줄의 횡단이 불가능하고 또는 치환과 첨가와 삭제라는 정신적 행위들의 수행이 불가능하다는 것을 알고 있다. **스타가 탄생한다**는 앞의 실례에서 '다섯 개의 꼭짓점 모양이란 개념'과 같은 원치 않는 시니피에는 생생한 탄생의 황당한 이미지처럼 정신병적인 환자의 마음속으로 침입해 들어올 수 있다. 정신병 이외에도 만일 은유의 단어들이 문자상의 의미대로 이해되거나 혹은 문맥 밖으로 벗어난다면 그 구절은 아마도 비논리적이거나 익살스러운 것으로 생각될 것이다.

문자 그대로의 해석은 어린 아이들한테서는 정상적이다. 그것은 귀먹은 사람들한테서도 관찰되는데, 그들은 보청기를 첨가하고 난 이후에 듣기 시작하고 말하기를 배운다. 은유 이해의 어려움은 소아에서 어떤 전반적 발달장애들(예를 들어, 아스퍼거 장애)의 특징들 가운데 하나이다.

환유와 제유는 언어의 통합축을 따라 기능하는데, 시니피앙들 간의 인접성 관계에 의해 기능한다. 환유는 대상과 행동, 관례, 등등을 표시하는 단어나 구절을 대신하는 행동으로 그 특징을 삼는데, 그 단어나 구절은 그것에서 연상된 속성이나 어떤 것을 표시하고 있다. **다우닝가는 말했고, 왕관은 추진할 것이며, 펜은 칼보다 더 강하다.**

환유: S2는 S1을 대신하지만 그것들은 인접성의 관계 속에 남아 있어야 한다. *s*2[왕관의 개념]는 추방된다.

$$\frac{\text{S1[국가의 시니피앙]}}{s\text{1[국가의 시니피에]}} * \frac{\text{S2[왕관의 시니피앙]}}{s\text{2[왕관의 시니피에]}} \rightarrow \frac{\text{S2}}{s\text{1}}$$

환유는 간혹 제유와 혼동된다. 제유에서 전체는 그 일부에 대한 명명으로 표시되고, 그 역도 또한 같다. **핸들을 잡고서 하루 동안, 수평선 위에 하나의 돛, 나는 어린 양을 갖게 될 거야.** "수평선 위에 하나의 돛"에서 부분(하나의 돛)이 전체(배)를 대신하여 사용되고 있다.

$\frac{\text{S1}}{\text{s1}}$ 배의 청각적인 이미지/ 배의 개념

$\frac{\text{S2}}{\text{s2}}$ 돛의 청각적인 이미지/ 돛의 개념

제유: S2는 S1을 대신하지만 그것들은 인접성의 관계 속에 머물러 있다. *s*2[돛의 개념]는 축출된다. 제유의 형성과정은 환유적인 형성과 동일하다. 차이점이 있다면 제유에는 현존하는 시니피앙과 부재하는 시니피앙의 통상적인 시니피에들 사이에 물리적인 관계가 존재하지

만, 환유에는 함축된 두 가지 시니피에들 사이의 관계가 물리적인 것이 아니라 소유한 속성들 가운데 하나이다(지식인은 펜을 소유하고 전사는 칼을 소유한다. '다우닝가'는 환유로 작용할 뿐이고 수상이 그곳에 살고 있다. 만일 그가 토트햄 코트 로드로 옮겼다면 '다우닝가'는 환유적인 의미를 잃게 될 것이다).

은유와 환유 및 제유에는 시니피앙들의 치환이 있다. 그러나 은유에서의 치환은 속성들의 유사성을 기초로 해서 만들어지고, 환유/제유에서의 치환은 개념들의 인접성을 기초로 해서 만들어진다. 예를 들어 "진주를 낚기"라는 구절은 은유를 이용하고 있는데, 물고기 그 자체는 관련되지 않을지라도 낚기로부터 바다에서 물건을 구하는 개념을 끌어오고 있다. 여전히 유사한 것은 용법의 영역과 연상이지만, 우리는 낚기의 문자 그대로의 의미 때문에라기보다는 낚기의 문자 그대로의 의미에도 불구하고 그 구절을 이해하게 된다. 우리는 여러분이 진주를 얻기 위해 낚싯대나 그물을 사용하지 않는다는 것을 잘 알고 있다. 그와는 대조적으로 은유적 구절인 "정보를 낚기"는 고기잡이의 개념을 완전히 새로운 영역으로 옮겨놓고서 시니피에들의 인접성을 이용하는 것이 아니라 과정 그 자체의 속성들에서 유사성을 이용하고 있는데, 그 과정은 기다림과 기대함과 시험적으로 찾아다니기를 포함하고 있다.

무의식의 담론

무의식이 언어처럼 구조화되어 있다는 가설은 프로이트의 꿈이론에 기초를 두고 있다. 꿈작업은 압축과 전치 같은 무의식적인 기제들에 관련되는데, 그런 기제에 의해 잠재사고가 발현사고로 바뀐다. 이런 기제들의 역할은 꿈꾼 사람한테서 그/그녀 자신의 불안한 무의식적 사고들을 감춰주는 일인데, 라깡식으로 말하면, 그/그녀의 무의식에 있는 불안한 시니피앙들을 감추는 일이다. 그러나 시니피앙들을 동반하는 정동들이 억압될 수 없는 것처럼 이것들은 꿈속에 흔히 존재하고 불안하게 만든다.

압축은 다른 '사물들의 관념들' 의 결합에 의하여 새로운 '한 사물의 관념' 을 창조해내는 과정에 관련된다. 예를 들어, 꿈속의 한 인물은 다른 인물들의 관념들의 합성일 수도 있고 또는 한 인물의 관념과 한 사물의 관념의 합성일 수도 있다. 그러나 무의식에는 오로지 시니피앙들만 있기 때문에 이런 관념들에 속하는 시니피앙들의 결합은 흔히 초현실적인 결과를 가져다준다.

전치는 한 관념에 연결된 정동이 그것에서 분리되고 다른 것에 결합되는 과정인데, 다른 것은 오직 처음 것과 연상적인 연결만을 갖고 있을 뿐이다. 예를 들어서, 어떤 사람이 장례식에 관한 꿈을 꾸는데, 슬프거나 당황하기보다는 오히려 기쁜 상태를 경험하고 있다. 행복의 원인이 되는 것은 꿈꾼 사람한테 숨겨져 있지만 그 정동은 다른 장면인 장례식으로 옮겨가 있다. 전치는 흔히 꿈에게 기괴함의 느낌을 부여해주는 것이다.

라깡이 프로이트의 관념화-대리(표상대리)를 '시니피앙' 으로 대신함으로써 압축과 전치라는 이런 개념들을 의미작용과 무의식에 관한 자신의 이론으로 끌어들이는 방식을 쉽게 알 수 있다. 이것은 **언어의 구조에 의해** 꿈속에 내재된 연결을 찾아내는 새로운 단계를 만들어 준다. 라깡에 따르면, "꿈은 문장의 구조… 수수께끼 그림의 구조를 갖고 있으며… 그것은 쓰기 형태의 구조를 갖고 있는데, [쓰기는] 의미화 요소들의 음성적이면서 동시에 상징적인 이용을 재현해내고, 그런 요소들은 고대 이집트의 상형문자와 중국에서 지금도 쓰이는 글자에서도 찾아볼 수 있다."

라깡은 압축이 은유과정이고 전치가 환유과정이라고 암시해준다. 언어에서 한 가지 시니피앙을 다른 시니피앙으로 대신하는 치환은 은유에서 '찾아볼 수 있는' 유사성을 가진 두 용어들 간에 일어난다. 꿈속에서 이러한 유사성은 무의식 수준에서 일어날 때 항상 즉각적으로 확인할 수 있는 것은 아니다. 그러나 만일 환자의 꿈을 가지고 작업하는 분석가가 꿈을 묘사하면서 사용된 단어들의 몇 가지 연쇄들이 은유구조와 환유/제유구조를 갖는 것으로 기대하게 된다면 그녀/그는 환자로 하여금 연상을 통하여 치환된 시니피앙을 '추적하도록' 도와줄 수 있다.

> 어떤 젊은 여인이 옷가지들과 이상스런 물건들이 가득 담긴 커다란 상자 속을 들여다보는 꿈을 꾼다. 그녀는 원숭이의 가죽 같아 보이는 것을 찾고 있는데 그것이 아직도 실제로 살아있다는 것을 알게 된다. 그녀는 난폭함의 갑작스런 폭발을 경험하게 되고 그 동물의 발 가운데 하나를 맨손으로 으깨버린다. 그녀는 뼈들이 우두둑 부러지는 것을 느낄 수 있다.

분석시간 동안에 이 환자는 자신이 어떻게 "원숭이의 발을 으깨버렸는지" 묘사했고, 원숭이나 발이 관련되었던 장면을 그녀의 생애 중에서 기억해내려고 했지만 성공하지 못했다. 그 묘사를 다시금 되짚어보도록 요구했을 때 그녀는 다음과 같이 말했다. "나는 그의 발이 내 손안에서 부러지는 걸… 그의 발가락이… 그의 '발끄'(tootsie)들이 으깨지는 걸 느낄 수 있어요." 그 다음에 그녀는 갑자기 투씨(Tootsie)가 어린 시절 언니의 별명이었다는 것을 기억해냈는데, 그녀는 그 언니와 강렬한 경쟁관계를 맺고 있었다.

이 꿈에서 여러분은 그녀의 언니인 투씨가 발로 변장되었던 과정을 알 수 있다. 유사성은 발이 발가락을 갖고 있다는 것인데, 그 발가락을 '발꼬'라 부를 수 있으며 그녀의 언니의 별명이 투씨였다. 최초의 치환이 은유적인 까닭은 그녀의 언니와 발가락 사이에 아무런 연결이 없기 때문이다. 그것은 제유에 의해 더욱 변장되어 있었는데, 제유 속에서 으깨진 물건은 발가락이 그 일부가 되는 발이었고, 또한 꿈꾼 사람은 오로지 연상을 통하여 "그녀는 투씨를 뭉개버리고 있었다"는 억압된 시니피앙의 연쇄에 도달하게 되었다.

꿈속에서 전치는 환유과정으로 볼 수 있다. 즉 잠재된 자료들의 본질적인 부분은 발현수준에서 부차적인 것으로 나타난다. 다시 말해 그것은 부수적인 것에 의해 재현된다. 인접성의 관계는 다음의 실례에서처럼 오직 연상에 의해 드러날 수 있을 뿐이다.

어떤 젊은 여인은 자신의 분석가한테 부모와의 어려웠던 관계에 대해 얼마 동안 말해왔다. 그녀의 어머니는 심하게 강박적이고, 아버지는 딸을 막역한 친구로 대하면서 특히 자신의 성생활에 대해 부적절할 만큼 자세히 이야기하였다. 그녀는 능력이 되자마자 집을 떠나서 다년간 부모들과의 접촉을 피해버렸다. 이것은 휴가 이후 3일째에 가진 분석시간에 그녀가 말해준 꿈인데, 휴가 기간에 그녀는 아버지를 만나봤지만 말을 건네지는 못했다.

> 저를 죽이고 싶어 하는 어떤 남자가 있었어요. 저도 그걸 알았죠. 소년과 소녀인 두 아이들을 보호해 보려고… 그들과 함께 수풀 뒤에 숨어 있었어요. 저는 어떤 건물 속에 숨으려고 갔어요. 그건 도서관이었죠. 사람들이, 꽤

> 나 많은 사람들이 마치 잠자고 있는 것처럼 바닥 위에 누워 있었어요. 저는 그들 속에 숨으려고 노력하는데 모든 육체들 속에서 용해되고 싶었죠. 아이들이 가버렸어요. 그 남자가 도서관으로 들어오더니 어렵지 않게 저를 찾아냈어요. 그가 저를 죽이고 싶어 한다는 걸 알면서도 저는 무섭지 않았어요. 그러니까 저는 일어서서 펜으로 그를 찔렀어요. 저는 그 펜이 그의 가슴 속으로 들어가는 걸 느꼈고 온통 피투성이가 되었어요. 그는 고통스러워했고 그 상황은 끔찍해 보였지만 저는 안도감을 느꼈죠. 제 주위에 있던 사람들은 마치 이 모든 것들이 정상적인—예상했던—것처럼 아무런 반응도 보이지 않았어요.

그녀가 사용하고 있는 시니피앙들의 인접성은 이 꿈의 의미를 드러내 보여준다. 그녀는 도서관에 숨지만(그녀는 인생의 대부분을 자신의 문제로부터 책 속으로 숨어왔다), 이것으로 그 남자가 그녀에게 위협하는 것을 중단시키지 못한다. 그녀는 육체들 속에 숨으려고 애쓴다(그녀는 실제로 성적으로 문란한 과거를 갖고 있어서 그녀의 무분별한 성적인 접촉들은 다른 육체들 속에서 스스로를 '상실하는' 방식이 되었다). 그녀는 펜으로 그 남자를 찌른다(실제 생활에서 그녀는 아버지한테 말하고 싶어 하지 않았다. 그러나 그녀는 자신의 분노를 얼마큼 배출하려고 아버지한테 편지를 썼는데, 그녀의 펜으로 아버지에게 상처를 내고 싶었다). 그 남자는 지금 고통 중에 있고 "그 상황은 끔찍해 보였지만," 그녀는 자신의 행동으로부터 얼마큼의 안도감을 경험하고 있다(그녀가 편지를 쓰는 것으로 경험했던 것처럼). 또한 끝으로 매우 극단적인 것처럼 들리는 행동은 그 밖의 어떤 사람한테도 아무런 충격을 주지 못한다. 그것은 실제로 편지를 보내는 것만큼 사실상 주목받지 못할 것으로서 '정상적인—예상했던' 것으로 생각될 수 있는 어떤 것이 되는 것 같다. 이 꿈에서 환자의 서술이 아버지에 의해 제기된 정서적인 문제와 최근에 그녀의 실제적 생활경험을 다뤄왔던 방법에 대한 서술이라는 것은 거의 정확하다. 그러나 그녀의 서술에는 기본적인 시니피앙들이 빠져있고 다른 것들로 치환되어 있어서 의미는 오로지 시니피앙들의 인접성에서 울려 퍼질 뿐이다.

무의식에서는 시니피앙들이 숨겨진 연상에서 치환되거나 결합될 수 있을 뿐만 아니라 그것들의 구성부분들도 역시 그럴 수 있다. 라깡한테 시니피앙들은 더 작은 음성요소들로 쪼개질 수 있고, 간혹은 단자(單字)음성이 메시지를 전해줄 수도 있다. 다른 사람들한테는 억압된 시니피앙에서 나온 음소가 재결합해서 새로운 시니피앙을 만들어 내는데, 런던에 살고 있는 유대인 여성이 말해준 다음과 같은 꿈에서 볼 수 있다.

> 진정으로 성가신 이런 거미가 있었는데, 저는 거미를 두려워하지만, 이놈은 무섭다기보다는 오히려 귀찮은 거였어요. 그놈은 그저 계속 저를 괴롭혔고 어쨌든 저는 그놈한테 친절하게 대해줘야 했어요. 저는 그 놈을 그저 으깨버릴 수는 없다고 그놈에게 말해야 했죠. 하지만 그 놈은 제 면전에서 계속 저를 화나게 만들었어요. 그 놈은 거미처럼 보이기는커녕 오히려 보풀이 일어난 작은 공처럼 보였는데, 중심이 까맣고 떼어낼 수 있는 다소 가벼운 솜털로 덮인 거였어요.

그녀는 거미에 대하여 말하면서 이 거미에 대해 그녀가 표명해왔던 감정이 이웃여자에 대하여 경험해왔던 감정과 동일하다는 것을 알게 되는데, 그녀는 그 이웃여자가 자신의 남편과 관계를 가졌다고 의심하고 있다. 그녀는 이 이웃여자를 '하찮은 사람'(light-weight)과 '바보'

그리고 인종차별주의자로 묘사해왔는데, 이전의 분석시간에 그녀는 이 여자가 제2차 세계대전 중에 나치의 동조자였을 거라고 말했다. 거미에 대한 그녀의 묘사에서 그녀가 그 여자를 미워하고 두려워할지라도 친절하게 대해줘야 하는 '약간의 보풀' 이란 표현으로 그 여자에 대해 불쾌감을 나타내고 있다. 나치의 '동조자' —그녀가 그 이웃여자를 생각하는 방식—라는 시니피앙이 's' - 'p' - 'i' - 'er' 라는 음성요소들로 환원되고 '스파이더' 로 재결합될 수 있으며, 또한 이 꿈이 거미에 관한 것이 아니라는 사실은 블론드 빛깔 보풀의 가벼운 공이란 표현이 거미답지 않은 것으로 확인된다.

무의식적인 말이 나타나는 것은 꿈에서만이 아니다. 그것은 실언에서도 나타나고, 자멸적인 행동에 대한 설명에서도 나타나며, 부정(당신이 무의식적으로 의미하는 바의 반대를 말하기)에서, 문법적인 실수에서, 사람들이 말할 때 주제내용의 선택에서, 또한 그밖에 무수한 방식으로도 나타난다. 실언은 실서(slips of the pen)나 키보드의 잘못도 될 수 있는데, 거기서는 다시금 단순한 식자공의 실수로 내보일 수도 있다.

식욕부진증 소녀의 어머니는 매우 지배적인 여자였는데, 딸과 정신과의사 사이의 관계를 받아들이는 데에도 커다란 문제를 갖고 있었다. 그것이 그녀를 반드시 제외시켜야 했던 이유 가운데 하나이다. 이 어머니는 정신과의사가 생각하는 방식에 영향력을 행사하려고 정신과의사한테 편지를 썼는데, 그 편지 속에서 딸의 행동과 정서 상태에 대한 그녀의 이해와 해석에 관하여 얼마큼 자세히 말해주었다. 그녀의 공격성은 그 텍스트의 끝에서도 사회적으로 받아들일 수 있는 범위 내루 억제되고 다음과 같이 결론을 맺었다. "아시겠지만 그것이 바로 식욕부진의 말괄량이(minx)가 하는 방식입니다." 그녀는 아마도

'마음' (mind)이라 쓰려고 했던 것 같다.

정신병리학에서 만나게 되는 많은 증상들도 이러한 언어구조를 따라가고 은유처럼 보일 수 있다. 이번에는 은유과정에 연결되는 것이 꿈 이미지가 아니라 증상 그 자체이다. 예를 들어 십대 소년은 규칙적으로 학교에서 기절하기 시작했다. 그는 오직 학교에서만 기절했지 집에서는 결코 그런 일이 없었다. 또한 모든 의학적 검사에서도 의식상실에 대한 기질적 원인을 찾아볼 수 없다고 밝혀졌다. 분석시간에 그는 매우 버릇없이 굴었고(반항적이고 성적인 흥미를 갖는 것) 그의 엄마가 그것 때문에 고통스러워 할까봐 두렵다는 사실에 대해서 말하기 시작한다. 또한 자주 여행을 떠나서 집에 별로 없는 그의 아버지가 돌아왔을 때에는 매우 언짢아질까봐 그는 두려워한다. 그는 의식상실의 에피소드에 대해 말하면서, "제가 기절할 때에는 학교에서 아무것도 할 수 없어요"라고 이야기한다. 또한 그는 그 증상이 그한테 학교에서 어떤 것(버릇없는 것)도 하지 않는 방법이 된다는 것을 잘 알고 있다.

분석가는 시니피앙을 드러내는 일에 도움이 되어보려고 환자 자신의 담론의 은유적인(혹은 환유적인) 구조를 이용할 수 있다. 열 살 된 소년은 구토에 대해 불합리한 공포를 앓게 되었는데, 그의 구토는 그 어떤 소화기 질환과도 연결되지 않았다. 그는 그것이 불합리하다는 것을 충분히 알 수 있는 나이가 되어 이혼수속 중이던 부모한테 그것을 감춰 보려고 하였다. 그는 이런 두려움에 휩싸이기 시작했다. 따라서 그는 수업에 집중할 수 없었고, 집에서도 불쌍했으며, 토할 수밖에 없는 경우에 화장실이 가까운 곳에 있다는 것을 확인할 시간이 필요했다. 마침내 그의 부모들이 그의 이상스런 두려움을 알아차리게 되자 그를 치료자한테로 보냈다. 그는 이렇게 말했다. "제가 토하게 될 거라고 생각되는 이유를 모르겠어요. 그저 간혹 그럴 뿐인데요, 제 목에 뭐가 걸려 있는 것 같고…, 토할 것 같은데, 저는 그걸 삼킬 수가 없어요." 치료자는 그의 부모들이 헤어지고 있다는 걸 알고 있었다. 그것은 그 소년이 받아들이기엔 매우 어려운 사실이었고, '밥통을 찌르는'[13] 것이었다. 치료자는 이런 은유적인 구조 속으로 들어가면서 다음과 같이 물었다. "네가 그토록 삼키키 어려운 것은 무엇이니?" 이 질문은 말로 나타낸 그 소년의 불안 원인에 관한 소년의 무의식적인 지식을 위해 문을 열어두려는 것이다.

증상은 하나 이상의 불안 수준에서 작용할 수도 있고 또한 거의 항상 그렇게 작용한다. 그의 불안의 중심에 부모의 이혼이 있을 수 있다는 깨달음에 도달하기 전부터 그 소년은 자신의 이상스런 행동에 대해 이렇게 말하기도 했다. "저는 화장실 가까이에 있어야 해요. 토하게 되면 제 자신이 불결해질 테고… 더렵혀질 거니까요." 그것은 여러 가지 점에서 모범적인 아이였던 그 소년이 네 살이었을 때 스스로 더럽힌 당혹스런 에피소드를 떠올리게 만들었는데, 그 일로 인해 그는 커다란 수치심이 일어났고 스트레스가 컸으며 부모들이 그를 멸시하고 더 이상 사랑해주지 않을 거라는 두려움이 일어나게 되었다. 그에게 '더럽히기' 라는 시니피앙은 부모의 사랑의 상실을 의미하는 시니피앙들과 밀접하게 연결되어 있었다. 곧 닥쳐올 그의 부모들의 이별은 그에 대한 사랑의 상실을 암시할 수도 있고 그가 스스로 불결해져서 생긴 '그의 잘못' 으로 보일 수도 있었다.

의식적인 마음과 무의식적인 마음 사이에서 시니피앙들의 통과는 끊임없는 일이고 평범한 일이다. 억압된 시니피앙이 다시 나타나는

13) sticks in the craw: "참을 수 없게 화가 난다"는 뜻임.(역자)

것은 오직 분석 내에서만 이뤄지는 것은 아니다. 다시 말해 그것을 더 이상 억압할 필요가 없는 상태에서는 다른 사람의 도움도 없이 저절로 그렇게 될 수도 있다. 그와 동시에 억압도 우연적이고 일시적이며 평범한 것일 수 있다. 예를 들면, 그것은 어떤 사람의 이름을 필요로 했을 때 10분 동안이나 그 이름을 '잊어버리게' 만들 수도 있다.

라깡은 시니피앙을 커다랗게 강조하고 있었지만, 시니피앙들이 본질적으로 상징적 요소들이라는 것을 이해하는 일이 중요한데, 그 요소들은 특별한 상황에서는 말 이외의 다른 형태를 취할 수도 있다. 예를 들어, 귀먹은 사람들은 입 밖에 내지 않는 시니피앙들을 사용하지만, 동일한 규칙(시각적인 것에 적응된)이 그것들에도 적용될 것이다. 임상가한테 흥미롭고 생산적인 반성의 노선은 어떤 언어도 발달된 일이 없는 심각하게 자폐적인 아동들에게서 무의식의 특이성 위에 놓여 있든가 혹은 아마도 무의식의 완전한 부재 위에 놓여 있을 것이다.

주인 시니피앙

주인 시니피앙들은 인간 주체의 바로 그 중추이다. 또한 그것들은 아마도 음성적인(사진의 음화라는 의미에서) 형태로는 부정의 재료가 될 것이다. 훈련된 귀를 가진 청자는 비교적 짧은 기간에 걸쳐 화자의 주인 시니피앙들을 인식할 수 있게 될 것이다. 검토해 보면 청자한테 논리적인 의미를 전혀 만들어주지 못하는 그러한 고백에 그것들은 나타난다(왜냐하면 화자한테만 완전히 개인적인 논리를 따르기 때문이다). 그것들은 자주 다른 문맥에서 반복되는데, 간혹은 매우 흔해서 그것들이 화자한테 언어적인 틱을 구성해주고, 그 화자에게 그것들은 시니피앙들의 문자 그대로의 시니피에와는 아무런 관련도 없는 의미를 갖는다(그러나 이것은 아동들의 말에서 그런 공통된 자질과 혼동되지 않는데, 그들은 새로운 말이나 새로운 놀이터 은어를 배우면서 싫증 날만큼 그것을 사용하고 있다). 주인 시니피앙이 무엇인지 정확히 설명하기 전에 다음과 같은 실례를 생각해보자.

열한 살 된 소녀는 학교에서 다른 아이들을 들볶곤 했다. 선생님들은 그녀의 행동이 1년 전에 돌아가신 아버지의 죽음과 연결되는 점에 관심을 두고 있었다. 몇 번의 분석시간이 지나간 후에 치료자는 그녀가 '럭키' (운 좋은)라는 단어를 빈번히 사용하고 있다는 것을 알게 되었는데, 흔히 거의 이해할 수 없는 방식으로 사용하든가 꽤나 지루하고 부적절한 문맥에서 사용하고 있었다. "저는 운이 좋아요. 왜냐하면 미장원에 가지 않아도 괜찮아졌기 때문이죠" 혹은 "자줏빛 팔찌 다섯 개와 핑크색 팔찌 네 개가 있는데, 저는 참 운이 좋아요. 자줏빛 팔찌 하나를 갖고 있거든요." 여기서 참으로 "저는 참 운이 좋아요"는 그 의미를 생각해봐야 할 정도로 너무 남용되고 있었다. 그 소녀의 들볶는 행동은 사립학교에 지원해둔 다른 소녀를 못살게 구는 것이었는데, 그 학교는 그녀(주체)가 들어가길 원했지만 그녀의 가족들한테는 너무 비싼 곳이었다. 이 일에 대해 에둘러서 물었을 때, 단지 그 학교에 대해 언급했을 때, 그녀는 이렇게 말했다. "저는 참 운이 좋아요. 왜 그런지 아시죠? 입학시험을 꼭 치루지 않아도 괜찮거든요!"

"저는 참 운이 좋아요"의 기능이 의미화 연쇄에서 어떻게 그녀의 자아를 지지해주는 허구 쪽으로 다른 시니피앙들의 방향을 향하게 해주는지 알 수 있다. 만일 여러분이 "저는 참 운이 좋아요"를 학교에 관한 문장에서 취해온다면 그녀한테는 "입학시험을 꼭 치루지 않아도 괜찮거든요"라는 말이 남아 있게 될 것이다. 그런데 그녀는 첫째로 그 학교에 지원하지 못했다는 고통스런 진실을 너무나 솔직하게 강조할 수도 있다. "저는 참 운이 좋아요"는 그녀가 그것을 올려놓은 '스핀' 인데, '스핀' 이 너무나 유행을 따른 용어일지라도 이 문맥에서는 나쁜 단어가 아니다. 왜냐하면 그것은 주인 시니피앙들이 하는 일, 즉 방향을 정하고 방침을 알려주는 일이라고 라깡이 말했던 바로 그것을 정확히 묘사하기 때문이다.

오십대 초에 자신의 젊은 아들들의 행동에 대해 끊임없이 불평했던 한 여인이 있었다. "그 애들은 정말로 너무 하는 거야!"라는 말은 그녀의 변함없는 후렴이 되었고, 그들의 거의 모든 행동 하나하나에 적용되는 묘사였다. 예를 들어, 가족들이 쉬는 날에 여자 친구를 집으로 데려온다든가, 여름에 일주일 동안이나 몇몇 친구들을 초대하는 것, 이런 일들을 많은 청자들은 비합리적인 것으로 생각하지 않을 수도 있다. 그녀는 항상 자신의 가족들뿐만 아니라 손님들의 욕구에도 응해달라는 부탁을 받았고 또 이런 일을 원망했던 것처럼 보인다. 친구들은 그녀가 원치 않는다면 그렇게 하지 말라고 충고했지만, 그녀는 그만둘 수 없다고 느꼈다. 또한 그녀는 자신의 원망을 가족들한테 그 어떤 직접적인 방법으로도 명확히 밝힐 수 없다고 느꼈다. 그녀와 가까운 사람들에 대한 그녀의 불평들 가운데 '너무 함' 에서(그녀의 남편도 동일한 묘사를 많이 하고 있었음) '너무 하찮게' 평가된다는 그녀 나름의 의미를 들을 수도 있었다. 그녀의 아주 어릴 때의 기억으로부터 그녀의 형제자매들과의 비교에서 그녀는 대수롭지 않은 아이라고 느꼈다는 사실을 알게 된 것은 결코 놀라운 일이 아니다. 그녀의 주체의 진실은 그녀가 중요하지 않았던 사람이고 적절한 사랑을 받은 것으로 느껴본 일이 전혀 없으며 항상 간과되는 사람이었다는 것이다. '너무 함' 보다는 오히려 '하찮음' 이나 대수롭지 않음이 그녀의 주인 시니피앙이었고 그녀가 표명할 수 있었던 것과는 대조를 이루고 있었다.

주인 시니피앙들은 대개 그 반대말을 감추고 있든가 혹은 양극화된 형태로 존재한다고 말하게 되는데, 청취할 수 있는 것은 자아를 지지해주고 명확히 밝히지 않는 것은 무의식 속에 묻혀 있지만, 그 대응물에서 끊임없이 밀어올리고 있다. 그것들의 기능은 정반대의 의미 혹은 견딜만하거나 위안이 되는 의미를 지닌 의미화 연쇄가 의식적인 말 속에 출현하는 그런 방식으로 화자한테 고통스러운 의미화 연쇄에서 시니피앙들의 방향을 고쳐주는 일이다. 그것들은 화자의 새로운 발명품이 아니다. 그것들은 현대의 언어 양식에 적합하도록 다양한 겉모습을 취할지라도 주체의 인생에서 매우 어릴 때의 어느 시점에서 정해졌던 것이다. 열한 살 된 소녀의 사례에서 '운 좋은'이란 말은 그녀의 아버지가 돌아가시기 수년 전부터 주인 시니피앙으로 정해졌다. 그녀는 항상 오빠에게(나중에는 학교에서 친구들에게) 느끼는 질투의 문제에 대해 그녀가 인생에서 '행운'을 잡았다고—"저는 참 운이 좋아요, 소포전달 게임에서 이겼거든요!" 등등—주장함으로써 스스로를 방어했고 대부분의 사람들한테 행운의 요소로는 부적절해 보이는 수많은 상황들에 그 말을 끼워 넣음으로써 스스로를 방어했다. 사실상 진정한 주인 시니피앙은 정반대였다. 그러니까 '운 좋은'이란 말은 '불운한'이란 말을 감추고 있는 가면이었고 다른 사람들의 운이 그녀보다 더 좋았다고 (상상했던) 불공평과 불안의 강렬한 느낌이었다. 아버지의 죽음에 즈음하여 그녀의 인생에서 진짜 불운의 급작스런 증가가 그녀 쪽에서는 주인 시니피앙들의 사용으로 그녀의 허구를 유지시키려는 막강한 노력을 맞이하게 되었다. 또한 거기서 그것들이 필요하게 되었을 때 그 방패를 들어 올릴 준비를 갖추고서 그녀의 자아의 선두에 이미 자리를 잡게 되었다.

주인 시니피앙들은 주체한테서는 그것들의 시니피에로부터 멀리 분리되어버린 것들이지만 의미화 연쇄의 의미를 자아의 지지자로 변화시키는 기능을 수행하고 있다. 이런 주인 시니피앙들의 가면을 벗겨내고 무의식 속에 감춰진 그것들의 측면을 드러내는 일이 분석의 주요 임무들 가운데 하나이다. 이 말은 자아한테 무서운 예상처럼 들릴 수도 있지만, 라깡은 주체가 드러나도록 하기 위해 자아를 무너뜨려야 한다고 말했던 일이 전혀 없었다. 오히려 그는 자아가 주인 시니피앙들의 주위에 세워진 건축물이란 은유를 사용해서 그 그림자 속에 그것들의 음성적인 대응물들을 덮어 가리게 된다고 말했다. 따라서 분석은 이런 음성적인 것들을 드러내는 태양의 움직임과 더욱 비슷하다. 자아는 온전한 상태를 유지할 수 있지만, 이제 우리는 전체적인 사물을 더욱 분명하게 볼 수 있다.

라깡이 주인 시니피앙에 관하여 만들어낸 더욱 어려운 관점들 가운데 하나는 그것을 부명과 같다고 생각한 것이다. 이것은 겉보기처럼 그렇게 신비적이지는 않지만 그것을 이해하기 위해서는 우선 그가 부명과 남근 및 타대상(제6장과 7장)으로 무엇을 의미하는지 또한 주체와 그의 자아의 구성에서 욕망의 위치에 대한 그의 생각을 이해해야 한다. 나는 부명과 주인 시니피앙을 동일하게 생각하는 것이 이 책의 끝부분에 가서 독자들한테 매우 선명하게 밝혀지길 바란다.

제4장

대타자

라깡의 언어적 가설들은 분석가가 환자에게서 경청하는 말의 종류와 관련되어 있다. 그는 일반적 언어이론을 만들어내는 언어학사가 아니다. 무의식의 발현들(혹은 담론)—꿈과 실언, 병적인 증상들, 등등—은 언제나 마치 어딘가 다른 곳에서 보내온 것처럼 주체에게 '일어난' 듯이 보이는 의미화 연쇄 속의 시니피앙들이다. 라깡은 분석수행자의 자아가 이런 무의식적 담론을 대타자로부터 나온 담론으로 잘못 안다고 주장했다.

'소타자'와 '대타자'

'타자다움'(otherness)이란 개념은 라깡 사유의 핵심이다. 그는 끊임없이 주체를 타자다움과의 관계에 의해 탄생하는 것으로 가정하고 있다. 그런 생각은 실체들 간에 벌어진 투쟁의 결과로서 자기의식의 형성을 기술했던 헤겔의 변증법에 대한 그의 관심에 의해 생겨난 통찰이다. 라깡한테 '타자다움'은 두 가지 형태를 갖게 되었다. 그는

1955년에 소타자(le petit autre)와 대타자(le grand Autre)를 구별하였다. 소타자는 거울단계에서 유래한다. 그것은 실재적 '타자'가 아니고 자아의 영상과 투사이다. 그것은 그 자체로 상상계의 영역에 속한다. 그것은 또한 제8장에서 다루게 될 타대상(l'objet petit *a*)의 개념이 생겨나게 한다. 거울 속의 소타자는 별도로 하고 개인은 다른 모든 사람들을 '작은 타자'로 인식하게 되며 그들을 투사와 동일시의 적절한 대상으로 취급하게 된다. 다른 한편 대타자(the Other)는 상상계를 넘어서는 근본적인 타자다움을 가리키고 그 타자다움은 동일시를 통해서 결정되거나 다뤄질 수 없다. 이런 타자다움은 언어와 법으로부터 오기 때문에 대타자는 상징계에 속한다.

라깡은 강의를 시작하면서 거울단계에서 구성되는 소타자(자기의 대상 혹은 petit autre)를 나타내기 위하여 (소문자) *a*라는 글자를 사용하고 있다. 그것은 자기가 상상계 내에서 그의 자아를 구성하는 상상적 차원과 상징적 대타자(l'Autre처럼 대문자 A로 나타냄)를 구별하기 위해 사용된다. 대타자는 사회와 법, 등등—주체가 구성되는 가설들의 모든 집합—이 되고, 그것은 주체가 그의 출생보다 앞서고 자기와는 관계없는 그런 질서의 일부라는 사실의 예증이다. 이런 질서는 상징적이고 또한 그것의 가장 정교하고 유력한 발현이 바로 언어이며, 대타자는 간혹 언어 그 자체를 가리키기 위해 사용되고 있다.

대타자로서의 언어

언어는 아이보다 먼저 존재했고 아이의 부모보다도 먼저 존재했다. 그것은 몇 천년에 걸쳐 전해 내려온 단어들의 어휘목록이고 규정집이다. 그것은 인류에 의해 창조되었고, 인간이란 주체가 사회의 인간다움(human-ness)을 경험하게 되는 최초의 형태이다. 카우치 위에 누운 주체의 말에 경청하는 정신분석가는 이런 대타자의 담론을 듣게 된다. 그것은 주체가 의도하는 담론이 아니라 만들어낼 수밖에 없는 담론이다. 억압된 시니피앙들이 실언이나 꿈 혹은 병적인 증상들 속에 있다면 그것은 억압된 시니피앙들의 의도되지 않은 출현에서 명백해진다. 라깡은 분석수행자의 자아가 이런 무의식적인 담론을 대타자한테서 오는 담론으로 혼동하게 된다고 주장했다. 또한 그것은 분석가가 해석하게 될 때 그녀/그에 의해 발언된 단어들로서 주체한테로 되돌아온다. 다시 말해서, 분석가의 담론은 주체에 의해 대타자의 담론—상징적 영역을 구성하는 지식과 규칙들과 가설들의 위대한 보고(寶庫)—으로 경험되고 있다.

많은 사람들은 무의식을 개인의 마음속에 '감춰진 사람'으로 그려내거나 혹은 프로이트의 묘사처럼 마음속에 있는 한 구역으로 그려낸다. 라깡의 견해는 완전히 다르다. 앞 장에서 본 것처럼 무의식으로 억압된 시니피앙들은 대타자 때문에, 즉 그것들이 속해 있는 어휘목록 때문에 그것들에 대한 주체의 반감에도 불구하고 계속해서 존재하게 된다. 또한 그것들은 때때로 이런 대타자에 의해 명령된 형태와 구조로 출현하게 된다. 따라서 무의식은 추상적인 매트릭스—대타자의 담론—내에 존재하고, 문자를 형성하기 위해 액정 위에서 작용하는 전자기장처럼 시니피앙들을 이런 매트릭스 내의 장소로 끌어들인다.

주체는 대타자로부터 구성된다

라깡의 주체는 대타자의 담론 속에 존재한다. 그것은 아기가 태어나기도 전에 그 부모의 담론 속에서 창조되는데, 인터넷에 등록된 도메인 네임과 약간 비슷하고 웹사이트가 어느 날 생겨날 수 있는 장소의 표지도 된다. 부모들은 아이가 태어나기도 전에 그 아이에 대해 이야기를 나누거나 혹은 적어도 그들의 마음속에 그 아이에 대한 어떤 생각이나 환상들을 갖게 된다. 이런 생각—이런 담론—은 그들 자신의 주체에 의해 형성되고 가설들의 집합인 대타자 내의 무의식적인 것에 의해 형성되는데, 부모들도 역시 그 가설들의 집합 속으로 태어났던 것이다. 또한 자신들의 희망과 두려움에 대해 이야기하면서 이런 부모들은 어느 정도까지 이미 새로운 주체를 만들어내고 있다. 이런 생각을 더욱 밀고나가 보면 그 사람이 살아있든 아니든 그 주체는 존재할 수 있다. 이것은 오로지 철학적인 공상만은 아니다. 그것은 죽은 아이나 돌아가신 가장이 어떻게 아직도 가족의 역동 내에서 주체처럼 행동할 수 있는지 알 수 있는 바와 같이 임상적인 관련성을 갖고 있다.

아이한테서 대타자는 그의 인생의 시작부터 어머니에 의해 구체화되는데, 그 어머니는 이런 이유 때문에 어떤 문맥에서는 대타자와 동의어가 된다. 아이는 바로 이런 대타자로부터 그녀가 서명한 법과 가설들의 집합뿐만 아니라 언어까지도 획득하게 된다. 어머니로부터 아이에게로 가는 대타자의 이런 전달은 라깡에겐 일차적 동일시이다(동일시는 주체가 다른 사람의 근본적인 구조를 취하게 만드는 과정이라는 것을 기억하고 주변상황이 어떻든 그의 발달이 그 구조에 의해 좌우된다는 것을 기억하시오). 라깡의 말로는, "일차적 동일시는… 어머니의 전능함을 기초로 하여 일어나고 [또한] 욕구의 충족이 의미화 장치에 의존하도록 만드는데, [그것은] 역시 시니피앙 구조의 좁은 골짜기에서 그러한 욕구를 조각내고 걸러내며 그 모형을 만든다."[14] 달리 말해, 어머니한테서 말을 습득하면서 아이는 어머니의 태도와 규칙과 추정—참으로 어머니의 전반적인 대타자—도 획득하게 된다.

유아는 부모들의 말을 들음으로써 언어를 습득한다. 또한 그는 의미의 '가로줄을 건너고' 시니피앙들을 대상 그 자체(거울 속에서 인식했던 소타자)에 적용하기 시작하면서 그가 듣고 있는 모든 것에서—특히 그의 부모들의 담론에서—그의 자아의 발달을 위한 단서를 찾아내게 된다. 주체는 부모들의 담론에 의해 세워진 허구 속에 포함되어 있는데, 그 담론은 아이의 자아 속으로 쉽게 흡수되고 있다. 예를 들어, 만일 부모들의 담론이 "샐리는 정말 인형을 좋아하지 않아, 정원에서 뛰어놀길 더 좋아해"라고 한다면 이것은 샐리 자신에 대한 샐리의 견해(그녀의 자아)를 근거로 하는 신화들 가운데 하나가 될 수 있다. 그녀는 인형이나 좋아하는 그런 소녀가 아니라 스포티하고 말괄량이다. 그녀는 정체성을 찾아가면서 몹시 자기애적인 아이가 되는데, 반드시 그럴 것이라고 말하는 모든 일에 대한 아이의 정신적인 반응을 말한다. "이것에서 내 몫은 무엇인가요?" "이것은 내게 어떻게 관련되나요?" 따라서 부모들이 풋볼에 대해 이야기하면, 아이는 "부모들이 풋볼에 관심이 있으니까 내가 풋볼을 하면 부모들은 내게 관심을 보여줄 거야"라고 생각한다. 부모들이 어떤 연예인의 최근의 변신에 대해 이야기하면, 아이는 이렇게 생각한다. "부모들이 이 연예인을 칭찬하는데, 나는 어떻게 하면 그녀와 비슷해질까?" 부모들이 대학시절에 대해 이야기하고 있으면 아이는 자신이 대학졸업자들의 집안 출신이

14) 「치료의 방향과 그 힘의 원리」, 『에크리』, 브루스 핑크 번역.

고 자신에게도 비슷한 미래가 기대되고 있다는 것을 즉각 알아차리게 된다. 따라서 주체는 **대타자의 담론 속에서** 발달되고 있다. 그러나 시니피앙들로 구성되어 있는 이런 담론은 억압도 허용하게 된다. 주체가 사랑하는 허구인 자아의 체계 속으로 삽입된 모든 요소들에는 무의식 속으로 억압되는 또 다른 것이 존재하게 된다.

주체는 대타자에 나타난다

라깡한테서 주체는 자아의 뒤에 숨고 그로부터 소외되며 언어의 행위에서 창조되고 주로 무의식적이어서 알기 어려운 그런 것이 되었다. 말하는 것은 다름 아닌 주체이지만, 그것이 말할 때에는 그것이 말하고 있는 것이 무엇인지 거의 알지 못한다. 또한 나는 여기서 실언과 꿈과 병적인 증상들에 나타나는 '무의식적인 담론'를 더 이상 언급하지 않으려고 한다. 오히려 나는 화자(주체)가 '의식적인 말'로서 생각하게 될 것을 언급하려고 한다. 그 까닭은 대체로 주체가 그 스스로에 대해서 무의식적이기 때문이다.

이런 견해는 과장된 설명처럼 보일 수도 있다. 사람들은 다음과 같은 말에 화가 나곤 한다. "하지만 나는 내가 무엇에 대해 말하고 있는지 알고 있고… 나는 거의 실언을 하지 않을 뿐더러 그때마다 99%는 내가 말하고 있는 바를 정확히 의미한다는 거죠," 등등. 그러나 경험이 많은 분석가는 부정의 말을 들을 때 즉각적으로 알게 된다("물론 그는 충분히 마음에 들어요"라는 말은 거의 항상 내가 그를 좋아하지 않는다는 것을 의미한다). 또한 가장 평범한 일상적인 언어 사용조차도 무의식의 지배를 단단히 받고 있다. 대부분의 경우에 우리의 말에는 의식과 무의식의 상호작용이 존재한다. 우리는 우리가 말하는 바를 정확히 의미할 수도 있지만 우리가 왜 그것을 이야기하는지 전혀 알지 못한다. 다음의 예를 생각해보자.

"아무개는 파트너를 찾았을까?"라는 말은 단순한 질문처럼 보이는데, 그 동기는 무엇일까? 그 질문자는 문제의 그 아무개가 그녀의 남자한테 관심을 갖고 있을까봐 걱정하는 여자일까? 혹은 그 사람은 아무개한테 관심을 갖는 남자일까? 혹은 그 사람은 질투 때문에 그 아무개가 그녀 자신이 아닌 그런 사랑에 빠져 불행해지는 것을 알고 싶어하는 여자일까? 어느 경우이든 그 화자는 그것을 부정하게끔 되어 있고, 그것은 이타적인 관심이나 호기심 때문에 일어난 순진한 질문이라고 말하게 된다. 또한 그것이 사실이라 할지라도 어째서 이타주의/호기심일까? 우리는 무의식이 해롭지 않을 때일지라도 결코 무의식을 피할 수는 없다.

"우리는 당신을 위해 불고기를 요리했는데, 이러이러한 전문적인 푸주한한테서 뼈에 붙은 고기를 구했어"라는 말은 낭비하는 아이에게 죄책감을 불러일으킬 수 있거나 손님한테 보통 것보다 더 나은 품질의 포도주 한 병을 가져오도록 권할 수도 있으며(왜 그저 '불고기'가 아닌가? 어째서 그것의 품질을 언급하는가?), 기타 등등. 그러나 다시금 양쪽의 경우에 모두 화자의 의도는 완전히 무의식적이다.

"나는 아직도 주말의 피로를 풀고 있는 중이죠"라는 말은 흔히 듣는 구절이지만, 어째서 화자는 청자가 이것을 알 필요가 있다고 생각할까? 그녀/그가 그녀/그의 활기찬 사회생활에 대해서 자랑하고 '사회적으로 성공적이라는' 혹은 '인기 있다는' 주인 시니피앙들이 포함된 자아의 체계를 보강하고 있을까? 혹은 그녀/그가 사실은 매우 지루한 때 즐거운 시간을 보냈다는 것을 스스로한테 확신시키려고 하는 것일까?

"감자 1킬로를 주실 수 있겠습니까?"라는 말도 다층화된 진술일 수 있다. 어째서 단순히 "감자 1킬로"가 아닌가? 어째서 예의 바른 표현에 시간을 소비하는가? 질문자는 훌륭한 예의범절을 보여주려고 노력하는 것일까? 혹은 그와는 반대로 모든 예의 바름이 필요 없게 된다면 어째서 무례함이 되는가? 그런 것이 비천한 야채장수한테 더 높은 위신을 세워주는 방법이 될 수 있을까? 또한 1킬로로 충분하다면, 화자는 인색하든가 충분히 사지 못하든가 혹은 무능함에 대한 불안을 내보이면서 너무 많은 걸 요구하는 것인가?

이런 사소한 예들은 의식적인 '의도'를 갖든 안 갖든 시니피앙들의 선택과 조합이 연쇄를 이루는 쪽으로 방향을 정하는 데에 있어 무의식의 힘을 강조해줄 뿐이다. 라깡은 주체에게서 의식과 무의식 간의 이런 상호작용을 뫼비우스 띠의 표면의 연속과 비슷해지는 것으로 보았다.

대타자는 언어 속에서 분명해질 뿐만 아니라(이것이 주된 영역이 될 수 있음) 주체에 대해 그 영향력을 행사하게 될 가설들의 전체 조합에서도 분명해진다. 법과 사회적인 규칙, 터부, 관행과 기대 및 시간까지도 대타자의 다양한 얼굴들이 된다. 대타자는 인간이 만들어낸 상징적 영역 전체로 구성되고, 대타자에게로의 접근은 제3장에서 묘사된 가로줄의 횡단과 관련되어 있다. 그것은 거울단계에서 설명된 소외의 행위와도 관련되는데, 그 소외가 주체를 대타자 내에 위치시킨다. 주체와 대타자를 한데 묶는 소외와 상징화라는 과정들이 인간의 창조성의 필수적인 기초가 된다.

주체는 어떻게 대타자한테 접근하는가?

대타자에게로의 접근은 점진적인 과정으로 일어난다고 말할 수 있는데, 거기에는 아이가 반드시 통과해야 하는 두 개의 비약적 도약이나 두 개의 입문 '통로'가 존재한다. 첫째가 거울단계인데, 거기서 아이는 자신의 거울상을 동일시하여 그 자신으로부터 소외된다. 그 거울상은 아이가 모든 시니피앙들을 옮겨놓을 수 있는 거짓 대상이고 그 시니피앙들로서 자아의 허구를 세우게 된다. 주체와 자아라는 이 원성에 의해 만들어진 변증법은 상징화에 마음이 끌릴 수 있고 끌리고 있는 개념들의 형성을 허용해준다. 거울단계에서 지각된 '소타자'는 시니피앙들이 부착될 수 있는 '자기의 관념'이다. 거울단계의 소외를 경험하지 못했던 아이는 영원히 언어의 문이 잠겨 언어 속으로 들어갈 수 없어서 대타자에 접근하지 못한다. 이것은 심한 자폐증 사례들에서 관찰될 수 있다. 거울단계가 조금 늦게 일어나는(평범한 언어를 발달시킬 기회의 창구를 놓쳐버린) 아이는 이런 지연을 극복하는 데에 전문가의 도움이 필요할 수도 있는데, 매우 쉽고 자연스럽게 언어를 발달시키는 대부분의 아이들과 다른 점이 된다.

두 번째 입문통로는 거세에 관한 것으로서 다음 장에서 다룰 예정이다. 여기서 간략히 언급해 보면, 이 단계의 실패로 인해 언어에의 접근이 완전히 불가능해지는 것은 아니다. 오히려 그런 실패로 시니피앙들이 재조합이란 통상적인 자율성과 융통성을 갖지 못하는 정신병적인 구조로 되어 가며, 대타자(법과 사회, 언어 및 다른 모든 상징적 창조물들)는 주체와 놀랄 만큼 직접적인 관계를 맺는 것으로 인식된다. 라깡은 대타자와의 이런 관계를 '은유로의 접근 실패'라고 보았으며, 대타자를 이해하기 위하여 은유에 의해 유형화된 시니피앙들의 복잡한 치환을 마음이 만들어내는 일에 그것이 굉장히 필수적이라는 점을 강조하고 있다.

상징계의 기초를 세우는 일(대타자에의 접근)의 지연이나 문제점 때문에 생긴 언어장애를 지닌 아이들은 규칙과 한계에 대해 특히 저항적일 수 있는데, 그 이유는 아이들이 상상계의 향락에 갇혀 있기 때문이다. 그러나 그 토대가 정상적으로 놓여 있을 때일지라도 아이는 대타자의 다른 발현들에 저항할 수도 있다. 적절한 시간에 말하기가 발달되었던 아이는 다른 형태로는—예를 들어, 독서, 시간에 대한 관심두기, 혹은 규칙에 따라 게임하기—상징화에 관심을 보이지 않을 수도 있지만, 이런 행동은 그 구조상 정신병적이라기보다 신경증적이고 아이가 그것에 접근하지 못하도록 막는 구조적인 허약함보다는 오히려 대타자에 대한 반항을 가리켜준다.

> 그의 어머니가 용기를 북돋아주고 지지해주는데도 불구하고 아이는 읽기 공부에 어려움을 갖게 된다. 어떤 치료시간에 그는 어머니가 이 세상의 모든 단어들을 다 알고 있다고 정신과의사한테 말한다. 그는 몇 개만 알고 있는데 그녀는 커다란 책 속에 들어있는 그 모두를 알고 있다는 것이다. 그는 실제로 읽기를 공부할 필요가 없다. 엄마가 그 책의 소유주로 남아 있는 것이 더 좋을 것 같은데, 엄마는 어쨌든 어른이니까.

아이의 이런 묘사는 라깡 자신의 형식화에 대단히 가깝게 들린다. 그러니까 대타자는 모든 시니피앙들이 비축되어 있는 장소[15], 즉 트렁크 속의 금화처럼 단어들의 '보고'이다. 이 경우에는 아이가 그 보

15) 대타자를 모든 시니피앙들이 비축되어 있는 장소라고 보는 견해는 분석치료에서 아주 중요하다. 따라서 역자는 the Other를 사람으로 인식하기 쉬운 '대타자'보다 그냥 '대타'로 번역하길 더 좋아한다.(역자)

고에 접근할 수 없다는 것이 아니라 단지 그의 어머니가 그 소유주로 남아 있는 것을 더 좋아할 뿐이다. 그것은 어머니에 대한 유쾌한 의존 상태를 연장시키고 어머니의 지속된 존재를 보장해주고 있다.

대타자는 편재해 있다. 우리가 그 발현들을 여러모로 활용하고, 그 발현들에 맞서 싸우고 그 발현들을 이용하는 법을 배우게 되는 우리의 모든 생활에 퍼져 있다. 말로 된 농담들은 대타자를 향하게 되는데, 외설성의 한계나 사회적인 수용성 혹은 언어 그 자체의 규칙을 가지고 교활하게 노는 것으로써 대타자를 전복시키려고 한다. 가구의 한 부분에 부딪치고서 '미안' 이란 말을 자동적으로 하는 사람은 대타자한테 말을 건네고 있다. 습관적으로 늦게 나타나는 사람은 시간이란 모습의 대타자에게 반항하고 있기도 한다. 대타자는 금전 속에도 있다. 따라서 구두쇠와 도박꾼은 둘 모두 그것을 그들의 의지에 따르도록 하려고 애쓴다. 그러나 그것은 정신분석에서 가장 중요한 언어로서의 대타가 된다. 왜냐하면 언어가 주체의 발달에 행사하는 구조화 효과 때문이고 또한 주체의 진실이 오직 그것에 의해 이해될 수 있기 때문이다.

제5장

부성은유 : 무의식에서 아버지의 역할

오이디푸스 콤플렉스에서 아버지의 기능은 상징화에 개입된 첫 번째 시니피앙인 모성 시니피앙을… 대신하는 시니피앙이 되게 하는 것이다.

(라깡, 1958[16])

최초의 개념, 최초의 시니피앙

모성 시니피앙이란 무엇인가? 신생아가 형성하는 맨 처음의 개념은 어머니에 대한 개념이다. 즉 아이가 울음소리보다 더 복잡한 어떤 것을 표명할 수 있기 전에도 그녀는 시니피에로서 존재한다는 것이다. '어머니' 의 개념은 상징화라는 아이의 첫 번째 정신작용이다. 이 개념은 인간의 관념화에서 상징화된 위로를 포함하고 있다.

그러나 어머니는 항상 그곳에 존재하는 것은 아니다. 그녀의 부재에 직면하게 되면 아이는 첫 번째 억압 행위를 수행하게 된다. 따라서 모성 시니피앙은 억압되는 첫 번째 시니피앙이다. 그녀가 돌아오면 그 시니피앙은 회복되고 그에 따라 아이의 누설되기 쉬운 새로운 무의식

16) 라깡의 *Seminar V : Les formations de l'inconscient, 1957-58*에서 인용함; 저자의 번역임.

이 형성된다. 아이가 그처럼 열렬한 관계를 맺고 있는 한 가지 시니피앙으로부터 수많은 개념들이 일어나는데, 여기에는 위로와 상실, 재획득… 그리고 많은 가설들의 시작이 들어 있다. 발달심리학에 잘 알려진 첫 번째 가설은 대상의 영속성에 대한 가설이다. 어머니가 사라졌다가 다시 나타나는 것을 통해 아이는 대상들이 그의 시야 속에 있지 않을 때에도 존속하고 있음을 이해하게 된다. "엄마가 나와 함께 있지 않을 때에는 어디에 있을까? 어째서 엄마는 멀리 가버릴까?" 이런 질문은 언어-이전의 유아들한테도 원(原)개념적 형태로 존재한다. '명백한' 대답이 아버지의 형태로 나타난다.

아이가 '작업' 이라든가 '허드렛일' 과 같은 개념들이나 혹은 어머니의 부재에 대한 수많은 다른 이유들을 이해할 수 있기 오래 전부터 아이는 아버지의 현실을 이해할 수 있고 또한 보게 된다. 아버지는 어머니의 없어짐을 설명해줄지도 모를 아이의 세계에 있는 다른 것이고, 또한 어머니가 아이한테, "잠잘 시간이야. 이제 엄마 아빠는 저녁을 먹어야 한단다"고 말할 때 그 증거가 된다. 아버지는 아이의 세계에서 엄마의 주의를 가장 크게 분산시킬 유일한 사람의 자리를 차지하고 따라서 그 자신에겐 가장 강력한 유일한 경쟁자가 된다. 이 드라마의 중심적인 대상으로서 어머니는 아버지의 이름으로 아이를 함께 만들었고 또한 함께 있고 싶은 사람이라 부른다. 이것들은 아이한테 강력한 힘을 발휘하는 테마들이고 아이의 많은 가설들을 구성하는 기초를 만들어준다.

아버지를 택하는 어머니의 '선택' 을 설명해보기 위해 아이가 만든 가설은 반드시 "아버지는 내가 얻지 못했던 어떤 것을 갖고 있어"가 된다. 그러나 그와 똑같이 간혹은 어머니가 아이와 함께 있는데, 그때는 매우 당연하게 "그것이 무엇이든 나도 역시 그걸 갖고 있어"라고 생각할 수도 있다. 이제 아이는 "어머니를 만족시키는 그것"의 존재, 혹은 라깡의 용어로는 어머니의 욕망의 대상을 가정하게 된다. "어머니는 무엇을 원하는가? 나는 어머니가 원하는 것이 나이길 바라지만 그건 오직 나만이 아니고 어머니의 마음속에는 다른 어떤 것도 있다는 것은 분명해"(라깡, 1958[17]).

라깡의 남근

어머니의 욕망의 대상이란 생각(시니피에)은 "타자의 결여"를 채워줄 수 있는 대상이다. 라깡은 그 대상의 이름을 남근이라 불렀다. 그 단어는 그것의 상상적인 속성을 나타낸다. 즉 남근은 결코 '음경'이 아니고, 잠재력의 표상이거나 이미지가 된다. 신화학과 고대종교 및 예술에서 남근은 언제나 상징적인 대상이다. 여성주의의 대담자는 한때 '자궁'이 힘의 상징화에 더 좋은 단어라고 제안했던 일이 있는데, 결국 그녀는 자궁의 힘이 실재적인 것이라고 말했다. 그러나 그것이 정확히 이 단어가 가진 문제이다. 즉 자궁은 실재적이고 특별한 힘—생식력—이 투자되어 있는 실재적인 대상이다. 남근이란 단어의 전반적인 관점은 그것이 온전히 상상적이고 또한 확정되지 않은 힘이 투자된 완전히 상상적인 대상을 가리킨다는 것이다. 다시 말해서, 중요한 것은 '상상적인 것'(imaginary-ness)이다. 거기에는 역사적이고 신화적인 공명이 존재하는데, 인류의 전통은 잠재력이란 관념을 표현하기 위해 남근을 만들어냈다. 또한 우리가 제9장에서 보게 되겠지만 이

17) 위의 책.

표상에 의해 허용되는 거세는 소녀보다 소년에게 더욱 철저한 영향을 주게 된다. 라깡은 유아가 어머니를 되찾는다고 가정하거나 혹은 아마도 내가 갖고 있는 것으로서 어머니를 되돌아오게 만드는 것이라고 가정하는 상상적인 힘의 대상을 나타내기 위해 그 단어를 전용한 셈이다. 즉 그것이 상상된 완전한 대상이다.

어머니가 신체적으로 멀리 떠나 있거나 아이에게 충분한 관심을 쏟지 않을 때 그의 어머니가 자신의 욕망대상에 관련된다고 그 아이는 가정할 수 있다. 아이가 만들어내는 가상적인 질문들에는 이런 것들이 있을 수 있다. "그러한 연루는 정당한가?" 또한 "내가 그걸 받아들여야 하나?" 아이가 이런 질문에 대답하는 방식은 그 아이의 인격구조의 많은 양상들을 결정하는 데에 중요해질 것이다.

부성 은유의 구성

어머니의 욕망의 대상은 다음과 같은 기호로 표현될 수 있다.

$$\frac{S1}{s1} \quad \text{혹은} \quad \frac{\text{어머니의 욕망 대상의 시니피앙}}{\text{어머니의 욕망 대상의 시니피에(관념) [남근]}}$$

아버지는 다음과 같은 기호로 표현될 수 있다.

$$\frac{S2}{s2} \quad \text{혹은} \quad \frac{\text{아버지의 시니피앙}}{\text{아버지의 관념}}$$

어머니가 자신의 부재를 설명할 때 은유로 설명하는데, 어머니는 규칙들(법)에 대한 자신의 복종을 그 '원인으로 돌리고' 자신의 욕망의 결과를 원인으로 생각하지 않는다. 어머니의 모든 변명들은 유아의 관점에서 보면 은유가 된다. "잠잘 시간이야. 엄마와 아빠는 지금 저녁을 먹어야 하고…" 혹은 "이제 가야 돼, 엄마는 일하러 가야만 하고…." 아이한테 "지금 저녁을 먹어야 한다"거나 혹은 "일한다"는 것은 명백한 진실을 가리는 변명이다. "엄마는 내가 아닌 만족의 다른 어떤 근원, 즉 남근을 찾고 있다." 이 단계에서 남근은 하나의 관념—하나의 시니피에—으로 존재하지만 분명한 시니피앙이 확고하게 부착되지 않았던 것이라는 점은 지적되어야 한다. 아이는 아직도 그것이 무엇일지 더듬어보고 있다. 그러나 그것은 "어머니가 다시금 거시기를 찾아 가버렸다"와 같은 시니피앙의 연쇄에 들어맞도록 충분히 표상되고 있다. 또한 남근 위에 가장 확고하고 그럴듯하게 자리를 잡을 수 있는 모든 거시기들 가운데 '아빠'는 아이한테 단연코 가장 이해하기 쉽고 강력하다. 따라서 라깡은 부성 은유를 다음처럼 썼다.

$$\frac{\text{어머니의 욕망 대상의 S}}{\text{어머니의 욕망 대상의 }s} \times \frac{\text{아버지의 S}}{\text{아버지의 }s} \longrightarrow \frac{\dfrac{\text{아버지의 S}}{\text{어머니의 욕망 대상 S}}}{\text{어머니의 욕망 대상 }s\text{(남근)}}$$

아버지와 관련된 시니피에는 이 은유과정에서 사라져버리고 어머니 욕망의 시니피앙/남근이란 기호는 아버지의 시니피앙에 대한 새로운 시니피에가 된다. 그러나 이것은 이미 남근으로 상징화되어 있어서(나는 '상징화된다'는 말로 아이가 그것을 시니피앙의 연쇄에 들어맞게 할 수 있음을 의미하는데, 그 말은 이 표상이 고정되어 있지 않을지라도 그것이 표상을 가져야 함을 의미함), 우리는 치환과정에서 다음을 얻게 된다.

$$\frac{\text{아버지의 이름}}{\text{어머니의 욕망}} \times \frac{\text{어머니의 욕망}}{\text{주체의 시니피에}} \longrightarrow \frac{\text{아버지의 이름(O)}}{\text{남근}}$$

라깡은 이 은유를 '아버지의 이름'(부명 父名)이라 부르는데, 간혹은 '부성 은유'라 부르기도 하고, 여러분이 알다시피 부명은 이전에 오직 그녀의 신비스런 욕망이 있었던 장소인 대타(the Other)를 나타내게 된다. "부명은 법이 그 영향력을 행사하는 장소에 한정되는 상징적인 기능의 인식을 가리킨다."[18)]

부성 은유에서 아버지라는 시니피앙은 "어머니의 욕망 대상"이란 시니피앙을 대신한다. 그런 치환 과정에서 "어머니의 욕망 대상"이란 시니피앙은 억압되어 무의식이 된다. 이것이 무의식의 핵심을 이루는 프로이트의 '원억압'(primal repression)의 일부이다(이것은 이미 발달된 정신이 받아들일 수 없는 생각들을 억압하는 이차억압과 구별된다). 어머니의 욕망의 시니피에(남근)는 이제 은유구조에서 부명과 결합된다.

아이한테서 없어진 어머니의 부재의 원인을 아버지의 이름이라 부름으로써 어머니는 아이가 언어의 상징적 행위를 하도록, 즉 아이한테는 어머니가 추구하는 것으로 상상되는 어머니의 욕망의 근본적인 대상(남근)의 자리에 그를 임명하고 있다. 그들은 둘 모두 현실이 이처럼 단순하지 않고 어머니가 말로서 설명을 해주어야 한다는 것을 알고 있으며, 유아는 그것을 받아들일 수도 있고 아닐 수도 있다. 즉 아이의 입 밖에 내지 않은 가설들은 언어의 행위에 의해 건네지게 된다. 더구나 어머니는 자신의 설명에서 부명을 불러낼 뿐만 아니라 그

18) 도르, 1985.

들의 삶에서 아버지의 존재 자체는 사회규칙들이 지배하는 더 넓은 사회영역(친족집단, 동료관계, 등등의 존재) 내에 어머니와 아이의 기능을 포함시킨다. 그 어머니는 대개 "나는 지금 꼭 가야 해"라든가 "나는 아빠와 저녁식사를 해야 하거든," "나는 일하러 가야 하거든," 등등과 같이 의무를 암시하는 말로 어머니의 변명을 감춤으로써 어머니의 부재나 집착을 설명하기 위해 광범위한 사회영역에 관한 이런 생각을 강화시키고 있다. 어머니는 아주 드물게 "나는 가고 싶다"고 말할 뿐이다. 이러한 의무의 공식을 사용하여 그녀는 자신도 반드시 복종해야 하는 규칙들과 법이 '저쪽에' 있다는 것을 아이로 하여금 알게 해준다. 즉 어머니는 대타가 아니고, 대타는 저쪽에 있다. 아이는 어머니의 설명을 받아들임으로써 담론의 게임 속으로 들어가고 상징적 영역 속으로 들어가게 된다.

이런 과정과 함께 어머니와 아이 사이의 이자관계(오직 두 실체들에만 관련되는)에는 제삼자가 존재하게 되는데, 그 아버지가 사실상의 아버지는 아닐지라도 그 아버지에 의해 표상되는 제삼자다. 아버지의-이름이란 공식화는 이런 제삼자를 대표하는 성질이 강조됨에 따라 여기서 특히 유용해진다. 라깡은 지적하기를, 프로이트 자신이 그의 저서에 썼던 '아버지'는 실재적 아버지가 아니라 표상을 의미하는 것이라고 알려주려 했는데, 한 가지 예외는 프로이트가 실재적 아버지를 "죽은 아버지"로 불렀다는 것이다. 부명의 상징적 특성을 추출해 내면서 라깡은 이것이 죽은 아버지나 소원해진 아버지가 될 수 있고 또는 생활에서 어머니의 다른 중요한 역할을 대신하는 것은 그 무엇도(어머니 자신의 가족, 어머니의 일, 등등) 될 수 있다는 것을 분명하게 밝혀주고 있다. 그러나 '일'은 확실한 인간보다 훨씬 더 추상적인 것이고 영아가 상상하기에는 더욱 어렵다. 또한 일은 어떤 사람의 바로 그 실존에 기여해온 존재한테 반드시 붙어 있기 마련인 신비적인 특성을 갖고 있지 않다.

거세와 상징적 영역

부성 은유에 대한 아이의 복종에는 두 가지 중요한 단계들이 있는데, 그 단계들은 서로 다르지만 관련된 결과를 갖고 있다.

- 아이는 어머니가 사라지는 이유로서 남근의 가설을 만들어내야 하는데, 그 가설은 본질적으로 그 어머니가 대타가 아니라는 인식을 포함하고 있다.
- 아이는 부명을 남근의 대표적인 소유자로 받아들여야 한다. 이 말은 그 아이가 그것을 얻지 못했음—거세로 묘사된 상징적 상실—을 받아들이는 것으로 암시된다. 거세는 그가 보다 덜 완벽하고 제한되어 있고 전능하지 못해서 세계를 지배하거나 만족시킬 수 없다는 것에 대한 수긍이다. 따라서 거세는 아이로 하여금 법칙 내에 그 자신을 위치시키고 그 자신의 욕망이 가장 중요한 것이 아니라는 것을 받아들이도록 하는 상징적 과정이다.

부명에의 복종이 어째서 아이로 하여금 법칙 내에 그 자신을 위치시키도록 하는가? 어머니는 아이한테 대타의 첫 번째 표상이고 따라서 처음에 대타와 맺는 아이의 관계는 이자관계이다. 이런 상태에 있는 동안 아이는 대타를 표상하는 어머니와의 동일시를 통해 자신이 전능하다고 믿는다. 따라서 법을 누가 만드는지, 누가 모든 가설들을 세우는지, 등등에 대한 구별이 결여되어 있다. 이것은 또한 잠재적으로 아이한테 두려운 상태가 되는데, 그 아이는 이러한 모대타(母大他 mother-Other)의 절대적인 힘에 복종하고 그녀가 멀리 가버리거나 그를 얼마쯤 거부하게 될 때 그녀의 행동을 박해적인 것으로 경험할 수도 있다. 왜냐하면 아이는 전능해진 이 대타가 제3자 대타의 요구조건에 따라 행동할 수 있다고는 도저히 상상할 수 없기 때문인데, 아이는 아직도 3자 대타를 가정하지도 못했던 것이다. 이러한 전능함의 환상이나 박해의 환상들이 정신병의 특징이다. 어머니의 보다-덜-전능함이란 가설—그녀가 어떤 것(남근)을 '필요로 한다'는 것과 이것이 그녀의 부재나 아이에 대한 거부의 원인이 된다는 것—은 그 아이에게 이런 상황의 출구를 허용해주는 첫 단계가 된다.

두 번째 것은 만일 어머니가 완벽하지도 완전하지 못하고 실제로 '어떤 것이나 어떤 사람'—제3자—의 명령에 복종하고 있다면 그녀는 결국 대타가 아니라는 것이다. 대타는 이런 제3자이다. 대타가 이자관계의 밖에서 제3자의 위치에 있는 이런 상황은 아이한테는 (여전히 어머니를 지배하길 바랄 수 있는) 힘의 상실로 경험되면서 동시에 커다란 위로를 경험하게 되는데, 왜냐하면 그것이 이전에는 변덕스럽고 박해적인 것으로 나타났던 어머니의 또 다른 놀라운 행동을 설명해주기 때문이다. 아이가 단순히 "어머니가 나를 거부하고 있어"라고 생각하기—어째서 어리석은 박해의 감정을 만들어내는지 아무런 이유도 없는 심리적인 곤경—보다는 오히려 "어머니가 어떤 것 때문에 이렇게 나를 거부하고 있어"라고 생각할 수 있다는 것은 두려움이 훨씬 더 적어지는 일이라고 상상해보라. 따라서 대타와 더욱 멀어지고 대타를 직접 나눌 수 있는 것도 줄어들지만 두려움도 적어지며, 또한 아이는 문제의 진실을 알고 있다. 즉 대타는 더 넓은 세계에서 "저쪽에" 존재하고 아이는 이제 그 세계와 더욱 관련되고 싶어 한다.

어째서 부성 은유에의 접근은 아이가 정신병적 구조에서 보이는 경직된 글자대로의 해석을 회피할 수 있게 해줄까? 상징계는 관념들의 시니피앙과 다른 표상들로 구성되어 있다. 시니피앙이 아마도 모든 것들 가운데 가장 재빠르고 유용할 것 같은데, 다양한 결합에서 무한히 유연하기 때문이다. 인간의 모든 지적인 활동과 사회적인 상호작용, 또한 참으로 주체의 형성 자체까지도 이런 상징적 요소들의 정교한 상호작용 위에 기초를 두고 있는데, 그 속에서는 사람들이 알지 못한 채로 시니피앙의 다양한 치환들이 힘들지 않게 이뤄지고 있다. 이런 치환들은 대개 은유에서 이뤄지고 인간의 마음이 은유적 치환을 이해하고 달성할 수 있는 능력은 상징적 질서 내에서 그 기능의 기초가 된다. 아이가 부성 은유에 따르게 될 때 상징적 기능의 형판이 되는 **사고방식**을 그의 정신 속으로 통합시킨다. 여기에 덧붙여 부명은 첫 번째 주인 시니피앙을 만들어내는데, 그 주인 시니피앙은 아이가 그의 주체와 그의 자아를 발전시켜감에 따라 다른 시니피앙들로 치환될 수 있다. 남근은 부명 밑에 있는 어떤 표상의 아래에 이미 숨겨진 채로 묘사된 관념이다. 의미되어 있는 바의 '한-걸음-떨어진' 이런 버전은 정신적인 구조로서 커다란 유연성을 그것에 부여하고 있는데, 그 이유는 분수식의 윗변이 다른 시니피앙으로 대체될 수 있을 뿐만 아니라 처음에는 무의식으로 억압되는 은유의 가로줄 밑에 있는 표상의 치환이 가능하기 때문이기도 하다. 주인 시니피앙들의 역할에 대해 연구하고 또한 그 시니피앙들이 맺고 있는 욕망의 대상·원인과의 연결 및 불안과의 연결에 대해 연구해보면 이것이 관련되어 있다.

우리는 부성 은유에 따르는 두 단계들 가운데 하나 혹은 둘 모두가 일어나지 못할 때 벌어지는 일을 관찰로부터 추론해낼 수 있다. 다시 말해 우리는 어떤 상황이 그런 실패의 원인이 되는지 알 수도 있다는 것이다.

우선 먼저 아이가 남근의 가설을 만들어내기 위해서는 어머니는 자신의 행동이 변덕스럽지도 않고 박해적인 것도 아니라는 것을 아이에게 알려줘야 하고 어머니는 다만 어떤 대타의 명령에 복종할 뿐이라는 것을 알려줘야 한다. 이러한 정보는 말로 전달될 것이고, 정상적인 사회에서는 다른 사람들이 "너의 엄마는 일하러 가야 해," 등등의 이런 정보를 전달해주려고 그곳에 있게 될 것이다. 둘째로 부성 시니피앙은 이런 대타의 표상으로서 어머니의 담론 속에 존재해야 한다. 이것은 실재적 아버지의 존재를 필요로 하지 않는다. 즉 그는 일시적이든 영구적이든 부재할 수도 있다. 혹은 다른 어떤 직무나 직원(일, 어머니의 최근 파트너, 어머니 자신의 부모들, 등등)이 부명의 역할을 해낼 수 있지만, 그것은 남근의 소유자를 대신하는 믿을만한 대리인이 되기에 충분한 힘을 갖춰야 한다.

따라서 은유의 실패가 일어날 수 있는 두 가지 가능성이 있다. 만일 어머니가 자신의 행동이 외부적인 요구조건이나 논리에 따른다는 것을 보여주지 못하고 아이가 이것을 추론할 수 없다면 아이는 모대타와의 이자관계에 기초하는 매우 놀라운 환상 속에 확실히 갇히게 될 것이다. 이것은 정신병으로 이끌어갈 수 있다. 그러나 만일 그 아이가 남근의 가설을 만들어내긴 하지만 어머니가 부성 은유에 대해 전혀 말하지 않는다면 아이는 어머니를 위한 남근을 갖든가 남근이 되는 환상 속에 머물 수 있다. 이런 경우에도 또한 그 관계는 이자적인 상태지만 이제 아이는 자신이 입법자, 즉 전능하고 편재한 존재라는 환상을 키울 수 있다. 이것은 정신병적 구조로 이끌어 가는데, 반드시 순수한 정신병이 되는 것은 아니다. 이런 구조는 그런 종류의 모든 법과 맺는 어려운 관계라든가 어떤 편집증적인 요소들을 (그의 의지의 실패가 더 넓은 맥락에서 논리적이라기보다는 박해적인 것으로 경험되는 것처럼) 그 특징으로 보이고 언어와는 어떤 불가변성이란 특징을 보이게 된다.

라깡은 정신병의 제1의 원인이 부명의 폐제라고 주장했는데, 다시 말해 아이는 실제로 은유적 기능으로 들어가기 위해 "가로줄을 넘어선" 일이 결코 없었다. 폐제(foreclosure)는 정신병적인 환자들에 대한 임상적 관찰에서 나온 라깡의 개념인데, 은유에 접근하는 그들의 능력이 제한되어 있든가 완전히 결여되어 있다. 정신병적 상태에 붙들려 있는 사람에게는 상징적 영역이 존재하지 않는다. 모든 것은 놀라울 정도로 축어적(literal)이다. 부명의 이론을 아이의 발달에 적용해보면 정신병적 구조가 어떻게 부성 은유에 따르지 못하는 실패로 나타날 수 있는지 알게 될 것이다. 이것은 어머니가 아이와의 융합 관계에 놓여 있는 경우에도 일어날 수 있고 그들 둘 모두가 따라야 하는 더 광범위한 법에 호소하고 싶지 않을 경우에도 일어나며, 혹은 그 사회에서 어머니의 의무와 장소에 관한 담론 속으로 들어가지 못하는 경우에도 일어날 수 있다. 그 어머니 자신이 정신건강 문제를 갖고 있는데 아이한테 돌봐줄 또 다른 사람이 없을 때에도 일어날 수 있다.

조기의 소아 정신병은 빈약한 언어발달과 어떤 행동장애들을 전형적인 표시로 삼는 상태이다. 이것은 영국에서 '자폐적' 이란 라벨을 붙이는 질병의 프랑스식 진단이다. 조기의 소아 정신병과 자폐증 사이의 중요한 차이점은 소아정신병이 회복될 수 있고 사회에 잘 기능할 수 있는 수준까지 따라잡을 수 있다는 것이다. 그에 비해서 자폐증은 영구적인 상태를 의미한다. 더구나 소아정신병은 사회적인 상호작용이나 접촉의 결여와 관련되어 있지 않지만 자폐증은 관련되어 있다. 조기 정신병을 앓고 있는 아이는 눈을 마주치고 타인들과의 상호작용을 찾아 나서기도 한다. 자폐증은 오직 기질적 라벨을 제공할 뿐이다. 조기의 소아 정신병은 증후군의 심리적 근거를 찾아 나서고, 부명의 폐제라는 라깡의 제안은 그런 상태로 이끌어갔던 것과 그것을 치료하는 데에 필요로 하는 것을 찾는 일에 특히 유용하다.

조기의 소아 정신병은 아이가 상징적 영역에 접근하는 것이 단지 늦었을 때일지라도 발생할 수 있다. 아이가 어머니에 의해 표현된 것처럼 대타의 향락에 너무 오랫동안 머물러 있고 사고의 발달에서 중요한 단계를 놓치고 있다. 그러나 그 아이가 남근의 가설을 공식화할 수 있을지라도 어머니를 위한 남근을 가질 수 있거나 심지어 남근이 될 수도 있다는 환상에 매달림으로써 부성 은유에 따르기를 거부할 수도 있다. 상징적 거세는 아마도 아이가 받아들이는 일 가운데 가장 어려운 것이고, 소아기는 대체로 아이가 자신의 의지로는 장악하지 못한다고 해서 수긍하길 강렬하게 거부하는 퇴행의 에피소드로 점철되어 있다. 더구나 남근 소유의 환상은 너무나 강력해서 완전히 떨쳐버리지 못하는데, 특히 아이가 매우 만족스러워하는 것을 부모들이 발견하게 되는 그 증거에 의해 때때로 그 환상이 강화될 때에 더욱 그렇다. 상징적 거세의 불완전성과 남근 환상의 지속성은 아이가 성숙기에 도달해가면서 인격장애로 발전해갈 수 있다. 여기에는 간혹 망상상태에 근접해 있는 사이코패스나 도착증적인 인격장애가 포함된다. 증상으로는 과대망상증이나 자신의 능력에 대한 어리석은 믿음, 분명히 편집증적인 몇 가지 환상들, 전제적이고 강박적인 규칙제정이 포함되거나 간혹은 단순히 사이코패스의 경향들이 포함된다.

처음부터 HIV 양성반응을 갖고 태어난 아이의 아버지는 그 아이가 권고

> 된 치료를 받지 못하게 막아보려고 한다. 그는 아들을 사랑하지만 그 아들을 치료해줘야 할 전문가들보다 자신이 더 잘 안다고 굳게 믿고 있다. 그는 신앙심이 깊은 사람이어서 기도와 자신의 집에서 만든 치료약의 결합이 더 낫다고 생각한다. 또한 그는 삼환계의 약물이 아들을 위험에 빠뜨릴 거라고 생각한다. 그의 아들을 도우려는 전문가들에 대한 그의 반대는 그 아이의 상태를 심각하게 악화시키고 있어서 사회복지사의 개입을 초래하게 된다. 즉 그 사람은 법정에서 자신의 아이의 보호관리 유지에 대한 노력을 중단하게 된다. 법적인 절차가 진행되는 동안에도 그가 궁극적으로 옳다는 그의 믿음과 그의 결정이 법으로 되어야 한다는 믿음이 너무 강해서 그는 법정대리를 거부하고 스스로의 힘으로 그 소송을 다투어 나가기로 결심한다. 그는 의학박사 학위를 지녔다 하고 약리학의 전문가라고 말함으로써 자신의 견해를 변호하는데, 그때 실제로 그는 생물학 학사학위와 약사의 절반 수료된 증서를 가졌을 뿐이다. 그런데도 그의 학문적 성과물들이 참작될 수도 있는 더 큰 맥락에 대한 이해를 얻지 못하는 것 같아서 그는 법정에 그 성과물들을 제시하게 된다. 정신과의사는 그를 편집증적 관념작용뿐만 아니라 과대망상을 지닌 것으로 진단하고 있지만, 그는 정신병적이지 않고 일을 계속할 수 있다. 라깡식의 견해로는 그의 인격이 불완전한 거세 주위에서 발달되었다는 것이다. 따라서 그는 정신병과 구별되는 '정신병적 구조'를 갖게 된다. 부명에 의하면 그는 비록 '은유에의 접근'이 어느 정도 가능했고 상징적 수준의 기능이 존재한다는 것을 이해할 수 있을지라도 그가 남근을 획득하지 못했다는 것도 받아들이지 못했고 법을 만드는 위치에 있지 않다는 것도 받아들이지 못했다.

이런 상징적 거세를 받아들였던 아이들에게서조차 남근적인 대상은 무의식에서 강력한 상태를 유지한다. 즉 아이는 어머니의 설명이 갖는 글자 그대로의 진실을 믿을 수도 있지만, '저녁식사'와 '일' 그리고 '아빠' 조차도 충분히 만족스러운 설명이 될 수 없으며 남근의 가설은 더욱 신비스러운 채로 지속되고 있다. "아빠에 대해서는 어떠한가요?"라는 질문이 아버지에 대한 아이의 동일시의 기초가 될 수 있는데, 아이는 자신으로부터 어머니를 떼어놓을 수 있는 아빠의 능력에 대한 설명에서 그런 특징들을 얻어내려고 한다. 또한 나중에 떠날 수밖에 없었다는 어머니의 변명들이 세상에 대한 아이의 커진 이해력에 따라 더욱 늘어나면서 남근은 다른 알리바이들 속에 존재하게 될 것이다. **그녀한테 대단히 흥미로운 것으로 알려져 있는 일에 대해서는 어떠한가요?** 만일 남근이 '일' 에서 대부분 나타난다면 남근의 소유에 대한 희망을 여전히 지니고 있는 아이는 남근의 신비스런 매력을 찾아보려는 시도나 혹은 열광케 하는 남근의 본질을 흡수하려는 시도로서 그 스스로 "일"에 빠질 수도 있다. 아마도 일에 대한 부모의 열중함이 너무 강렬하여 아이는 맞서길 바랄 수 없다고 느끼기 때문에 희망을 버렸던 아이는 그 '일' 에 단호하게 반대할 수도 있다.

불안에 대한 방패로서 부성 은유

아이는 어째서 부성 은유를 받아들이는가? 나는 이미 대타로서 어머니의 놀라운 측면에 대해 말했고, 제3자 대타의 가설이 그런 불안을 어떻게 완화시켜주는지 언급한 일이 있었다. 그러나 그 대답의 또 다른 일부는 반드시 유아의 미숙함과 무기력함에 놓여 있다. 즉 자신의 욕망을 떠맡을 수 있는 신체적 능력이 결여되어 있어서 아이는 부성 은유의 '해결책' 을 받아들이기가 너무나 고통스러워지리라는 것을 잘 알고 있다. 아이가 흔들침대 속에서 어머니를 향해 울어대는 모습을 상상해보라. 그녀가 들어와서 아이를 달래며 부성 은유 때문이라고 자신이 떠났던 일을 변명하게 된다. 아이는 탈진될 때까지 계속해서 울어댈 수 있지만 결국엔 받아들이면서 그 '게임 하기' 가 더욱 쉬워진다. 어머니의 부재가 불안을 만들어내는 방법이나 전능의 반대가 무능이라는 것을 잊지 말아야 한다. 즉 어머니가 아이의 소망을 만족시켜주는 동안 가능해지는 전능함에 대한 아이의 환상의 이면은 유아의 무능이란 고통스런 진실과 대면했을 때의 완전한 무기력감과 극단적인 불안에 의한 자포자기이다. 부명/남근의 가설은 불안에 대한 방패이다. 이것을 받아들이지 못하는 아이의 실패는 의존성 우울(anaclytic depression)[19]을 초래할 수 있다. 아이는 은유를 받아들임으로써 어머니와의 속임수(marché de dupes)—거짓말로 하는 공모 게임—속으로 들어가는데, 그들 둘은 은유가 편리한 것이기도 하지만 필수적이라는 것도 알고 있다.

아이가 부성 은유를 받아들이면 또 다른 이익이 있다. 즉 부명은 동일시할 수 있는 것으로서 그 힘은 끊임없는 노력과 경쟁심에 의해 획득될 수 있다. 그것은 보상의 일종, 즉 거세의 심리적인 아픔에 대한 방어이다. 그러나 이내 곧 다른 '보상' 이 존재하게 되는데, 아이는 거세를 받아들임으로써 남근을 갖지 못했다는 것뿐 아니라 살아있는 사람이라면 아무도 갖지 못한다는 것도 금방 깨닫게 된다. 이런 관점에서 본다면 남근은 오로지 하나의 관념으로서 상상계 속에 존재할 뿐이다. 다시 말해 그것이 언젠가 존재했다는 유일한 '증거' 는 그것의 경험된 상실이다. 그것은 상실된 대상이고 상실된 대상들의 속성은 그것들이 찾아질 수 있다는 것이다. 다음에 우리는 부명이 주인 시니

---

19) René Spitz에 의해 1945년 입원된 아동들의 연구에서 규정된 우울증의 유형으로서 요즘에는 애착대상이라 부르는 아이의 주요 지지 근원의 제거로 발생한다.

피앙에 의해 대체되는 방법과 남근이 타대상(small *a* object)에 의해 대체되는 방법을 보게 될 텐데, 타대상은 욕망의 대상•원인이고 평생에 걸쳐 추구되는 것이다. 따라서 아이가 불가해한 어머니의 행동 때문에 혹은 그의 의지를 외부세계에 강요할 수 없는 그 자신의 무능력 때문에 끊임없이 좌절되는 것보다 부성 은유와 '동행하는' 편이 훨씬 더 좋다. 아이는 이미 허물어진 전능함의 환상이 있던 자리에서 부명 밑에 숨겨진 욕망의 상실된 대상을 제 자신의 힘으로 획득할 수 있다는 굳건한 희망을 얻게 되었다.

제6장

실재계 · 상징계 · 상상계

프로이트는 지형학설에서 마음의 모델을 가정했다. 첫 번째 지형학은 전의식과 의식과 무의식으로 구성되어 있고, 아직도 가장 널리 사용되고 있는 두 번째 것은 자아와 이드와 초자아로 구성되어 있다. 라깡의 RSI 모델—실재계(R)와 상징계(S)와 상상계(I)—은 흔히 지형학설과 어떤 식으로든 비교하여 언급되고 있다. 고전적인 정신분석 개념들에 익숙해진 사람들은 라깡의 생각을 프로이트의 생각에 연결하거나 동일시하려고 시도해볼 수 있다. 예를 들어서, 그들은 법과 시니피앙들이 포함되어 있는 상징계가 초자아에 해당할 것 같고, 이드와 무의식이 동일한 영역에 속하는 것으로 기대할 수 있다(라깡이 이드를 무의식으로 대신한다는 암시가 있어 왔다!). 그런 시도를 하는 사람이라면 누구든 그들의 모든 추정은 혼란에 빠지게 될 것이다. 즉 무의식은 상징계에 속하고 초자아와 이드는 어느 곳에도 속하지 않는다. RSI는 프로이트의 모델과 유사하지 않다. 그 모델은 마음을 나타내는 것이 아니라 마음이 작용하고 있는 상호작용의 영역이나 질서 혹은 기록부의 체계를 나타낸다. 인간의 마음에 관한 프로이트의 개념이 항상 마음을 내부공간으로 구상하려는 경향을 보였던 곳에서 라깡의 주체는 더욱 추상적인 것이 되어 보편적 매트릭스 내의 포스필

드(force-field)처럼 '저쪽에' 존재한다. 실재계와 상징계와 상상계는 이러한 매트릭스의 특성들이고 인간의 마음을 연상시키는 모든 현상들 속에 존재한다. 그것들은 인간 마음의 정상적인 기능과 정신병리를 이해하고 인간의 모든 제도와 창조물들을 이해하는 데에 도움이 되는 구조를 제공해준다.

라깡은 상징계와 상상계를 이미 사용하고 있다가 수년이 지난 다음에 실재계와 함께 그것들을 도식으로 형식화하게 되었다. 그는 실재계와 상징계와 상상계를 1953년에 제시하게 되었는데, 그가 파리정신분석학회를 그만둔 직후에 처음으로 발표한 논문이었고, 그 생각은 그의 가장 중요한 생각들 가운데 하나가 되었다. 그러나 그것은 명확히 정의하기가 매우 어렵기도 한데, 특별히 난해하기 때문이 아니라 몇 십 동안에 계속 발전되고 있어서 얼마큼 모순된 결과를 가져왔기 때문이다. 예를 들어, 실재계가 그의 작업에 처음으로 나타났을 때에는 불안의 대상으로 보였지만 이런 견해는 나중에 변하게 된다. 그와 비슷하게 이런저런 현상들을 RSI 영역들의 이곳저곳 '속에' 위치시키는 일이 모호해지는데, 세 가닥의 실로 만들어진 매듭으로 RSI를 구성하기 때문이다. 그것은 세 가지 영역들 가운데 어느 영역이든 그로부터 어떤 현상을 완전히 떼어내기가 사실상 불가능하다는 것을 암시해주고 있다. 더구나 그의 생애의 끝에 가서 그는 네 번째 구성요소를 첨가했는데, 또 다른 질서가 아니라 그 세 가지 질서들을 한데 묶어주는 것, 즉 병증(病證 sinthome)이다.

RSI의 보로메오 매듭

라깡이 뒤늦게 보로메오 매듭을 유추로 사용하게 되었을지라도 맨 먼저 세 가지 영역들이 서로 독립적으로 기능한다고 생각될 수 있는 가정을 방지한다는 언급이 필요하다. 그것은 하나의 실이 다른 영역을 가로지르는 지점에까지 불가피하게 그 실을 따라가도 좌절로 끝날 뿐이라는 사고방식이 된다. 보로메오 매듭이라고 부르게 된 까닭은 통일된 세력의 상징으로 자신들의 문장에 서로 맞물린 고리들의 공식을 사용했던 이탈리아 귀족가문—보로메오(Borromeo)—의 이름을 따왔기 때문이다. 그것은 세 고리들 중에 어느 하나가 깨져도 그 구조가 떨어져나가는 배열형태이다. [그림 1]은 서로 맞물려 있는 원환체들로 RSI의 모습을 보여준다. 원환체를 사용함으로써 각각의 고리들이나 영역들 내에 공간들을 마련하게 된다.

[그림 1] 서로 맞물린 원환체로서의 RSI

흔히 경험하는 심리적인 모든 현상들은 이런 보로메오 매듭의 원환체들 사이의 공간들 내에 존재하지만 정신병은 그 신호로써 풀어진 모습을 보여준다. 상상계와 상징계라는 라깡의 개념은 이미 거울단계에 관한 첫 번째 논문에 나와 있으며, 거울단계가 상상계의 발달에 특히 중요하고 유아의 주체가 그 자신으로부터 '분리되거나' 소외되는 중대한 시기를 표시해주며 진정으로 인간적인 특성을 취하게 됨으로써 RSI

에 대한 설명을 시작하기에 편리한 시점이 된다. 초기의 유아에게서 상상계의 기능은 선두에 있게 되고 따라서 이것부터 시작해볼까 한다.

상상계

상상계를 이해하기 위해서는 비록 그 안에 비현실성과 허구성의 요소들이 들어 있더라도 우리는 **비현실적** 혹은 **허구적**이란 단어에 대해 평범한 의미로 생각하지 않아야 한다. 창조성의 근거도 포함되어 있는 상상계에는 유혹적인 힘이 들어있지만 그 단어에 붙어 있는 '창조적' 이거나 '상상적' 인 함축에 우리는 유혹되지 말아야 한다. 상상계는 영아와 거울속의 그의 이미지와의 조우에서 유래된 정신과정에 붙여진 이름이다. 그러나 조우하는 동안 이뤄진 지적인 도약과 그로부터 나온 지적 세련 두 가지를 모두 충분히 평가하려면 우리는 먼저 거울단계 이전의 어느 시점으로 되돌아가 봐야 한다.

상상계는 감각적 지각으로부터 직접 생겨나온 개념작용을 저장하는 감각의 영역이다. 거울단계 때문에 그것은 또한 **신체의 이미지로부터** 생겨나는 개념화와 기능의 질서도 된다. 신체는 유아가 알게 되는 첫 번째 '세계' 이다. 거울단계 이전에 아이는 자신의 신체를 조각들의 모임으로 알게 된다. **우연한 이 물건이 내 손인가? 내 쪽에서 느끼는 이 압력의 의미는 무엇인가?** '내' 손과 '내' 쪽을 개념화할 수 있는 유아의 능력은 그의 운동감각(kinesthetic)과 압력과 동통의 수용체를 통해 받아들이는 정보로부터 생겨난다. 그런데 그것들 가운데 어떤 것도 인간의 영아한테서는 크게 발달되어 있지 못하다. 또한 유아는 그 자신의 울음소리를 알 수도 있는데 그것을 아픔과 연결하기 때문이다. 모든 감각들 가운데 시각이 유아에게서 가장 잘 발달된 것이고 주체의 건축과 그의 대상관계에서 가장 중요한 것이다. 유아가 그의 어머니를 알아보는 방법도 이미지에 의하는데, 그 어머니는 첫 번째 시니피앙으로 나타나게 되고 엄마의 눈인 거울 속에서 그 자신은 완전한 대상이 되며 그 다음엔 실제적인 거울 속에 비친 이미지로 나타난다. 그 이미지들은 상상계에 속한다. 그것들은 표상들의 모양을 만들어내게 될 점토이다. 따라서 이 시점에서는 이미 얼굴의 이미지로 인식된 어머니는 일종의 최초-표상, 즉 보다 먼저 만들어진 형식언어가 된다. 유아 자신의 주체에 대해서도 마찬가지이다.

라깡은 상상계와 상징계의 관계가 언어에서 시니피에와 시니피앙의 관계와 유사한 것으로 보았다. 만일 언어기호가 시니피에를 동반하는 시니피앙으로 구성되어 있다는 것을 기억한다면 우리는 시니피앙이 상징계에 속하고 시니피에가 상상계에 속한다는 것을 알 수 있다. 내가 이미 말했던 것처럼 시니피앙들은 관념들의 표상, 즉 표상대리(Vorstellungreprasentanzen)이다. 시니피에는 관념 그 자체이고, 거울단계의 나이에서 시니피에는 설구워지고 불안정해서 언어에서 나온 시니피앙과 결합된 일이 없었다.

특정한 원초-개념들의 창조에서 감각적 지각과 상상계 사이의 밀접한 관계를 볼 수 있다. 뇌성마비를 앓고 있는 아이들은 흔히 통합운동장애(dyspraxic)를 보이는데, 복잡한 운동의 수행에 어려움이 따르고 서투르며 협동운동이 잘 안 된다. 적당한 정도의 감각 '정보'가 없기 때문에 삼차원 공간에 대한 개념화가 제한되어 있다. 이런 능력은 그 자신의 신체에서 시작되고 상상계의 영역에 속한다. 심한 운동장애를 지닌 아이들은 나중에 오지 언어 매체를 통해야 공간을 개념화할 수 있게 된다.

거울단계에서는 자신의 거울상과의 동일시라는 변증법을 통하여, 다시 말해 거울 속의 대상에 대한 관념들의 투사를 통하여 유아는 자신의 자아나 혹은 이상적-나(Ideal-I)를 세우기 시작한다. 본질적으로 허위적이며 또 동시에 강력한 어떤 것—이미지—위에 개념작용을 세우면서 상상계는 처음부터 착각의 영역이 되도록 또한 매혹과 유혹의 힘을 갖도록 프로그램 되어 있다. 특정한 착각들은 개념화에 꼭 필요하다. 그것들은 '원초-개념들'을 형성하는데, 그 기능은 개념들의 기초를 위한 토대가 된다. 라깡에 따르면 그러한 착각들은 어떤 것의 전체를 파악해서 종합할 수 있는 능력을 포함하고, 또한 변증법의 기능을 허용해주는 주체/대상, 외부/내부와 같은 이원성을 믿게 되는 능력도 포함하고 있다.

자기-인식이란 최초의 지적인 행위는 상상계의 발달에 중요한 계기가 되는데, 그것이 그 개인의 자기애와 자기-이미지, 즉 자아의 기초를 확립해주기 때문이다. 여기에 덧붙여 자아구조의 허구적인 특성과 또한 주체와 대상으로 나뉘는 자기의 분할은 종합과 변증법의 기능이 세워지는 형판들(templates)이 된다. 따라서 이것들은 상상계 내의 기능이고 그와 동시에 우리는 그것을 통해 현실을 알아내고 감추기도 한다.

동일시와 자기애는 유아가 자신의 거울상—그의 '소타자'(petit autre, small other)—과 맺어가는 관계를 규정해준다. 즉 동일시와 자기애는 유아가 자신의 자아를 형성하고 또한 다른 모든 사람들과 관계를 맺는 수단이 된다. 이런 과정들은 주체들 사이에서 좋아함과 싫어함, 사랑과 미움, 칭찬과 경멸, 매력과 혐오의 기초를 형성해준다. 간단히 말해서, 자신과 타인 간의 유사성과 차이점을 보게 되고 또한 매력을 느끼거나 혐오감을 느끼는 것은 상상계의 영역 내에서 이뤄진다.

롤랑 쉬마마는 다음과 같이 묘사했다. "주체들 사이의 관계에는 항상 허위의 것이 개입하게 되는데, 이것은 타자가 되는 스크린 위에 있는 한 사람의 상상적 투사이다. 상상계는 타자와의 이자관계에서 그의 망각과 소외, 사랑 및 공격성을 지닌 자아의 등록부이다."[20] 그 당시의 주요 정신분석학파들이 "진료를 상상계로 환원시킨다"고 라깡이 비난했던 것도 동일시와 자기애가 상상계에 속하기 때문이다. 그는 분석의 도구로서 역전이를 강조하는 일도 분석가와의 동일시를 분석의 목표로 삼게 되는 것이라고 느꼈다(『에크리』, 「치료의 방향」, 1966). 그것은 환자의 상상계와 분석가의 상상계를 서로 뒤섞이도록 권장하는 것처럼 보이는데, 그런 분석방법은 결국 아무것도 밝혀내지 못하고 유일하게 발전된 것이 있다면 그것은 두 사람 간의 관계일 뿐이다.

상징계

이것은 처음엔 상상하고 이해하기가 가장 쉬운 것처럼 보이는 질서이다. 왜냐하면 그것을 묘사할 때 사용되는 단어가 평범한 의미에 가장 가깝기 때문이다. 그러나 그것에 대해 너무 많은 것들을 가정하는 데에는 위험성이 따른다. 상징계에는 놀라운 것들이 많이 포함되어 있다. 예를 들어, 남근은 어떤 것의 관념화된 '상징' 일지라도 상징계의 질서가 아니라 상상계의 질서 내에 있는데, 매우 유용한 프로이트의 용어로 되돌아가보면, 그것은 표상(Vorstellung)이 없는 대리(Representanz)이다. 대타자—주체가 그 안에서 구성되는 가설들의 집합, 사회, 법—는 상상적인 대상이 아니라 표상들의 한 표상이고, 따라서 상징계에

20) Roland Chemama 1995. *Dictionnaire de la psychanalyse*. Paris, Larouse.

속한다. 또한 대타자는 상징적인 구성요소와 상상적인 구성요소를 갖는 언어의 영역으로서 그것은 반드시 RSI 매듭 위에 앉아 있는데, 그 지점은 상상계와 접해 있다. 다른 한편으로 무의식은 시니피에들이 아닌 오로지 시니피앙들로만 구성되어 있어서 완전히 상징계의 것이다.

라깡은 '상징적' 이란 용어를 사회인류학에서 가져왔는데, 사회인류학은 가장 '원시적인' 사회일지라도 친족관계와 상품교환 및 결혼을 통제하는 상징적 질서가 있다는 것을 보여주었다. 이러한 질서는 구속력으로 작용하고 동맹조약, 종교예식, 금지 및 터부에서 찾아볼 수 있다. 이처럼 그것은 모든 인간사회에 보편적이다. 라깡은 이 개념을 확장시켜 인간의 모든 활동을 포함시킨다. 따라서 상징계는 언어와 법과 사회구조 내에서 명백해진다. 이런 이유로 마치 우리가 의식적으로 이런 것들을 만들어낸 것처럼 인간의 '발명품' 으로 생각하는 잘못을 저지르게 된다. 오히려 라깡한테 그것들은 우리의 본성, 즉 상징적 영역 속에 본래부터 존재하고 있는 것이다. 그러므로 상징적 질서는 인간사회의 무의식적 기구의 법칙이 된다.

> 만일 인간이 사유에 의해 상징적 질서를 생겨나게 한다면 그렇게 생각한 이유는 그가 이미 그 안에 잡혀 있기 때문이다. 그가 그의 의식 속에서 이런 질서를 만들어냈다는 착각은 그가 주체로서 그의 타자아(alter ego)와의 상상적 관계 내에 생긴 특별한 틈새라는 통로를 통해서 이 질서로 들어올 수 있었다는 사실로부터 생긴 것이다. 그러나 그는 다만 말이라는 일직선의 좁은 길에 의해 상징계로 들어올 수 있을 뿐이다.[21]

인간의 독특한 특성(말하는 존재 parlêtre)인 언어는 상징계에 속하

21) 「'도둑맞은 편지' 에 관한 세미나」, 『에크리』, 저자의 번역.

면서 상상계에 속하는 요소들을 포함하고 있다. 언어기호에 어떤 유용성이라도 있게 되려면 이 관계는 소쉬르의 '가로줄' 로 표시되어 존재해야 한다. 인간의 마음의 독창성은 시니피앙과 시니피에 사이의 '가로줄 건너기' 라는 행위 속에 있다. 다시 말해 이것은 '배울' 필요가 없는 인간의 자연스런 능력이고 또한 시니피앙을 시니피에에 연결함으로써 언어를 실행할 수 있게 만들어주는 능력이다. 의미는 라깡이 시니피앙과 시니피에 사이의 '바늘땀 자리' (stitch-point)—쿠션의 고정점(points de capiton)—라고 불렀던 곳에 나타난다. RSI의 매듭에 의하면 그것은 상징적 고리와 상상적 고리가 맞닿는 곳에서 일어나는 것이다.

상징적 영역에 속하는 것은 시니피앙들—관념들의 표상들—이지 완전한 기호가 아니다. 또한 사물들이 착상될 수 있는 것은 오로지 표상들에 의할 뿐이고 의미가 나타나는 것은 시니피앙들의 결합에 의한다. 따라서 어떤 현상에 대한 지적인 이해에 도달할 수 있는 것은 상징계의 영역에서 이뤄지고, 결국 가장 중요한 것은 이런 지적인 이해가 유일한 진실이라고 하는 것이다. 이런 이유로 라깡은 소쉬르의 공식을 뒤집었는데, 대문자 S로 시니피앙을 표시하고 가로줄 위에 놓아두며, 또한 무의식과 더 나아가 주체는 의미화 연쇄 내에서 억압된 시니피앙들로 구성되고 따라서 둘 모두 상징계의 영역에 속한다는 것을 확인해주었다.

"상징적 질서 내에서 전체를 우주라고 부른다. 처음부터 상징적 질서는 우주적인 특성을 갖고 있다. 그것은 조금씩 구성된 것이 아니다. 상징이 일어나자마자 상징들의 우주가 존재하게 된다."[22] 라깡은 상

22) 『세미나 제2권, 프로이트의 이론에서와 정신분석의 테크닉에서의 자아』, 1978(1954). 파리, 쇠이유.

징적 질서가 항상 그곳에 있다고 주장했는데, 그것은 언어처럼 그것에 접근해야 하는 개인보다 앞서 존재한다. 그렇다면 어떻게 이런 일이 벌어질까?

프로이트의 이론에서 아이는 상징적 질서(로 간주될 것)에 속하는 개념들을 매우 늦게, 대략 두 살쯤 되어야 발전시키게 된다. 라깡에게서 상징계는 그곳에 있다가 아이가 출생하는 순간에 그 아이를 받아주려고 기다린다는 것이다. 또한 상징계의 접근에는 많은 문제들이 따른다. 즉 그것은 유아가 따르거나 거부할 수 있는 입사식과 관련되어 있다. 이 입사식은 상실의 경험에 관련되고 그 영아를 우선 먼저 상상계의 영역으로 던져 넣는데, 그 상상계가 이 시점에서 상징계로 가는 일종의 교량을 형성하게 된다.

라깡은 신생아한테 '첫 번째 시니피앙'이 어머니의 시니피앙이라고 주장하면서 유아가 상징계에 마련한 첫 번째 미약한 발판이 그것에 달려 있다. 그러나 이런 첫 번째 시니피앙은 어떻게 도래하게 될까? 상징계로의 이러한 진입이 어떻게 이뤄지는가? 유아가 출생하는 순간에 그 아이는 환경의 변화를 경험하게 된다. 뭔가를 잃으면서 뭔가를 얻게 된다. 그리고 이런 경험과 함께 첫 번째 뗏장은 상상계의 영역 내에 있는 변증법적인 기초의 창조물에서 떠내진다. 처음 며칠 동안 어머니는 아이를 둘러싼 '세계'와 구별되지 않는다. 아이에게 젖을 먹이고 자신의 몸에 아이를 가까이 품는 그 어머니는 그 아이에게 전 세계가 된다. 그러나 어머니의 얼굴—간혹은 유아의 시야에 들어오지만 간혹은 들어오지 않는 얼굴—은 현존/부재라는 변증법을 새롭게 대면시켜준다. 이처럼 어머니의 나타남과 사라짐을 통하여 유아는 그녀(어머니)가 그곳에 있지 않을 때를 알게 되며, 그렇게 함으로써 그녀를 하나의 실체로 알게 되고 그저 환경의 한 부분이 아니라는 것을 알게 된다. 그러나 그녀를 하나의 실체로 이해할 수 있도록 만들어주는 것은 어머니의 부재나 결여이고, 이러한 이해는 그 유아가 '엄마' 라고 말할 수 있기 오래 전부터 아이에 의해 만들어진 대상-속에-구현된-관념 표상의 첫 번째 행위가 되는데, 프로이트의 용어로는 첫 번째 표상대리가 되고 라깡한테는 첫 번째 시니피앙의 형성이 된다.

상징계로의 접근은 획기적인 도약 속에 이뤄진다. 프로이트의 손자가 얼레를 가지고 놀면서 상실과 만회의 게임에 동반하여 '포르트 다' 라는 소리를 입 밖에 내는 것에서 보여주었듯이 첫 번째 도약은 관념적-표상대리에 대한 언어 이전의 접근이다. 두 번째 도약은 거울단계에서 일어난다. 이것은 거울상—타자아—에 시니피앙들을 첨부함으로써 자아가 만들어지는 때라고 이미 알려져 있다. 주체는 첨부하고 있는 그 자신한테 알려지지 않은 실체이다. 주체는 대타자의 담론에서 떠돌아다니는 시니피앙들을 '분류하고' 그렇게 함으로써 자신에 대한 이야기를 창조해내는데, 그와 동시에 그가 억압하는 시니피앙들에 의해 완성되고 있다. 이 단계에서의 주체는 대체로 무의식적이고 액정에서의 전하처럼 대타자의 시니피앙들에 반응하는 포스필드로 상상될 수 있는데, 그 시니피앙들 가운데 어떤 것들은 억압하고 어떤 것들은 자아에 부착시켜 시니피앙들을 연쇄로 구성해간다. 따라서 그의 주된 기능에서 주체는 상징계의 영역에 존재한다. "상징계는 자아와 구별되는 주체가 존재하게 되는 질서이다."[23] 상징계에 들어가는 그 개인의 입사식의 완성에는 부명의 승인과 거세의 승인이 함께 온다.

첫 번째 시니피앙의 형성에서 봤던 것처럼, 라깡은 '결여' 가 언어에의 접근에서 혹은 최소한 시니피앙들에의 접근에서 필수적임을 강조

23) 쉬마마 1995.

했다. 간단히 말해, 만일 모든 것들이 항상 존재하고 이용될 수 있다면 여러분은 어떤 것을 요청하기 위해 언어를 사용할 필요가 전혀 없게 될 것이다. 또한 언어가 제일의 인간적인 특징이기 때문에 상징적 질서는 결여의 경험을 통해 접근되는데, 왜냐하면 그것은 상실되었거나 놓치고 있는 것을 가리키기 때문이다. 처음부터 이러한 결여는 결여되어 있는 것과 그것을 상징하고 있는 시니피앙 간의 상호관계를 통해 그 의미가 주어진다. 상징계의 이런 측면—'결여' 가 그 존재에 필수적이라는 것—은 실재계의 이해에 중요해질 것이다.

실재계

> 실재계는 아무것도 기대하지 않고, 특히 그것이 말에 대해 아무것도 기대하지 않듯이 주체에 대해 기대하지 않는다. 그러나 그것은 거기에 존재하고 그 자체의 존재와 동일하며 모든 것을 듣게 되는 소음이 되는데, 현실원칙이 외부세계라는 이름으로 만들어낸 것을 그 파편들로 덮어서 가릴 준비가 되어 있다.[24)]

라깡은 실재계에 대해 말할 때 다른 질서들에 대해 말할 때보다 더 많은 '인용할 만한 인용구' 를 찾아냈는데, 아마도 그 이유는 바로 그것의 형언할 수 없는 막연한 성질 때문일 것이다. 눈에 보이지 않는 사람을 판별해내기 위하여 그 사람의 방향으로 페인트를 뿌리는 것과 조금 비슷하게 그 단어들 가운데 어떤 것을 찔러 고정시킬 수 있으리란 희망으로 묘사될 수 없는 것에 단어들을 아낌없이 사용하는 경향

24) 「프로이트이 '부정' 에 관한 장 이뽈리뜨의 설명에 대한 대답」, 『에크리』, 저자의 번역.

이 있기 마련이다. 실재계라는 것이 그의 '영역들' 가운데 마지막으로 형성된 영역이었다는 것은 우연이 아니다. 그 개념은 오로지 상상계와 상징계의 구성 때문에 제시되었는데, 뭔가가 항상 '제외되어' 있는 것이 분명했다. 라깡한테 실재계는 시니피앙이 현실의 몇 조각에 부착될 때 축출되는 것이다. 그것은 시니피앙이 포획하지 못한 작은 조각이다. 또한 헤겔의 변증법에 의하면, 실재계는 다른 두 가지와의 긴장 속에 존재해야 하는데, 뭔가가 존재하려면 그 역도 역시 존재해야 한다. 그리고 존재가 있으려면 비존재의 상태도 있어야 한다. 라깡은 상징계와 상상계가 존재하기(exist) 때문에 실재계는 '외존한다'(ex-sists)고 말하는데 그 용어를 하이데거한테서 빌려왔다. 더욱 간단히 말해서(또한 정신분석에서 더욱 유용하게 말해서), 시니피앙에 의해 우리의 인식 영역으로 들어오는 모든 것들에 대해 그중 어떤 것은 지각될 수 없고 상징화되지 않은 상태로 남아 있어야 하는데, 이것이 실재계이다.

라깡은 실재계를 '매끄럽고' '분화되지 않은' 것으로 묘사했다. "아무런 틈새도 없고 안이나 밖도 없다. 이런 구별은 실재계에서는 무의미하다. 오직 상징계만이 실재계에 몇 개의 표시를 새겨놓을 수 있다."[25] 실재계는 특색 없는 진흙 덩어리로서 그로부터 상징계에 의해 현실이 만들어진다. 그것은 카오스이고 그로부터 말씀에 의해 이 세계가 생겨났다. "사물들의 세계를 만들어내는 것은 말의 세계인데, 처음엔 형성중인 전체의 지금 바로 여기에 뒤섞여 있다."[26]

상징계는 우리 세계의 모든 현상들을 만들어낸다. 이것들은 단지 상징화되기 때문에 존재할 뿐이다. 실재계는 말로 나타낼 수 없고 상상

25) 『세미나 II』, 저자의 번역.
26) 「정신분석에서 말의 기능과 영역」, 『에크리』, 저자의 번역.

도 할 수 없다고 생각하는 것이 가장 좋다. 그것은 아마도 출생 이전에 경험될 뿐이고 출생이란 행위도 유아의 특색 없는 우주에 '금' 하나를 새겨놓는다. 신생아도 이원성이란 원시 개념—현존과 부재가 있다는 것—을 갖고 있으며, 이런 이해에 의해 아이는 사물들이 존재한다는 것을 알기 시작한다. 상상계의 지각이 이랑과 금 간 곳을 만들어내고, 온도의 차이와 피부결, 내부와 외부를 만들어낸다. 그런 다음에 유아는 사물들—사물들은 이미 현존/부재의 변증법으로 알려진 그 존재를 만들어냈음—에 시니피앙들을 부착시키고 그것들의 속성들(뜨겁고/차고, 딱딱하고/부드럽고, 좋고/무섭고)에도 부착시킬 줄 안다. 아이한테 세계를 실존케 해주는 것은 이러한 시니피앙들이다. 그럼에도 실재계는 시니피앙이나 그 어떤 상징에 의해 고정될 수 없는 모든 것들 속에 존속하는데, 그것이 말이거나 글씨, 예식, 혹은 예술일지라도 그렇다. 그것이 표상을 만들어낼 때 상징계가 현실로부터 축출하고 있는 바로 그것이다. 또는 브루스 핑크의 말처럼, 실재계는 "상징화에 단호히 저항하는 것"이다. 그것은 "상징화의 밖에 남아 있는 것이라면 그 무엇이든 그의 영역"이다.[27]

> 실재계는 여러분이 항상 동일한 장소에서 찾아내는 어떤 것이다. 여러분이 아무리 혼란스러워 해도 그것은 항상 동일한 장소에 있고, 그것을 쫓아내는 어떤 방법도 쓸 수 없이 여러분의 구두 밑창에 눌러 붙어서 여러분한테로 오게 된다.[28]

"항상 동일한 장소"는 실재계의 속성들 가운데 하나인데, 상징계—

27) 브루스 핑크 1995. 『라깡의 주체: 언어와 향락 사이』, 프린스턴, 프린스턴대학교 출판부.
28) 「도욱맞은 편지」에 관한 세미나」, 『에크리』, 저자의 번역.

시니피앙들—의 주요 유통물의 매우 높은 가동성과 대조를 이룬다. '의자' 라든가 '녹색' 이라든가 '쥐' 혹은 '연소성' 은 무한히 많은 사물들에 붙을 수 있다. 그러나 실재계는 그러한 융통성을 갖고 있지 못하다. 라깡은 죽음 욕동에 연결된 행동들에서 또한 신경증의 반복강박적인 요소에서 실재계를 보고 있었다. 그것은 상징화될 수 없기 때문에 시니피앙들과 같은 방법으로 변형되거나 옮겨질 수 없다. 그러나 그것도 역시 보로메오 매듭에 묶여져 있는 것처럼 다른 두 영역들의 영향을 받을 수 있다. 이런 사실들 덕분에 멜랑콜리와 반복강박 같은 심리적인 증상들에서 실재계의 이해가 중요해진다. 다시 말해서 주체의 기능 중에 '고정점' 을 형성하는 상징화되지 않은 어떤 것이 존재하고, 이런 실재계의 조각은 다름 아닌 상징화(분석가의 카우치 위에서의 언어화)를 통해 다뤄질 수 있다.

상징화될 수 없다는 실재계의 특성은 확실한 공포이거나 완벽한 쾌락인데, 둘 모두 불가능한 상태이다. 그것의 존재는 그것의 발현들에 의해 가정될 수 있다. 그것은 환각과 망상 속에 나타나는데, 그때 시니피앙과 시니피에 사이의 바늘땀 자리가 흐트러지고, 그곳의 보로메오 고리가 풀어지면서 부착되지 못한 시니피앙들의 연못 속에는 표상될 수 없는 것들이 자유롭게 떠다니고 있다. 주목할 만한 것은 정신병이 들이닥칠 때 증상들이 나타나게 되는 곳은 몇 개 남지 않은 바늘땀 자리들이 아직도 붙들고 있는 정확히 그 지점으로서 거기서는 상징계의 끈과 상상계의 끈 사이에 약간의 접촉이 존재한다는 사실이다. 그것은 마치 대체로 실재계의 완전한 공포/완전한 향락 속에서 매듭이 풀어지는 것처럼 그의 증상에 의해 주체는 자신이 파악할 수 있는 의미의 궁극적인 파편에 또한 허약하지만 여전히 인식 가능한 파편에 매달리고 있는 것 같다.

정신병적 삽화 기간에 어떤 어머니가 자신의 두 아이들을 죽였는데, "그 아이들의 눈 속에서 악마를 봤기" 때문이다. "그 애들의 눈이 검었는데, 정상적인 검정색이 아니라 악마의 검은 색이었어요"라는 말은 그녀가 설명으로 제공했던 진술들 가운데 하나였다. 그 어머니의 살인적인 망상을 마주대할 때 아이들의 공포를 상상해볼 수 있다. 정신병 환자의 공포에 대해서는 아마도 상상할 수 없을(또한 상상하고 싶지 않을 수도 있을) 것이다. 그런데 그 환자한테는 보로메오 매듭이 풀어져서 시니피앙들이 현실에서 분리되어 있고, 확실한 공포가 순수한 형태로 풀어져 나와 불운한 기호들과 마구잡이로 마주치게 되는데, 그 기호에는 현실에 어떤 고정 장치가 되는 것처럼 보이기에 충분한 여분의 의미가 포함될 수도 있다. 따라서 '검은 색'과 '악마' 사이의 미약한 연결이 주체에 의해 포착되어 어떤 것으로 이해될 수가 있는데, 그것은 주체가 만들어내고 그에 따라 행동할 수 있는 연결이다. 그러나 그 정확한 이유는 여전히 어떤 연결이 존재하기 때문인데, 그곳에서 다른 모든 연결들은 떨어져 나가고 그 연결만이 정신병 환자한테 관심을 끄는 불운한 초점이 된다. 매듭의 해체는 주체를 무효화시키는 위협이 되는데, 그가 반드시 해야 하는 일은 그 자신을 보존하기 위해 행동하는 것이다. 풀어진 매듭의 고리들 사이에 어떤 연결 장치가 존재하는 지점 위에서 하나의 행동화가 되는 이런 증상 형성은 블로일러까지 거슬러 올라가 정신과의사들이 관찰한 정신병적 증상들의 '의미심장함'(문자 그대로의 뜻으로)을 설명해줄 수도 있다. 그것은 또한 앞으로 잠깐 언급하게 될 라깡의 흥미로운 마지막 이론 구성들 가운데 하나인 병증(病證 sinthome)으로 이끌어가게 된다.

실재계는 심리적 외상에서도 나타나게 된다.

> 고문을 받은 쿠르드 환자는 반복해서 악몽을 꾸고 있었다. 모든 사항에서 동일한 것이 그대로 남아 있었고 그의 현실적인 경험이 재체험되는 것이었다. 그 속에서 고문자가 방으로 들어와 전극을 그의 피부에 붙이기 시작할 것이다. 환자는 전극이 그의 몸에 닿는 시점에서 비명소리를 지르며 깨어날 것이다.

라깡은 두렵게 만드는 그 꿈의 성질이 무기력함과 고통과 죽을 운명 속에 있는 실재계의 분출이라고 말했음직하다. 분석가의 임무는 환자로 하여금 상징화할 수 없는 것에 대한 시니피앙들을 찾아보도록 도와주는 일이다. 다시 말해서, 적어도 환자가 어느 지점에서 실재계의 어떤 것을 상징화할 수 있을 때까지 이런 실재계의 침투를 둘러싸고 맴돌며 말할 수 있노록 해수는 일이다. 물론 실재계는 쫓아낼 수 없다. 즉 그것의 어떤 잔여는 계속 남아 있게 되지만 아마도 달라진 잔여가 될 텐데, 한 가지 요소가 화학반응 속에 들어가게 되고 결국엔 결합하여 다른 물질이 될 수 있는 그런 방식으로 남게 된다. 이런 임상사례에서 환자는 꿈을 꾸고 그 꿈을 이야기하는데, 어느 날 그 꿈이 다시 나타나지만 바뀌어 나타나게 되었다. 즉 그 장면은 동일한 채로 남아 있지만 한 가지 예외로서 그가 들어섰을 때 고문자가 개 대가리로 변해 있었다. 분석가가 의식에 가까운 그의 지식에 동의하여 "참으로 그 사람들은 진짜 동물들이네요"라고 말했을 때까지 그 환자는 이것 때문에 당황하고 있었다. 개-대가리를 가진 인물은 상상계의 창조물이었지만 그 해석은 상징계에서 이뤄졌는데, 해석에 의해 그 이미지는 감춰진 메시지를 드러내는 '동물들'이란 시니피앙으로 번역되었기 때문이다. 이런 변형과 해석이 이뤄지기 전에 꿈속에서 실재계의 성질이 어떠했든 그 이후에 그것은 동일한 것이 아닌데, 그 꿈이 두렵게 만드는 충분한 효과를 더 이상 갖지 못했기 때문이다. 실재계에 어떤 변형이 일어났다고 말할 수도 있다. 즉 그것은 상징계와 상상계의 요소들과 결합되는 어떤 '화학 합성' 이 일어난 것이다.

우선 첫째로 라깡은 실재계가 불안의 대상이라고 생각했다. "더 이상 어떤 대상이 아니라 모든 말들이 멈추고 모든 범주들이 실패하는, 특히 불안의 대상과 대면하는 그런 것이 되는 본질적인 대상"[29]이라고 생각했다. 나중에 그는 불안을 타대상에 관련시키는데, 제8장에서 설명하게 될 것이다.

라깡이 이런 말을 하지 않았을지라도 욕동(독일어로는 Trieb와 Instinkts, 불어로는 pulsions)이 바로 이 영역에 속한다고 암시하는 것은 실재계에 대한 그의 생각과 일치하는 것 같다. 프로이트는 창조와 쾌락으로 가는 경향을 지닌 성애적이거나 리비도적인 욕동의 존재를 가정했다. 인간의 행동의 매우 많은 부분이 그것에 반대되는 것처럼 보이는 사실을 설명하기 위해 그는 죽음의 욕동을 가정했고 자기보존을 위한 욕동도 가정했다. 쾌락과 현실에 관한 라깡의 1959년 세미나에서 그가 죽음 욕동이라고 기술했던 말에서 욕동을 실재계에 놓아두고 있다는 징조가 나타난다. "우리는 쾌락원칙을 넘어서 어떤 사람한테는 너무나 모호하게 보여 사고의 이율배반—생물학적일 뿐만 아니라 일반적으로 과학적인—이 되는 그런 불투명한 외면과 조우하게 되는데, 그 외면은 죽음 본능으로 알려져 있다."[30] 처음에는 죽음 욕동이 쾌락추구로 드러내 보일 수 있지만 한 잔의 좋은 포도주로 쾌락을 찾아내는 사람은 한 병의 독한 술로 망각을 추구하는 사람과 전혀 다르게 보이는 방식으로 죽음욕동 그 자체를 두드러지게 한다. 흥미로

29) 쉬마마 1995.
30) 『세미나 VII, 정신분석의 윤리』, 데니스 포터 번역 1992. 런던, 루틀릿지.

운 여담으로서 라깡은 공격을 죽음의 욕동이 아니라 자기보존 욕동에 연결시켰다. 성도착증 사례들은 제외하고 사람들은 단지 파괴행위를 즐기기 때문이라기보다는 오히려 대개는 자아의 보존에서 공격적으로 된다.

욕동들은 라깡이 무의식에서 쫓아냈던 본능의 '특색 없는 진흙' 덩어리이다. 그것들은 어떤 생물학적 욕구의 충족이란 목표를 갖고 있지 않다. 그것들은 욕구와는 아주 무관하게 존재한다. 인종의 엔진처럼 그것들의 충족은 단지 그것들이 추진하는 기능에 놓여 있고, 또한 라깡은 욕동에 연결된 기능에 의해 생성되는 즐거움을 향락(jouissance)이라 부른다.

욕동들은 상징화될 수 없고, 또한 그것들이 상상계의 중재를 통해 불러일으키는 열정은 시니피앙으로 붙잡기 어려운 상태다. '불안'과 '분노' 및 '공포'는 그 의미에 있어 비교적 안정되어 있고, 그것들은 그것들(의미들: 역자)에 대해 미끄러워 잡을 데가 없는 특성을 지니기도 한다. 다른 정서적인 시니피앙들은 그 어떤 시니피에에도 더욱 약하게 결합되어 있다. 누군가를 '사랑하고' 혹은 '행복하고' 혹은 '흥분되고' 혹은 '우울하다'는 것이 무엇인지 누가 진정으로 말할 수 있을까? 감정들의 영역에서 시니피앙들과 시니피에 간의 바늘땀 자리가 허약해지는 까닭은 그것들을 일으키는 욕동들의 표상할 수 없는 특성 때문이다.

작업중인 실재계·상징계·상상계의 다양한 예증

우리는 실재계•상징계•상상계의 보로메오 매듭에 대해서 조금 이야기해 본 일이 있다. 그 안에 있는 각각의 원환체에 대해 이야기하면서 우리는 심리적인 현상들이 매듭 그 자체에 의해 만들어진다는 것을 잊어버리기도 하는데, 바로 그 지점들에서 각각의 영역들이 서로 접촉하게 된다. 한 고리가 다른 고리들보다 우세할지라도 인간의 모든 창조물들은 세 고리들을 모두 포함하고 있다. 한 가지 예로 미술을 들어보자.

상상계가 감각들의 영역이기 때문에 대표적인 미술품들 대부분은 상당한 분량의 상상계를 포함하고 있다. 즉 그것은 걸쳐 입는 겉옷, 서리의 반짝임, 벽돌로 지은 따뜻한 건물, 등등으로 그려진 그림들의 감각적인 속성에 들어 있다. 사람들은 상상계가 미술품의 외관에 어느 정도까지 그 중요성을 부여하는지 쉽게 알아볼 수 있다. 르네상스 이전에는 미술에서의 상상계가 일시적인 미정 상태로 남아 있었다. 관념들과 그 상징들—대체로 종교적인 색채가 강함—이 감각의 영역보다 훨씬 더 우선시되어 시각조차도 중요하게 생각되지 않았고, 오로지 지각들을 신체와 더욱 밀접하게 연결시켜주었다. 다시금 개념미술에서 상징계는 크게 부상하고 있다. 즉 중요하게 여기는 것은 한 항목에 대해 말해질 수 있는 것—감각적인 반응이라기보다 오히려 그것이 불러일으키는 관념들—이다. 또 다른 간단한 실례는 서양의 조경과 중국의 조경 사이의 대조에서 볼 수 있다. 가장 부드럽고 가장 싱싱한 잔디를 기르는 서양의 정원사는 상상계의 환상들을 이용하지만, 신들과 자비로운 영혼들의 산중 은신처를 표상하기 위해 돌무더기를 쌓아올린 중국의 정원사는 거의 전적으로 상징계의 영역에서 기능하고 있다.

실재계·상징계·상상계는 인간의 활동 가운데 가장 흔한 실례들에서 찾아볼 수 있다. '팸퍼링 제품'—보습제품, 바디크림, 목욕용 소금, 아로마테라피 오일—을 구매하는 소녀는 타대상을 찾는 사람의 훌륭한 실례가 되는데, 타대상은 상징계와 상상계와 실재계로 이뤄진 보로메오 매듭 속에 들어있다. 어쨌든 그녀는 이런 제품들이 완벽한 상상적 상태라는 욕망의 대상•원인을 포함한다고 상상하게 된다. 상상계는 피부와 부드러움과 따뜻함에 관련된 감각적인 환상을 만들어내고, 상징계는 그것을 말로 끄집어내며 문제의 그 제품과는 아무런 상관도 없는 다른 많은 시니피앙들을 쌓아올리는데 흔히 그 구매자가 시니피앙들을 사고 있는 것처럼 보일 정도이다. 그러나 실재계도 역시 존재하는데, 라깡의 표현처럼 "당신의 구두 밑창에 들러붙어 있다." 구매의 동기를 이루는 것은 완벽한 상태의 상실에 붙어 있는 불안과 (리비도적인) 욕동이 될 수밖에 없기 때문이다. 그 둘은 모두 실재계에 속한다.

병증

우리는 이미 정신병적인 삽화에서 보로메오 매듭이 풀어지면서 대개 망상이 주체한테 어떤 의미를 갖는 것처럼 보인다고 언급했으며, 또한 그것은 실재적•상징적•상상적 질서들이 아직도 연결되어 있는 정확히 그 바늘땀 자리에 명백히 나타난다고 언급했다. 이런 관찰은 라깡이 '병증'이라 명명했던 구성개념의 공식화에 기여했을 수도 있다.

병증이란 단어는 증상의 옛날 프랑스어이고, 이 개념은 라깡의 생애에서 매우 늦게 떠올랐다. 그는 1975-76년의 세미나에서 병증을 가르쳐 주었다. 병증은 증상들의 구조적인 측면을 가리켜주는데, 그 중상들이 병증의 관찰 가능한 현증들이 된다. 그것은 정신분석에서 증상들을 일반적으로 이해하게 되는 문맥에 대해 기술할 때 유용해질 수 있다.

프로이트는 처음엔 환자들이 내보였던 많은 증상들이 생물학적 원인보다 오히려 심리적 원인을 갖는다고 기록해 두었다. 블로일러는 증상들이 정신병적 망상까지도 그 환자한테 의미를 갖는다고 가정했다. 그 문제에 대한 라깡의 반성은 증상의 치료가 그 해석에 놓여 있다는 고전적인 가설의 정교화로 시작되었고 그 의미의 설명이 그 환자의 '치유'를 가져오리라는 가설의 정교화로 시작되었던 것이다. 자신의 이론적인 궤적에서 그는 이런 치유가 실현되는 기제와 과정을 반성하게 되었는데, 그 반성에 의해 주체의 구조에서 언어의 역할에 관한 자신의 이론들에 도달하게 되었다. 그는 1957년 주체의 증상이 무의식의 형성과정 중에 생겨난다는 견해에 도달하고 이런 과정이 언어행위나 담론에 관련된다는 견해에 이르게 되었다. 다시 말해 증상은 "쓰기 과정에 새겨지고" 있다.[31] 이것은 주체의 형성에서 언어의 역할에 대한 그의 반성과 직접적으로 연결되었고, 그것은 증상을 주체의 구조 내에 분명히 위치시킨다. 함축적으로 증상은 언어의 소산으로서 오로지 담론에 의해 떼어낼 수 있을 뿐이다.

그러나 곧바로 라깡은 비록 관련되어 있더라도 매우 다른 그런 문제에 몰두하게 되었다. 즉 '치유'란 정확히 무엇을 의미하는가? 그것은 단지 증상의 소실인가? 혹은 그것을 만들어냈고 그것이 새겨져 있는 근원적인 인격구조의 변화에 목표를 두는가? 이것은 도대체 성취될 수 있는가? 만일 그렇다면 그것은 바람직한 일인가? 만일 그것이

31) 『무의식의 형성, 세미나, 제5권』, 1998, 파리, 쇠이유. 저자의 번역.

성취될 수도 없고 바람직하지도 않다면 어디서 치유를 멈출 것인가? 어떤 경계선에서 멈출 것인가? 끝으로 여러분이 그것을 어디서 끝내야 할지 알 수 없을 때 혹은 손상되어 효율성이 떨어진 주체를 뒤에 남겨놓게 될지 그 여부를 알지 못할 때 그 과정을 시작하는 것이 항상 좋은 일이 되는가?

우리는 모두 우리 주변을 둘러보고 명백한(그 자신들한테는 결코 그렇지 못하더라도) 신경증적 증상들을 갖고 있는 지인들—구체적인 이유도 없이 불행한 결혼 속에 갇혀 사는 여자, 교활하고 이기적인 여자를 사랑하게 된 남자, 일주일 동안 스스로 휴가를 즐길 수 없는 운명에 사로잡힌 정원사—을 알아볼 수는 있지만, 우리는 그들의 증상들을 건드리지 않아야 한다는 것을 직관적으로 알고 있는데, 특히 이런 '난폭한 해석'(라깡의 표현대로)이 그들의 인생에 피해를 입힐 수 있는 손상이 두려워서 '뼈아픈 진실'을 지적하지 않아야 하는 것이다.

라깡은 1960년대 초까지도 그들 자신에 대한 진실과 그들의 증상의 의미에 직면하고 또한 지금까지 그들의 무의식에 억압되어 있는 요소들에 직면하도록 강요당한 사람들은 될 수 있는 대로 조심스럽게 착수하지 않아서 매우 심각한 결과를 갖게 되었다고 느꼈다.

> 프로이트식의 무의식은 원인과 그 원인의 영향을 받는 것 사이에 항상 잘못된 어떤 것이 존재하는 바로 그 지점에 위치하고… 무의식이 하고 있는 것은 우리에게 틈새를 보여주는 일이고 그 틈새를 통하여 신경증이 실재적인 것과 조화를 다시 만들어내는데, 그 실재적인 것은 아마도 결정될 수 없을 것이다. 이런 틈새가 한번 채워진다면 신경증이 치유되는가? 결국 그 질문은 열린 채로 남아 있게 된다. 그러나 신경증은 다른 어떤 것이 되는데 간혹은 단순한 질환이나 상흔이 되기도 한다. 프로이트의 말처럼 이 상흔은

신경증의 것이 아니라 무의식의 것이다.[32)]

여기서 마지막 두 문장은 신경증이란 용어가 간혹 '질환' 보다 더 선호될 수 있음을 암시하는데, 그 제거에는 흉터가 남게 될 것이다.

몇 십 년에 걸친 라깡의 임상 관찰과 정신분석의 윤리에 대한 몰두 덕분에 실재계·상징계·상상계의 질서들에 의해 가장 잘 설명되는 증상에 관한 놀라운 견해가 생겨나는데, 비록 내가 맨 먼저 주체에게 새겨진 어떤 것이라는 증상에 관련된 결정적인 말을 첨가해야 할지라도 그렇다. 만일 증상이 주체의 인격이나 정신의 구조에 매우 밀접하게 연결되어 있다면 그 제거는 반드시 상흔—철거해왔던 주택의 기초—을 남기게 될 것이다. 라깡이 병증이라고 부르는 것은 바로 이것—증상의 구조적인 기초—인데, 그것은 그의 생애의 끝 무렵에 있었던 가장 불가해한 세미나에 나온다.

실재계·상징계·상상계에 의하여 라깡은 증상을 신체, 욕동, 등등의 실재계에 작용하는 상징계 영역 내에 있는 요소들(그 대부분은 시니피앙들)의 효과로 보았다. 쉽고 빠른 실례로서 기저귀 찰 나이를 지난 소아에겐 똥 묻히는 짓을 증상으로 생각할 수 있다. "그런 어린아이 같은 짓을 그만둘 수 없니?"라는 문장 속에서 화난 부모나 권위적인 인물에 의해 만들어진 시니피앙들과 소아로서 자신의 위치를 고집하는 그 아이의 부분욕동의 사용(통제)과 그 부수적인 기능(항문적인) 사이에서 연결을 보는 것은 어려운 일이 아니다. 이것은 이 특별한 증상의 의미에 대한 일반화로서 결코 의도되는 것은 아니다. 그 특별한 증상은 각각의 사례에서 서로 달라지겠지만 오직 상징계에서 나온 시

32) 『세미나, 제11권』, 앨런 셰리던 번역.

니피앙들이 실재계의 욕동들과 상호작용할 수 있는 방식의 실례가 될 뿐이다.

라깡은 1975-76년의 세미나에서 자신의 보로메오 매듭에 네 번째 원환체를 개입시켜 그 매듭의 변형을 암시했는데, 그것이 바로 병증이고 그 역할은 매듭을 제 자리에 붙잡아서 상상계·상징계·실재계가 풀리지 않도록 막아주는 일이다. 따라서 병증은 사실상 그 체계에 안정성을 제공해주고 있다. 이 세미나는 영문학 학도들에게 커다란 관심을 갖게 했는데, 그 이유는 라깡이 그 세미나에서 제임스 조이스의 작품에 대해 얼마큼 자세히 설명하고 있기 때문이다. 그는 조이스가 잠재적으로 정신병적인 인격구조를 갖고 있지만 그의 글쓰기에 의해 보로메오 매듭이 풀리지 않도록 예방되는 것으로 보고 있다. 오로지 조이스 자신의 예술에 대한 특별한 관계만이 그로 하여금 의미를 유지하고 함께 존재하도록 해주며, 이런 관점에서 그의 글쓰기는 인공보철물(prosthesis)—병증—이 되었다.

병증은 시니피앙의 연쇄로서 주체에게 기입되어 있고 이런 특수한 배치 작용을 통해서 증상들을 만들어내기 위해 실재계에 작용하고 있다. 라깡은 병증이 주체로 하여금 향락을 경험하게 만들어주는 것이라고 주장하기도 했는데, 욕동들에 연결된 그런 종류의 향락이다(제7장에서 설명될 것임). 이런 향락은 욕망의 구성요소로서 라깡은 그 욕망이 주체에게 구조적인 힘이 된다고 주장했으며 그 향락은 제거될 수 없다. 이런 것들은 향락과 욕망이 설명된 뒤에야 이해될 수 있는 복잡한 개념들이고, 병증은 이런 일이 이뤄졌을 때 이 책의 끝에 가서 다시 되돌아보게 될 것이다.

라깡은 환자들과 증상들에 관한 자신의 입장을 분명하게 밝히면서 모든 사람들이 분석치료 후에 증상들이 사라지리라고 기대하는 것은 합리적인 생각이지만 보로메오 매듭에서 네 번째 원의 이용을 억제시키려는 시도는 신중한 처사가 아닐 수도 있다고 말했다. 만일 그 **증상**이 치료 도중에 '감소한다면' **병증**은 지속되더라도 향락과 욕망이 여전히 가능해지는 그런 방식으로 변경되어야 할 것이다. 그것은 부서진 집의 기초를 더욱 깊고 튼튼하게 만들어서 그 위에 더 좋은 집을 세울 수 있는 것과 비슷하다. 나는 한 환자의 사례로 끝낼까 하는데, 그녀는 치료의 끝에 가서 치유의 결과로 찾아오는 상실에 대해 매우 잘 알고 있는 것 같았다.

심한 식욕부진증을 앓고 있던 젊은 여인이 마지막 몇 번의 치료시간 중에 꿈을 이야기했다. 그녀는 꿈속에서 목걸이를 걸치고 있었는데, 그 목걸이에는 뾰족한 커다란 스파이크나 살촉이 붙어 있었다. 신기한 일은 이 목걸이가 그녀의 피부 밑에, 즉 몸속에 들어 있었다는 것이고 그녀가 그걸 제거하고 싶은, 즉 자신한테서 빼내고 싶어 했다는 것이다. 어쨌든 그녀는 그것을 끄집어내려고 했는데 그 스파이크가 몸 밖으로 나오면서 벌어진 구멍을 남겼고 피를 흘리게 되었다. 분석가는 그녀의 무의식적 지식에 일치하여 말하였다. "그래요, 구멍을 남기게 될 거예요. 또 피를 흘리게 될 거구요." 환자는 그 두 마디를 즉각적으로 완벽히 이해하게 되었다. 그녀가 증상을 포기하는 일은 참으로 주체의 구조에 구멍을 남기게 될 것이고 그녀는 월경출혈이란 새로운 현실에 마주치게 될 것이다. 만일 이런 예증이 수많은 의문을 남긴다면 그것은 라깡이 바랐던 일이다.

제7장

욕구·말·욕망

이루 말할 수 없는 욕구, 채울 수 없는 욕망

당신이 원하는 걸 언제나 가질 수는 없어요,
하지만 때때로 시도해 본다면
당신은 그저 찾을 수 있을 거고
당신이 필요로 하는 걸 얻게 되죠.
(믹 재거, 1968)[33]

욕망은 라깡의 작업에서 특별한 자리를 차지하고 있다. 간혹 그는 다른 정동들을 배제시킬 정도로 그것에 집중하는 것처럼 보인다. 그러나 라깡한테 욕망은 정동이라기보다는 상태에 더 가깝다. 그는 '정동'에 대해 많은 이야기를 하지 않았는데, 아마도 그 이유는 자신이 말하고 있는 내용을 정확히 알지 못하는 사람과의 대화가 귀머거리와의 대화로 그칠 수 있기 때문이다. 그의 방법은 어떤 현상의 특이성을 매우 자세하고 깊게 검토하는 것이다. 그 엄밀함이 검토되지 않은 범주 속에 그것을 정리하기보다 오히려 그는 그 특성과 근원에

33) 1943년 영국출신 가수 겸 배우. 그룹 The Rolling Stones의 멤버.

대해 집중적인 반성을 하게 되는데, 그것은 주체에게서 어떻게 생겨나는가(그는 '스스로를 새기다'는 표현을 좋아했음), 그것은 주체의 구조에 어떤 역할을 하는가, 또한 그것은 이런 역할을 어떻게 해내는가(즉 그것이 제 표시를 남기게 되는 기제)라는 반성이다.

나는 그가 욕망에 그러한 관심을 집중하게 된 세 가지 이유들을 생각해볼 수 있다. 첫째, 욕망은 그 자신의 인격을 상세히 그려내는 것 같다. 즉 그는 그 자신의 욕망—좋은 물건들, 빠른 자동차, 아름다운 여인, 인정 및 지식—의 힘에 대해 잘 알고 있었음에 틀림없다. 또한 그는 그 자신의 수많은 질문에 대한 답을 찾아내려는 것 같다. 둘째, 욕망은 모든 창조성의 주요동기이다. 욕망이 없으면 인간의 진보도 없을 것이다. 셋째, 가장 중요한 것으로서 그는 욕망을 **주체에게서 구조화 역할을 해내는 조건**으로 보았다. 그것은 다른 정동들의 한 요소로서, 욕망이 없으면 여러분은 질투라든가 분노, 실망, 자기애적인 상처 혹은 향락을 가질 수 없다. 반복강박과 히스테리성 전환, 강박사고 및 공포증을 포함한 증상들은 모두 욕망에서 일어나게 된다. 욕망은 항상 어떤 문제든 분석수행자가 경험하고 있는 문제의 뿌리에 놓여 있고, 그 환자의 욕망은 분석의 대상이면서 동시에 그 원동력이다.

어떤 독자들은 라깡이 욕망의 중요성에 대해 과장하는 것처럼 느끼기도 한다. **그러나 확실히 불안만큼 중요한 다른 정동이 있겠느냐**고 그들은 말할 것이다. 참으로 불안은 욕망만큼 핵심적인 역할을 차지하고 있지만 라깡한테서 이것은 욕망과 이루는 일종의 긴장 속에 존재하는 것이다. 불안이 존재하는 곳에는 욕망이 존재한다.

욕망은 대타자의 욕망이다

> 욕망은 요구가 오직 그 자체로 부족함을 느껴 파내게 된 틈새 속에 스스로를 드러내는데, 주체가 의미화 연쇄 내에서 표명하여 존재의 결여를 드러내고 대타자로부터 이러한 결여의 보완을 받아내려고 요청하는 한에서 그러하며, 따라서 말의 장소인 대타가 이런 결여의 장소도 된다고 가정하게 된다.[34)]

여기서 라깡은 주체가 요구할 마음이 일어날 때 그 요구는 궁핍—어떤 것의 결여—을 신호해준다고 말하며, 또한 이런 결여를 채워주고 그것을 완성시키는 보완물—바로 그것—을 대타자한테서 받으리라고 기대한다. 그러나 요구되는 것은 실제로 필요한 것이 아니다. 욕망이 나타나는 곳은 욕구와 요구 사이의 이런 공간이다. 더구나 라깡은 계속하기를, 그런 요구를 하면서 주체는 그가 필요로 하는 것이라면 무엇이든 대타자가 갖고 있다고 가정하는데, 사실상 대타자는 주체처럼 결여하고 있다는 것이다.

그런 다음 라깡은 이렇게 말하고 있다.

- 만일 주체의 욕구가 시니피앙들의 협로를 통과한다는… 그런 조건의 결과가 그 주체에게서 욕망이 된다면;
- 또한 만일… 우리가 대타자의 개념을 말의 전개 장소가 되는 것으로 정립한다면…

인간의 욕망이 대타자의 욕망이라고 가정되어야 한다.[35)]

---

34) 「치료의 방향과 그 힘의 원리」, 『에크리』, 브루스 핑크 번역.
35) 위의 논문.

달리 말해서, 요구는 오직 말 속에서 만들어질 수 있기 때문에 대타자가 주체의 요구의 매개변수를 규정하게 되리라는 것이 뒤따르게 된다. 욕구의 표명은 언어의 좁은 통로를 통과해야 하며, 더 이상 지나갈 수 없어 남겨진 것이 욕망을 구성한다. 대타자의 욕망이란 욕망의 개념은 라깡의 주요 문헌에서 설명하기가 가장 어려운 것이지만, 마음에 새겨둘만한 몇 가지 핵심적인 격언이 여기에 있는데, 한 번에 한 가지씩 나중에 부연해보려고 한다.

- 욕망은 대타자에게서 언어의 부산물이고 요구가 욕구를 충분히 표명할 수 없는 불가능성의 결과이다.
- 욕망은 본질적으로 바람직한 것이다. 욕망과 향락(jouissance) 사이에는 밀접한 관계가 있는데, 향락은 자급적인 특성 가운데 어떤 것을 욕망에 제공해주는 것 같다.
- 대타는 우선 첫째로 언어이고 주체를 지배하는 한 세트의 규칙들이지만, 각 개인들에 의해 재현되는 것이다. 인생의 시작점에서는 오직 하나의 대타만이 있는데, 어머니(또한 거세에서는 아버지)에 의해 체현된다. 나중에 주체는 다른 대타들과 조우하게 되는데, 다른 타자들(대개 주체의 동료집단)로 구현된다. 주체가 대타의 담론에 의해 형성되면서 이 모든 대타들로부터 대타에 대한 그 자신의 버전과 그 자신의 진정한 욕망을 가공하게 되고, 특히 자기 결정에 대한 탐색에서 소중해지는 것은 바로 이것이다.
- 대상들 주위에 욕망이 구성되는데 그 대상들은 상상적 대상들이다. 즉 타대상(*objet petit a*: 욕망의 대상·원인)도 되고 남근과 물(物, the Thing)도 된다. 타대상은 남근의 상징화된 버전이고, 정확히 말해서, 물(物)은 욕망의 대상·원인이 아니라 상실의 대상이다. 그런데

도 그것은 정동이 끌리는 대상이고 욕망이 흔히 선회하는 대상이다.

- 타대상은 상징계와 상상계와 실재계의 영역들이 서로 접하게 되는 지점의 보로메오 매듭 위에 앉아 있다. 그것은 실재계의 욕동들의 산물로서 상상계의 대상들이고 상징계에서는 시니피앙들을 구성하는 힘이다.

욕망은 어떻게 요구의 불가능에서 생겨날까

"욕망은 요구가 욕구에서 떨어져 나오는 변두리에 나타난다."[36] 요구는 말해지고, 또한 여러분이 원하는 것은 여러분의 의식으로부터 감춰져 있는 어떤 것이 되듯이 여러분이 요청하는 것은 여러분이 진정으로 원하는 것이 결코 아니다. 따라서 욕망은 언어의 습득과 함께 생겨난다.

처음에 유아는 불편함 때문에 울지만, 유아가 무엇을 필요로 하는지 알지 못한다. 아이가 언어를 습득해감에 따라 그의 어휘목록에 들어 있는 단어들을 사용함으로써 그 불편함을 '해결하려고' 한다. 첫째로 유아는 타인들이 이해하는 것 같은 겨우 몇 개의 단어들을 알고 있을 뿐이다. 유아는 자신의 욕구를 충족시켰던 시도로서 '젖병'이나 '엄마' 혹은 '곰'을 말할 수도 있지만 그 아이가 진짜 필요로 하는 것은 전혀 다른 것이거나 존재하지 않는 것일 수도 있다. 그러나 이런 시니피앙들은 언어에 의해 부과된 시니피에들을 미리 결정해 두었고 따라서 유아는 아무리 불만족스러워도 자신의 욕구에 대한 해결책으로서

36) 「주체의 전복과 욕망의 변증법」, 『에크리』, 저자의 번역.

이것들을 받아들일 수밖에 없다. 걸음마 하는 아이가 필요로 하는 모든 것은 단지 목적을 달성하는 것이 아님을 알게 되면서 누구나 그의 좌절을 관찰해볼 수 있다. 아이는 우유, 바나나, 곰, 기차, 심지어 엄마까지도 점점 커지는 조바심 때문에 거절하게 되어 마침내 충족되지 못한 욕망으로 울먹이면서 이런 대체물들을 포기하고 그 가운데 하나로 만족한다.

언어습득을 시작할 때부터 욕구의 언어화는 시니피앙과 시니피에의 관계에 의해 미리 정해진 것들(서비스, 대상들)을 이끌어낸다. 또한 이런 사물들은 바랐던 것이 결코 아니다. 욕망이 나타나는 곳은 요구와 욕구 사이의 공간이다. 이런 '욕망 틈새'는 아이의 언어가 더욱 세련되는데도 없어지지 않는데, 그 이유는 아이의 욕구들이 점차 복잡해지면서 그것들을 표현할 능력이 점증하는 내부갈등에 의해 혼란스러워지기 때문이다. 더구나 아무런 요구도 생겨날 수 없는 욕구들이 있으며 그 어떤 요구도 적절하지 못한 비-욕구들(non-needs)도 있다. 욕구와 욕망 간의 관계는 간단한 진술로 표현될 수 있다. 사람들은 필수적인 것을 욕구하지만 그렇지 않은 것을 욕망한다(사람들은 생존하기 위해 물을 욕구하지만 구찌 핸드백을 욕망한다). 이것은 세 가지 질문을 제기한다. 사람은 어째서 욕망하는가? 욕망은 어디서 생겨나는가? 그리고 어떤 기제와 과정에 의하는가? 라깡한테는 이 문제에 대한 대답들이 언어 속에, 즉 대타 속에 놓여 있다.

욕망은 신체적인 욕구보다 오히려 심리적인 욕구를 채워주는 대상들의 주위에서 자라난다. 특히 주체가 구성되는 대상들 주위에서 욕망은 가장 강력하게 자라나온다. 그것은 신체적인 목마름이나 배고픔과는 달리 쉽게 정당화되지 않는 심리적 욕구에 어울리게 될 요구를 표명할 때 겪는 어려움에 의해 강화되고 있다. 이것은 특히 사랑에 대한 욕구에서 생겨나는 요구들에 해당되는데, 그 까닭은 바로 그 특성에 의해 사랑을 언어로 나타낼 수 없기 때문이고 사랑이 심리적인 욕구들 가운데 가장 큰 것이기 때문이다. 라깡은 모든 요구가 본질적으로 사랑에 대한 요구라고 주장했다.

처음에 유아는 오로지 우유, 위생에 대한 관심, 휴식을 필요로 하는 것처럼 보일 뿐이다. 정신분석이 유방을 중시해 왔던 이유는 유방이 신생아한테 완벽한 대상이기 때문이다. 그것은 음식이고 마실 것이며 따뜻함과 편안함과 사랑이 된다. 젖을 먹는 신생아는 자기가 태어났다는 것을 잘 알지 못한다. 정신분석가들은 그런 만족의 상태를 가리켜 다시는 결코 찾아질 수 없는 어떤 것이라고 하는데, 그들은 남근이 상실된 완벽한 대상이 되는 것과 동일한 방식은 아닐지라도 유방을 가리켜 상실된 완벽한 대상이라고 말한다. 그러나 그런 완벽한 상태가 지속될 수 없는 까닭은 아이가 자라고 있기 때문이며, 아이가 자라면서 그의 욕구들도 더욱 복잡해지기 때문이다. 잠시 뒤에 아이는 발달되어가는 근육들을 사용할 필요가 생기고 자극을 필요로 한다. 그러한 욕구들은 매우 쉽게 충족될 수 있다. 네발로 기어 다닐 공간이 있는 안전한 방, 발로 딛고서 그 자신을 끌어당길 수 있게끔 붙잡는 가구, 텔레비전과 몇 개의 장난감으로 충분하겠지… 그러나 그것들로는 충분치 못하다.

수용되어 있는 유아들에 대한 20세기 초반의 연구들은 그들이 적절한 보살핌을 받았을 때라도 잘 자라지 못했음을 보여주고 있었다. 즉 그들은 냉담하고 우울하며 어떤 아이들은 인지발달에서 심하게 뒤처지기 시작했다. 라깡은—아마 다른 사람들도 모두—처음부터 그 아이에게 사랑이 필요하다고 말했을 테지만 이것은 '왜'라는 문제를 제기하고 있다. 사랑은 어쨌든 여러 가지 다양한 것들이라서 아이의 정신건강 형성에 그처럼 중요한 것은 사랑의 어떤 측면일까? 그 대답은 라깡의 거울단계에 놓여 있는데, 그 단계에서 어머니의 사랑스런 시선이 아이의 첫 번째 거울이 되어 영아의 정체감 형성에 결정적인 것이 된다.

만일 여러분의 생각이 제2장으로 거슬러 올라가 본다면 이런 첫 번째 거울의 실패가 어떻게 유아의 정체감의 기초에 심각한 결함을 만들어낼 수 있는지 기억하게 될 것이다. 아이의 정체감이란 그 자신을 하나의 대상으로 생각하고 사랑받는 대상으로 생각할 수 있는 능력을 말한다. 영아기의 바로 그 순간에 '자기' 의 원초-개념을 형성하는 수단이 없다면 인지발달에 심각한 지연을 가져오거나 혹은 '주체' 의 개념과 더 나아가서 '대상' 개념의 발달 및 뒤따르는 모든 개념화의 발달이 완전히 실패하게 되어 그 결과로 심한 자폐증이 생길 수도 있다. 이 모든 것은 '사랑' 이 인간 주체의 구성에 관하여 하나의 근본적인 욕구—아마도 제1의 욕구—가 된다는 것을 의미한다.

그러나 사랑의 차원에서는 요구가 욕구에 부합될 수 없고, 따라서 그 차원에서는 욕망이 번성하게 된다. 사람들은 에둘러서 사랑을 요구할 수 있을 뿐인데, 그 성질로 볼 때 사랑이 언어를 벗어나기 때문이다. 아이가 그것을 요청하려고 노력하지 않는 것은 아니며, 참으로 아이가 말을 할 수 있게 되면 그의 대부분의 요구들은 사랑에 대한 욕구의 표현이 된다. 만일 여러분이 그것에 대해 생각해 보면 경제적으로 어려운 극심한 상황을 제외하고서(발전도상의 세계에서 혹은 전쟁 중에) 아이가 신체적인 생존에 대한 근본적인 것을 요구하는 일은 매우 드물다. 대부분의 시간에 아이가 요청하는 것은 '특별한 것' 이다. 매일 그리고 기회가 닿을 때마다, "채워지지 않은 간단히 조리한 파스타" 혹은 "초콜릿 케이크" 혹은 "작은 부스러기들이 들어있는 요구르트가 아니라 오직 그런 거"를 요구한다. 사랑에 대한 요구로 부호화되어 있는 것은 긴요하지 않은 '특별한 것' 속에 들어 있다. 라깡의 말로는 "요구는 그것을 사랑의 증거로 변화시킴으로써 주어진 것이라면 무엇이든 그것의 특수성을 지워버린다."[37]

그러나 어째서 사랑은 직접 요구될 수 없을까? 라깡은 "갖지 못한 것을 주는 데"(『에크리』)에 사랑이 존재하기 때문이라고 말할 것이다. 달리 말해서, 그것은 사랑을 주는 사람이 쏟는 노력 속에서 볼 수 있을 뿐이다. 따라서 아이는 노력에 의해 어머니의 사랑을 '더듬어내고' 그녀는 요구의 긴요치 않은 부분을 충족시켜주게 된다. 그녀의 사랑은 **그녀의 가장 큰 욕망**이 아이와 함께 있고 아이에게 충족시켜주는 것이라는 그녀의 증거 속에서 읽어내게 된다. 따라서 아이는 어머니의 사랑이 욕구의 실존(라깡은 그것을 존재에서의-결여라고 부름)과 **그녀 속에 있는** 욕망—아이 자신이 충족시킨다고 생각하는 욕망—에 의지하는 것으로 보고 있다.

성적인 욕망은 욕구의 결여에서 자라나온다

욕망의 두 번째 주요한 초점은 섹스이다. 여러분이 원한다면 안 좋은 영화를 상상해보라. 그 영화 속에서 길을 잃은 어떤 여행자가 다리를 절뚝거리며 사막에서 걸어 나와 외딴 집으로 향하는데, 현관계단을 기어 올라가 쉰 목소리로 물을 달라고 간청한다. 집주인이 그에게 물을 주고 아마 음식도 주리라는 것은 상당히 있음직한 일이다. 아마

37) 「남근의 의미작용」, 『에크리』, 저자의 번역.

도 어떤 터무니없는 맥락을 제외하고서 만일 여행자의 요구가 "섹스해줘요! 그렇지 않으면 죽게 될 거에요!" 였다면 동일한 시나리오는 작동될 수 없었을 것이다.

사실 성적인 욕동(그 대상이 성기가 되는 '부분욕동')은 그에 부착된 현실적인 욕구가 없는 것이다. 일생 동안 섹스를 하지 않고도 완벽한 건강을 유지하면서 잘 보낼 수 있다. "하지만 섹스는 종족의 계승을 위해 꼭 필요한 거야"라고 말할 사람들도 있을 것이다. 당연히 그렇지만 이것은 어떤 인구 수준에서 필요하며 생식 없는 섹스를 완벽하게 할 수 있는 개인에겐 관련되지 않는다. 따라서 대상은 있지만 욕구가 없는 욕동으로서 성적인 욕동은 욕망의 씨앗을 위한 비옥한 땅을 제공해주는데, 신체적인 욕구로 정당화할 수 있는 것에서 생겨나는 요구는 있을 수 없는 것과 같다.

욕망의 구성요소들—욕동과 향락

이 시점에서는 욕동과 대상에 대해 조금 이야기할 필요가 있다. 그러나 고전적인 정신분석의 배경을 지닌 독자들한테 주의를 환기시켜줘야 하는 것은 주류의 정신분석에 의해 취해진 사고노선을 따르고 '대상관계이론' 쪽에 관련된 학파를 따라가 봤자 라깡 모델의 이해에 무익하리라는 것이다. 참으로 그런 일은 동그란 구멍에 정사각형의 나무못을 맞추려는 시도가 될 것이다. 라깡은 '부분욕동'이나 '부분대상'이란 개념을 많이 사용하지는 않았고, 그 개념들을 지나가는 말로 언급했을 뿐이다. 왜냐하면 그것들은 그 당시의 '정신분석적인 흐름'이었기 때문이다. 따라서 이런 이탈은 라깡을 설명하는 데에 도움이 될 몇 가지 용어들의 규정에 목표를 두게 되지만 다른 정신분석학파들 내에서 그 용어들의 충분한 발전에는 도움이 되지 못할 것이다.

나는 제4장에서 욕동들이나 본능들(성애욕동, 자기보존욕동 및 죽음욕동)이 실재계의 영역에 속한다고 이미 언급해 두었다. 이것들을 제외하고서(혹은 이것들의 부분집합으로서) 프로이트가 부분욕동들이라고 불렀던 것이 있는데, 대상의 매개에 의하여 유기체의 특별한 신체적 측면(구강, 항문, 성기)의 기능에 스스로를 드러내게 된다. 따라서 구강욕동의 대상은 젖가슴이고 항문욕동의 대상은 대변이 되며 남근욕동의 대상은 성기이다. (여기서 프로이트가 사용하는 '남근적'이란 단어는 힘에 연결된 순전히 상상적인 창조물로서 사용하는 라깡과는 완전히 다르다. 프로이트는 문자 그대로 성적인 만족에 연결되는 '음경'을 의미했다.)

욕동들은 유기체로 하여금 기능을 발휘하도록 만들어주는 원인이 되는데 유기체의 일부가 대상에 작용한다. 예를 들어 구강욕동은 유아로 하여금 젖을 빨도록 만들어주는 것이고, '항문적'이란 레테르가 붙어 있던 욕동은 실제로 통제하는 본능이 되는데 그 대상(대변)은 주체한테서 '상실될' 수도 있는 것이고 통제력으로 간직하게 되는 것이기도 하다. 욕동들은 욕구와는 관계없는 것이다. 구강욕동의 기능은 자궁 내에서도 관찰될 수 있다. 임신의 마지막 단계에서 아직 태어나지 않은 태아는 제 엄지손가락 빨기를 보여줄 수 있는데, 욕동의 표현장치의 기능은 그에 관련되는 욕구가 그 유기체의 생활 속으로 들어오기 전부터 시작되고 있었다. 또한 라깡이 지적해주는 것처럼, 성인의 생활에서도 맛있는 음식을 먹는 데에서 충족되는 것은 욕동이지 생물학적인 욕구가 아니다. 그 욕구는 맛과는 상관없이 혹은 완전히 입을 우회해서도 충족될 수 있다. "여러분이 입을 틀어막을 때일지라도—그 입은 욕동의 영역에 벌어져 있음—그것을 충족시키는 것은 음식이 아니고, 누군가 말했듯이 입의 즐거움이다."[38]

유아가 태어나게 되면 욕구들이 그의 삶 속으로 들어오게 되고, 거기엔 욕동과 대상과 욕구 사이에 삼각관계가 생겨나며 욕구를 따라 언어가 생겨난다. 내가 제3장에서 주목했듯이 언어는 소아가 욕구를 충족시키기 위해 획득하는 것이다. 만일 어떤 것을 구하려는 욕구가 없다면 말할 필요도 없을 것이다. 그것을 바라보는 또 다른 방법은 욕구가 요구를 정당화한다는 것이다. 사실상 요구는 어떤 것의 충족을 목표로 삼게 되는데(나는 이 지점에서 고의적으로 애매한 상태에 놓여 있음) 그에 대한 적절한 정당화는 없다. 우리는 다만 레스토랑에서 어떤 사람이 메뉴선택에 주저함을 보이는 흔한 상황을 바라보게 되는데, 그런 행동은 욕동과의 연결, 욕동의 예상된 즐거움, 욕구와 함께 정당치 못한 이런 즐거움의 정당화, 그리고 그 사이의 공간에서 자라나는 욕망을 증명해주고 있다.

욕동들(구강, 항문, 성기)과 연결된 신체부위의 기능이 욕구의 부재에도 불구하고 그 자체로 즐겁다는 것을 관찰할 수 있는데, 자궁 내의 엄지손가락 빨기나 꼭 필요하지 않은 음식의 과잉섭취에서 보게 되고, 혹은 더욱 중요한 것으로 성적인 행위에서 보는 것과 같다. 성은 단지 욕구로 정당화되지 않는데, 욕구가 없는 곳에서는 정확히 무엇을 요구하게 되는가? 또한 여기서 우리는 사랑과 함께 공존하는 것처럼 유사해 보이지만 서로 다른 문제점에 도달하게 되는데, 그것이 바로 요구를 구성하는 어려움이다. 요구와의 관계에서 사랑과 성 사이의 차이점은 사랑은 요구될 수 없다는 것인데, 그 이유는 사랑이 실질

38) 라깡의 『세미나 XI』, 앨런 셰리단 번역.

적으로 필요로 하지 않는 것을 주려는 노력에 의해서만 추론될 수 있을 뿐이고 그런데도 그것은 현실적인 심리적 욕구에 응하기 때문이다. 그에 비해서 성은 요구될 수 있지만 신체적으로든 심리적으로든 정당한 욕구에는 응하지 못하게 된다. 그리고 사랑의 증거로서 구하려는 것을 제외하면 어째서 여러분은 필요로 하지 않는 것을 구하려 하는가?

욕동에 연결된 신체 기구의 기능에 대한 주체의 즐김은 긴장을 감소시키지 않고 오히려 유지시켜 주는데, 우리는 욕망의 발생에서 그 이상의 요인을 욕구로부터 분리된 이런 즐거움에서 찾아내야 한다. 라깡은 향락(jouissance)이란 용어를 정신분석에 도입하였는데, 그것은 대개 영어로 '즐거움'(enjoyment)이나 쓰임새(usage)로 번역되고 있다. 그것이 불어권에서 논쟁을 불러일으키는 이유는 그것의 가장 흔한 의미가 '오르가즘'이란 성적인 함축을 갖기 때문인데, 영어 번역에는 빠져 있다. 그러나 불어에서 향락은 어떤 사람이 재산의 합법적인 사용을 즐길 수 있는 권리를 가리키는 법률용어도 된다. 즉 그것은 "가구주가 자신의 재산을 조용히 즐길 수 있는 권리" 같은 구절에서 영어 법률용어와 정확히 동일하다. 라깡의 사유에서 향락은 어떤 목표에 도달해서 생겨나는 충족을 가리키는 것이 아니라 그 합법적인 (의도된) 방식으로 어떤 것의 사용에서 유래되는 즐거움의 형태를 가리키는 장점을 갖고 있다. 다시 말해, 그 쾌락은 어떤 욕동에 연결된 신체 기구나 심리 기구의 기능에 따라오는 것이다. 이것은 이런 유형의 즐거움을 욕구의 충족으로 얻어진 쾌락과 구별시켜주는 말인데, 그 쾌락은 향락과는 달리 긴장을 감소시켜 준다.

향락은 감각 그 자체의 즐거움이 되고, 쾌락원칙을 넘어가는 죽음의 욕동에 연결되어 있다. 향락과 죽음 욕동을 연결해주는 실례는 약물

중독이나 알코올중독의 사례가 될 텐데, 그들은 약물에 의해 주어진 감각을 죽음의 지점까지 한 걸음 더 밀고나감으로써 향락을 추구하게 된다. 또 다른 사례는 극단적인 식욕부진 환자가 될 수도 있다.

우리들 자신의 부분들의 기능이 본능적인 방식으로 향락과 맺어진 초기의 연결 때문에 향락이 완전히 감각들의 영역—상상계—에 속한다고 결론을 내리고 싶겠지만 욕망을 설명할 목적으로 라깡은 그것을 상징계에 위치시키고 있다. 어째서 그럴까?

그런 관점의 분명한 예증을 제공해주는 항문 기능에 대한 언급으로 대답해볼 수 있다. 통제하려는 욕동뿐만 아니라 그 기능 자체는 태어날 때부터 존재하지만, 처음에 주체는 자신의 항문 기능을 의식하지 못한다(유아가 참으로 매우 일찍부터 알게 되는 그의 구강 기능과는 다르다). 그의 신체가 어떤 것(대변)을 '상실하고' 있다는 것을 처음으로 주체가 알게 되는 시점은 오직 그 때 뿐이고, 그 다음에 의식적으로 통제될 수 있는 것, 즉 항문 기능에 연결된 행위가 향락의 근원이 되는 것은 신체 부위에 의해 이런 것을 간직할 수 있는 그의 능력 내에서 이뤄진다. 항문 기능은 자신으로부터 어떤 것의 '상실'과 보유라는 개념을 표상하게 된다. 바로 이런 기능을 통해서 아이는 자신의 통제능력을 의식하게 되고 또한 (특히 아이의 부모들이 '변기 훈련'에 대해 야단법석을 떨게 된다면) 다른 사람들을 통제할 수 있는 자신의 능력의 힘을 의식하게 된다. 달리 말해서, 오직 항문 기능에 의미가 실려 있게 되었을(그가 상징계의 영역으로 진입했을) 때에만 아이는 그 안에서 향락을 경험하게 된다.

쾌락과는 분명히 다른 향락은 욕망을 이끌어내는 경험이다. 반면에 긴장을 감소시키는 쾌락은 욕구에 반응하게 되는데, 거기서 향락은 정당화할 수 없는 조건이 된다. 욕망은 부분적으로 향락에서 그 자체를 유지하고 싶어 하는 특징을 이끌어낼 수 있다.

향락이 고통은 아니지만 고통은 흔히 그 안에서 한 역할을 맡는다. 프로이트의 고전적인 실례는 실에 매달린 물건을 갖고 노는 어린이인데, 그 아이는 반복된 상실과 회복에 따라 그 유명한 "포르트-다"라는 말을 입 밖에 내면서 그 물건을 '잃었다'가 되찾는데[39], 그것이 바로 향락이 기능하는 실례이다. 상실의 고통은 회복의 충족만큼 중요한 놀이의 일부이다. 침대 위에 있는 대상의 단순한 존재가 충족을 만들어내지 못하는 것처럼 참으로 그 고통은 향락이 가능해지는 데에 꼭 필요하다.

이 놀이에서 아이의 원시적인 언어화도 역시 중요하다. "포르트-다"라는 언어화는 딴 방법으로는 무의미했을 실패의 오고 감에 아이가 붙이는 상징적 요소들의 부착을 표상하고 있다. 의미화된 개념들은 이미 아이의 마음속에 존재하고, 놀이에서 쾌락을 만들어내는 것은 언어화를 통한 이런 개념들의 실행이다. 이 경우에 향락은 심리 기구의 기능에서 획득되는데, 아이의 마음은 이원론적 개념들을 이해하고 작용하기 시작하며 또한 그 대상이 되돌아오도록 만들 수 있다는 것을 알게 됨으로써 상실에 의해 만들어진 불안과 싸울 수 있다. 이것은 개념화의 매우 복잡한 수준이고 아이가 입 밖에 낸 두 음절들로 산뜻하게 요약되고 있다. 이러한 상징화 과정은 욕동들을 승화된 형태로 즐길 수 있는 수단이 된다. "그런데도 승화는 억압이 없는 욕동들의 충족이 된다."[40]

라깡한테는 향락과 대타자 간에 또 다른 관계도 존재한다. 그는 대타자에 의한 향락의 제한으로 쾌락에 이르게 된다고 생각했다. "향락

---

39) 지그문트 프로이트 1975(첫 번째 영어번역은 1922년) 『쾌락원칙을 넘어서』, 런던 : 노턴.
40) 라깡의 『세미나 XI』, 앨런 셰리단 번역.

에 대한 지식의 원초적인 관계가 있고 이것은… 시니피앙이 나타나는 곳에 지금 출현하는 것이 된다."[41] 이것은 향락의 무의식적인 요소를 강조하는데, 그것이 상징화될 때 오로지 인정된 쾌락이 될 뿐이다. 예를 들어 어떤 어머니는 자신의 딸이 잠간 동안 몸을 비틀었던 것을 볼 수 있었는데, 그때 그녀는 '그것 참고 있기'를 즐기기 때문에 '화장실 가기 전에 춤'을 추면서 "제발, 제인은 지금 화장실에 가야돼!"라고 말한다. 이런 말이 아이로 하여금 긴장완화를 가져오는 쾌락을 취할 수 있게 해준다. 대개 그 아이는 언어, 즉 대타자가 그것을 표현하게 될 때까지는 자신의 욕구와 자신의 긴장상태에 대해 진정으로 무의식적이다.

'대타자적' 향락과 남근적 향락

유아가 부성은유에 접근하기 전에 어머니가 온전히 아이의 충족을 위해 그곳에 존재한다고 아이는 가정하며, 그 아이한테 완전하고 매우 만족스런 세계인 이런 모(母)-대상을 아이는 즐기고 있다. 그와 동시에 아이는 어머니를 대타자의 대리인—전지전능한 분—으로 확인했고 스스로를 어머니와 동일시했다. 이 단계에서 어머니와 이룬 그의 동일시는 너무나 강렬해서 그는 어머니를 그 자신의 강력한 부분으로 경험하게 된다. 라깡은 이 시점에서 유아의 심리적인 위치를 '대타자의 향락'(la jouissance de l'Autre) 속에, 혹은 '대타자적 향락'(l'Autre jouissance) 속에 있는 존재로 묘사했다. 이 텍스트는 후자의 용

41) 라깡의 『정신분석의 이면, 세미나 XVII』, 1991. 파리: 쇠이유. 저자의 번역.

어를 선호하여 그것에 정관사를 붙이는 것은 그것이 매우 분명하게 상상계의 영역에 존재할 때라도 상징계의 영역에 속한다고 암시하는 것처럼 보인다. 언급된 대타자는 아이가 그것을 분명히 그의 이자관계 밖에 위치시키지 않았던 것처럼 원(原)상징적인 대타자가 된다. 더구나 이런 대타자에 대한 아이의 향락은 어머니와의 동일시에 의해 부여된 것처럼 전능함에 대한 그의 환상—비록 매력적이지만 유지될 수 없는 상태—에 기초를 두고 있다.

대타자적 향락은 유아들과 어린 아이들한테서 관찰될 수 있는 것이다. 즉 그것의 메아리는 우리 모두에게 남아 있다. 유아는 그의 '대타자적' 향락에서 완전히 감각론적이고 자기중심적이다. 유아는 객관적인 세계가 그의 충족을 위해 디자인되어 있다고 믿으며, 그의 의지가 최고의 것을 지배한다고 믿는다. 그러나 어떤 시점에서 이런 환상은 아이가 보이는 부성은유에 대한 순종과 상징적 영역으로의 진입에 의해 크게 줄어들 것이다. 상징계에서 유아는 다른 형태의 향락—남근적 향락(la jouissance phallique)—을 얻어내는 방법도 배우게 된다.

아이가 상징적 영역—언어의 영역과 법, 그리고 이것들에서 생겨나는 모든 사회적 구성물들—에서 잘 기능하기 시작할 때, 아이로 하여금 읽는 방법을 배우도록 해주는 것은 남근적 향락에의 접근이다. 또한 여기에는(순전히 신체적 놀이에 대조되는) 규칙들로 구조화된 게임들에서 쾌락을 얻어내는 방법, 현실적인 세계의 더욱 더 많은 요소들을 상상적 게임들에 포함시킬 수 있는 방법, 농담이 언어나 사회를 전복시키는 규칙들로 구성되어 있는 유머를 감별하는 능력, 그리고 기본적인 규칙들의 식별이 사물을 작동시키는 데에 꼭 필요한 다의어의 말장난과 영리한 각운을 이해하는 방법들이 포함된다. 이 단계에서 아이는 학습에 흥미를 느끼게 될 것이고 그의 어른스런 우주이론을 발전시키기 시작할 것이다. 이 모든 것들은 그의 남근적 향락의 표현이다. 그러나 아이가 남근적 향락 속으로 들어가게 하는 추진력은 무엇일까? 그의 상징적 거세가 그로 하여금 이 통로를 따라가도록 해주는 까닭이 무엇인가? 이런 질문들에 대한 답변은 주체와 그의 자아 구성의 핵심에 놓여 있고, 그것들 속에서 우리는 주체의 형성 가운데 욕망의 지위를 찾아낼 것이다.

불안과 욕망과 남근

아이에 대해서 (그녀 자신의 욕망을 추구하느라고 바쁜) 어머니의 부재라든가 '거부'는 아이에게 커다란 불안과 분노의 원인이 된다. 아직도 비교적 무기력한 편이지만 (어머니가 그곳에 있고 마음을 써 줄 때) 전능함에 대한 그의 환상은 (그녀가 존재하지 않거나 아이가 원하는 것을 거부할 때) 그의 무능함이란 현실에 의해 상처를 받는다. 어머니가 자신의 부재중에 남근을 찾고 있다는 가정이나 혹은 어머니가 아이의 의향에 어긋나면서도 아이의 명령에 따르고 있다는 가정은 이런 표명되지 않은 사유들의 결과에 의해 그것을 아이에 대한 욕망의 궁극적인 대상으로 만들어 준다.

1. **만일 그녀가 그것에 매우 많은 시간을 들이고 있다면 그것은 놀랄만한 것임에 틀림없다. 그것은 그 자체로 틀림없이 바람직한 것이다. 또한 만일 그녀가 그녀보다 훨씬 더 강력한 그것을 따라야 한다면 그것은 틀림없이 강력한 것이다.** 아이의 욕망은 남근의 주위에 형성된다.

2. 아마도 만일 내가 그것을 획득할 수 있다면 그녀는 나와 함께 있길 바랄 것이고 나는 그녀의 부재에 직면하지 않아도 될 것이며 내가 원하는 것이라면 무엇이든 획득하게 될 것이다. 그것은 도달할 수 있는 대상으로서 또한 불안에 대한 방어로서의 **남근**이다.

그 아이가 상상계에서 **남근**의 가설을 공식화한 뒤에 그 아이는 한동안 **남근**을 소유하리라는(어머니의 현존에 이해 증명될) 희망에 매달릴 수도 있다. 그러나 만일 거세가 성공적이고 완전하다면 아이는 **부명**(父名)에 관련된(부명 밑에 숨겨진) 남근을 상징화라는 행위 속에 재배치하게 된다. 그 다음에 자신의 빗금 친(거세된) 상태($)를 받아들이면서 그 아이는 상실된 **남근**을 찾기 시작하는데, 그것은 이제 외부세계에서(정신분석의 특수용어로 그의 대상관계 속에서) 모든 종류의 시니피앙들에 부착될 수 있다.

우리가 보았던 것처럼 부성은유를 받아들이는 것은 어머니의 부재나 거부에 직면하여 아이의 현실적인 무능함의 곤경으로부터 빠져나가는 출구가 되고, 두 가지 부가적인 이유들 때문에, 즉 남근이 상실된 대상으로서 '어딘가 다른 곳에' 재배치되기 때문에 그것의 그것이거나 어떤 것이 다시금 회복될 수 있다. 또한 **부명**을 동일시하면서 그것을 획득하는 일에 열망할 수도 있기 때문이다. **부명**이 시니피앙이 되기 때문에 다른 것들로 무한히 대체될 수도 있다. **남근**은 무의식 속에 있지만 대체될 수도 있는 어떤 표상에 부착된 욕망의 궁극적인 대상이란 관념이다. 달리 말해서, 만일 여러분이 은유로 가는 길을 되짚어 보면:

$$\frac{\text{부명 (O)}}{\text{남근}}$$

여러분은 원래의 공식에 도달하게 된다.

$$\frac{S1}{\frac{\text{어머니의 욕망 대상의 시니피앙(S')}}{\text{어머니의 욕망의 의미화된 대상}}}$$

여기서 여러분이 볼 수 있는 것처럼 S1과 S' (무의식 속으로 밀어 넣어진 것)라는 서로 교체될 수 있는 두 가지 시니피앙들이 있다. 이것은 욕망의 대상이 의식적이고 무의식적인 무수한 표상들을 떠맡도록 해준다.

아이가 그의 어머니를 위해 남근이 된다고 가정하는 바는 그녀의 현실적인 욕망들에 달려 있을 것이다. 매우 사교적이고 끊임없이 사람들 속에 있게 되는 어머니는 그녀의 욕망 대상이 '사교성' 이나 '인기' 의 개념에 포함되어 있다고 생각하는 아이를 둘 수도 있다. 피아노 교사이고 그녀의 욕망 대상이 피아노를 연주할 능력 속에 간직되어 있는 것처럼 보이는 어머니는 남근에 대한 탐색에서 전문적 피아니스트가 되는 아이를 둘 수도 있다. 남근을 소유하려는 욕망은 인간의 수많은 활동들 뒤에 있는 원동력이 되는데, 그것의 결여에 대한 수용에서 발생하는 불안이 가까이 오지 못하게 막아준다.

거세는 새로운 심리적 욕구를 가져오는데, 남근을 소유하려는 욕구이고 주체 자신의 바람직함을 보증하게 될 욕망의 은유적 대상이 된다. 이제 남근은 리비도적인 욕동의 새로운 대상으로 작용하고, 그 표현기관은 성기뿐만 아니라 지능도 된다. 다른 신체부위들의 기능보다 마음의 기능에 더 큰 향락은 아니라 해도 꼭 그만큼은 존재한다. 은유의 가로줄을 넘을 수 있는 능력, 즉 상징적 영역에서 작용할 수 있는—개념화하고 분석하고 합리화하는—능력들은 모두 리비도적인 기능들이면서 단지 지능의 기능에 대한 향락을 수반하게 된다. 우리는 언어의 법칙들을 성공적으로 통합했던 아이들한테서 읽기와 다른 상징적 활동들로부터 이끌어내는 향락을 관찰해볼 수 있다. 무의미한 운문과 5행의 언어유희(limerick) 및 다의어의 말장난은 깨져나가는 언어와 사회의 규칙들을 충분히 이해하는 아이들(그리고 어른들)한테 배를 움켜 쥘 만큼 재미있다. 어떤 긴장도 감소되지 않기 때문에 이것은 쾌락이라기보다는 향락이다. 흔히 규칙들이 무너지고 향락이 사라져 버릴 때까지 농담 위에 농담을 쌓아올려서 그들은 가능한 한 오래도록 그것을 유지해 보려고 한다. 남근적 향락은 어디까지나 신체기능에 관련된 것만큼 강력한 욕망의 구성요소가 된다. 라깡은 다음과 같이 매우 간결하게 말했다. "나는 당신한테 가혹하게 대하는 것이 아니라 말하고 있는 거예요. 이것 참! 마치 성교하고 있는 것과 똑같이 동일한 충족을 누릴 수 있군요. 그것이 의미하는 모든 거죠."[42)]

욕망과 대타자

모든 욕망이 '대타자의 욕망'이라는 것은 임상적 관찰이면서 동시에 이론적 관점이기도 하다. 임상적으로 환자가 흔히 욕망을 '그곳'으로부터 생겨난 어떤 것으로 경험하게 되리라는 것을 관찰할 수 있다. 즉 그것은 어떤 사람한테 우연히 생겨나고 괴롭히는 어떤 것이며, 또한 무의식적인 실언이나 꿈이 대타자로부터 나온 것처럼 보이고 자신의 통제를 벗어난 것과 동일한 방식으로 자신의 통제 밖에 있는 어떤 것이다. 또한 개인들 각자가 그의 주위에 있는 사람들에 의해 욕망되고 있는 것을 욕망하게 된다는 말을 흔히 듣는다. 그러나 작은 '타자

42) 라깡의 『세미나 XI』, 앨런 셰리단 번역.

들' 을 관련시키는 이런 관찰에서 대타자는 대문자 'O' 로 쓰게 되고 따라서 그것은 설명이 좀 필요하다.

아이한테 첫 번째 대타자는 어머니에 의해 구체화된다. 아이가 이 대타자로부터 언어를 획득하게 되는 것처럼 이 대타자가 가장 중요하고, 이 대타자로부터 아이에게로 이동하게 된 시니피앙들 내에 포함된 것이 어머니의 욕망이다. 그 욕망은 그녀가 물려준 시니피앙들과 그것들의 의미작용에 의해 본질적으로 만들어져 왔다. 라깡의 말로는, "일차성 동일시는… 어머니의 전능함을 기초로 하여 일어나고 [또한] 욕구의 충족을 의미화 기구에 의거하도록 해주는데, [그 기구는] 시니피앙 구조의 협로에서 그러한 욕구들을 역시 파편으로 쪼개어 걸러내고 본받게 한다."[43] 이런 방식으로 어머니—여기서는 대타자의 대리인—의 욕망은 그 아이라는 주체의 욕망을 구조화한다.

그의 어머니와 맺는 유아의 최초 관계는 전능하고 예측 불가한 대타자에 대한 무기력한 의존 관계이다. 또한 대타자가 불가사의한 이유로—사실상 어머니들이 가끔 그렇게 하는 것처럼—유아의 요구에 답하지 않으려고 한다면 어찌될 것인가? 그 결과는 불안이 되는데, 그 불안은 욕망의 이면이라고 라깡은 암시하고 있다. 아마도 그것은 욕망의 종자-발아도 될 것이다.

> 욕망은 요구가 욕구로부터 떨어져 나오는 여백에서 구체화되기 시작하는데, 이 여백은 그 요구—오로지 대타자에 대하여 그 간청이 무조건적일 수 있는 것—가 욕구에 의해 생겨날 수도 있는 가능한 틈새의 모습으로 열어놓는 것이 된다. 왜냐하면 그것은 보편적인 충족이 없기 때문이다(이것을 '불안' 이라 부른다). 그것이 대타자의 변덕이란 코끼리 발에 밟히지 않는다면

43) 「치료의 방향과 그 힘의 원리」, 『에크리』, 브루스 핑크 번역.

직선 같을지는 몰라도 그것의 선회하는 특성이 나타나도록 해주는 여백이다.[44)]

이것은 법을 나타내는 것으로서 부명의 수용이 그에 복종해야 하는 대타자의 '변덕'에 대한 방패가 된다고 라깡이 암시해준 곳이다. 참으로 법은 욕망에서 시작되는데, 그 욕망은 이런 의존 관계에서 '확실한 조건으로 승격되어' 있다. 이것으로 그는 아이의 의존성 조건의 일부가 되는 욕망/불안이란 두 얼굴의 야누스가 당연히 한 조건이 된다는 것을 의미하며, 그것을 붙잡고 있는 시니피앙들이 무의식 속으로 억압되어 있다는 것도 의미한다.

> 확실한 소건에서 표상의 대리(시니피앙)가 그 고유한 장소로서 무의식 속에 들어있는데, 거기서 내가 그로부터 추출해낼 환상의 구조에 따라 그것은 욕망을 불러일으킨다. 자신의 욕망에 대한 인간의 지속된 무지가 어쨌든 고립될 수도 있는 그의 요구에 대한 무지라기보다는 오히려 그의 욕망이 생겨나게 하는 것에 대한 무지라는 것이 여기서 분명해지기 때문이다.[45)]

불안과 욕망 사이의 연결은 주체의 중심적인 구성력들 가운데 하나이고, 또한 욕망의 대상•원인도 역시 불안의 대상이라고 라깡이 가정한 이유가 된다.

라깡은 욕망의 진정성에 대해 많은 이야기를 했는데, 그는 그것이 창조성에 대한 추진력이라고 주장했다. 진정으로 거세된 주체한테서, "아버지의 확실한 기능은… 욕망과 법을 대립시키는 일이 아니라 그

44) 「주체의 전복과 욕망의 변증법」, 『에크리』, 저자의 번역.
45) 「주체의 전복과 욕망의 변증법」, 『에크리』, 브루스 핑크 번역.

둘을 결합시키는 일이다."[46] 그러나 "욕망은 대타자의 욕망이다"라는 공식은 진정성의 가능성을 부정하는 것처럼 보인다. 그것은 욕망 때문에 다른 누군가에게 의지하는 주체의 영원한 의존성을 암시해주는 것 같다. 그러나 이 말은 그런 뜻이 아니고 조금 더 자세한 설명을 필요로 한다.

어머니는 아이한테 대타자의 유일한 화신이 아니다(참으로, 우리가 이미 보았듯이 만일 그녀가 이런 식으로 남아 있다면 그 결과는 정신병이다). 대타자—상징화된 정신적 세계—는 사람마다 모두 다르다. 모든 소타자들은 각자 하나의 대타자를 소유한다. 아이는 곧장 다른 대타자들—그의 아버지의 대타자와 조금 뒤에는 그의 동료들의 대타자들—과 접촉하게 된다. 조우하게 되는 각각의 새로운 대타자와 함께 이런 대타자의 욕망은 언어로 전달된다. 따라서 그녀/그가 자라면서 그 개인의 욕망은 그 주체가 동일시해 왔던 많은 대타자들의 욕망에 의해 그 모양이 형성된다. 라깡은 이런 2차 동일시에서 타인들에 의해 그 주체에게 행사된 '영향력'이 욕망을 구성시키는(혹은 재구성시키는) 것이라고 암시해 주는데, 그것은 시니피앙들의 매개를 통해 옮겨간다. "그것은 주체에 의한 타자의 휘장의 인수에 관련되지 않고 오히려 그의 요구가 그 사람들을 따르는 한에는 그에 대하여 대타자를 표상하게 되는 사람들에게서 시니피앙들의 효과에 의해 열려진 동일한 틈새 속에 그의 욕망의 구성적 구조를 주체가 찾아내는 조건들에 관련되어 있다."[47] 따라서 개개의 주체는 다른 환경적인 요인들뿐만 아니라 수많은 다양한 동일시들의 복잡한 상호작용에 의해 형성되는데, 역시 그의 욕망도 그렇다.

---

46) 위의 논문.
47) 「치료의 방향과 그 힘의 원리」, 『에크리』, 브루스 핑크 번역.

제8장

타대상

욕망의 모호한 대상

욕망은 존재를 비-존재에 연결시킨다. 사유는 욕망이 생겨나게 한다.

(리그베다)

타대상 : 욕망의 대상·원인

라깡의 가장 유명한 개념들 가운데 하나는 타대상(l'objet petit *a*)이고, 영어로는 'small a object' 로 번역되는데, 문제의 'a' 가 '타자' 라는 뜻의 불어(autre)를 나타낸다는 사실에도 불구하고 영어로는 'other' 라서 'small o object' 가 더욱 옳을 것 같다. 그러나 역시 이런 변화는 진행 중이기 때문에 수많은 저자들이 'small a object' 라고 써왔다. 이 책에서는 불어 용어인 'l'objet petit *a*' 를 사용하게 될 텐데, 그것은 소타자(le petit autre)라는 개념과의 연결을 유지하는 장점을 갖고 있기 때문이다. 어떻게 부르든 그것의 주된 중요성은 그것이 욕망의 대상·원인이라는 것이다.

타대상이란 용어의 발생을 알아보려면 거울단계로 되돌아 가봐야 한다. 소타자(petit a, petit autre)는 영어로 'small other' 로서 유아가 거울 속에서 그 스스로를 알아보는 이미지이고 그것으로 아이는 강력한 동일시 관계를 형성하게 된다. 라깡은 1955년의 세미나에서 처음으로 소타자(petit a)에 대해 언급하고 그것을 상상적 영역에 위치시키는데, 상상계는 이 세상에 대한 아이의 감각적이고 자기중심적인 환상들을 갖고 있는 정신(psyche)의 일부이다. 다른 인간들에 대한 그의 동일시에서 많은 '소타자들'(small others)이 그 아이의 세계에 존재하게 되고 온갖 종류의 관념들과 환상들이 첨부될 수 있는 대상들이 된다. 소타자로부터 '소타자 대상들'(small other objects)로 만들어져가는 작은 발걸음이 바로 여기에 존재하게 된다.

타대상은 1957년의 세미나에서 욕망의 대상이란 의미를 갖기 시작하는데, 여러분이 욕망한다고 생각하는 이런 저런 특수한 대상을 의미하는 것이 아니라 어떤 특별한 대상 **속에 포함된** 것처럼 보이는 것을 목표로 삼거나 추구하게 되는 바로 그것을 의미하고 있다. 편의상 사람들은 그 대상의 '바람직한 속성'이나 혹은 현실세계의 대상에게 **있는 바람직한 그것**으로 생각하기 시작할 수도 있다.

"평범한 의미로 욕망의 대상은 욕망을 지지해주는 환상이거나 혹은 유혹물이다."[48] 여기서 라깡은 타대상이 '현실세계의 대상'(사물)이 아니라 '대상관계'라는 의미로의 대상이라는 것을 강조하기 위해 "욕망이 향해가고 있는 그것"이라기보다는 오히려 "욕망의 상상적 원인"이라고 구체적으로 말해두고 있다. 다시 말해서, 그것은 어떤 기능을 발휘하게 만드는 매개물(젖가슴, 대변, 성기)이고, 그의 관계적인 특성(예를 들어, 대변에 대한 통제가능성, 성기에 대한 피자극성)이 외부세계와 맺을 수 있는 다양한 종류의 관계들의 기초를 형성해준다.

48) 『세미나 VI, 욕망과 그의 해석』, 1959, 불어판(판매되는 문서가 아니고 회원들만 위한 것)에서 저자의 번역.

라깡은 타대상이 부분대상들에서 유래된다고 생각해본 일이 없었다. 오직 부분대상들의 특성들 가운데 어떤 것을 갖는 현실세계의 대상들만이 흔히 타대상을 담을 '그릇'이 된다고 생각했다. 예를 들어 돈은 상실되거나 보유될 수 있는 어떤 것이라는 점에서 대변의 속성(항문기능의 대상)을 공유하고 있다. 따라서 예기치 못한 상실은 불안의 원인이 될 수 있고, 그 '지출'은 당연히 향락의 원인이 될 수 있으며('그 자신을 위해 돈을 지출하는' 현상이 얼마나 자주 일어날까?), 또한 그 증여와 보유는 다른 사람들한테 의미를 갖게 된다. 달리 말해서, 욕망의 대상·원인이 되는 것은 돈 그 자체가 아니고, 그것의 대변 같은 속성들이 그것을 욕망의 대상·원인이 담기는 매우 좋은 그릇으로 만들어준다.

타대상은 거세에서 생겨나는 남근의 한 파편처럼 보일 수 있는데, 그때 아이는 남근을 그 자신도 소유하지 못하고 그의 아버지도 소유하지 못하며 살아있는 사람이라면 그 누구도 소유하지 못한다는 것을 이해하게 된다. 그러나 상실된 남근은 잊혀질 수 없어서 주체는 그것을 상실했다는 사실로부터 그것이 분명히 존재했었다는 것을 알게 된다. 남근은 그 자체의 흔적을 모든 곳에 남겨놓는데, 동화에 나오는 눈의 여왕[49]의 거울처럼 작은 것으로서 수천 조각들로 부서져 대상과 사람들에게 박힌다. 이런 남근적인 파편들이 타대상—욕망의 대상·원인—이고 수많은 사물들에서 찾아볼 수 있다. 스포츠카, 최신기계장치, '완벽한' 칵테일 드레스… 또한 다른 사람들한테서 찾아볼 수 있는데, 강력한 남자의 사랑을 갈망하는 여인은 그 남자의 소유처럼 보이는 남근적인 파편에 마음이 쉽게 끌릴 수 있다는 것이다. 이런 표

49) 『세미나 VI, 욕망과 그의 해석』, 1959, 불어판(판매되는 문서가 아니고 회원들만 위한 것)에서 저자의 번역.

상의 다양성은 다른 것들로 치환될 수 있는 부성은유에서 남근이 부착된 시니피앙에 의해 부여된다.

더구나 아이의 욕망은 훗날의 생활에서도 어머니를 위한 남근을 갖는 것이기 때문에 이런 욕망은 그 자신을 위해 간혹 그것을 소유하려는 욕망이나 혹은 소중한 새로운 대상을 위해 그것의 소유자가 되려는 욕망으로 변할 수 있다. 따라서 이런 새로운 관계의 역동은 역시 거세되어 있는 소중한 대상에 달려 있고, 또한 주체가 그녀/그를 '확보하기' 위해 소유하려고 애쓰는 남근의 욕망에 의존하게 될 것이다. (다음 장에서 보는 것처럼, 대개는 여자를 위해 남근의 지참인이 되어 보려는 남자가 되지만 오로지 그런 것만은 아니고 그녀의 역할은 그가 그것을 소유할 수 있는 것으로 믿고 싶어 하는 것이다.) 남근적인 파편의 소유에 대한 탐색은 창조성과 결실의 원천이다. 여기에는 풀 수 없는 수학문제에 대한 해결책의 모색, 새로운 체스 전략의 창안, 피아노 연주에 대한 여러분의 완벽한 기교, DNA 구조의 발견, 등등이 있다. 남근의 추구는 명예나 사회적 인정의 추구와는 질적으로 다른데, 그것이 순전히 자기애적(우리가 하는 모든 일에 자기애적인 요소가 반드시 존재할지라도)이라기보다는 대상(혹은 목표)에 초점을 두고 있다. 그것은 자기 자신에게서 남근적인 파편을 포함시키려는 시도와 관련되는 것이다.

라깡은 1960-61년의 세미나에서 현실세계의 대상들과의 관계 속에서 타대상을 설명하기 위해 은유를 구성하였다. 즉 그는 플라톤의 『향연』에서 가져온 아갈마(agalma)라는 용어를 사용했는데, 그것은 그리스어로 신들에게 바치는 장신구나 공물을 의미한다. 아갈마는 상자 속에 들어있는데, 그 상자 자체는 별로 가치가 없는 것이다. 따라서 타대상은 수많은 형태들을 지닐 수 있는 상자 속에 들어있는 아갈마—귀중한 것—이다. 여기서 그 형태는 전혀 중요치 않다. 라깡은 플라톤의 텍스트에서 알키비아데스가 내보인 욕망에 대한 관심을 통하여 아갈마에 이르게 된다.

알키비아데스는 『향연』에 나오는 아름다운 젊은이로서 못생긴 늙은이에 불과한 소크라테스를 어떻게 유혹하려 했는지 기술하고 있는데, 그 이유는 그의 내부에 있는 "그러한 매혹적인 아름다움의 성스럽고 황금처럼 빛나는 이미지들"을 봤기 때문이다.[50] 선함과 용기와 지혜라는 모든 속성들은 실레누스[51] 같은 늙은 소크라테스의 바람직하지 못한 그릇 속에 담겨있었다. 그 그릇은 아무런 가치가 없고 참으로 알키비아데스의 놀림 대상이었다. 소크라테스는 『향연』에서 알키비아데스의 유혹에 결코 넘어가지 않는데, 그는 "그 자신의 대상을 거세된 것으로 내보임으로써 그 자리에 있는 다른 사람인 아가톤에 대한… 욕망에 깊이 빠져 있다는 사실을 과시하고 있다."[52] 따라서 플라톤의 이런 이야기 속에는 욕망의 역동에 대한 원리가 들어 있다. 즉 최고이지만 얻기 어려운 대상이 소크라테스의 내부에 있는 아갈마이고, 그 주체는 거세된(상징적으로는 부족하고 술에 취하고 요구사항이 지나친) 알키비아데스인데, 그는 그 자신의 욕망이나 궁핍을 욕망의 이차적인 대상(아가톤)에 대한 유혹물로 이용하고 있다. 여기서 그가 알기로는 그의 욕망이나 궁핍이 그 자신을 바람직한 것으로 만든다는 것이다. 이런 마지막 관점은 무시할 수 없다.

조금 전에 언급된 것처럼, 성적인 관계와 사랑의 관계는 욕망의 대상이 주체한테서 남근을 추구해야 하는 역동에 의존한다는 것이다(혹은 그 반대로 그 주체는 사랑의 대상이 남근을 소유하는 것으로 믿어

---

50) 플라톤의 『향연』, 벤자민 조웨트 번역. 앨버트 헨너슨의 생략되지 않은 판본. 2003, 밀리스 : 아고라출판사.
51) 술의 신 디오니소스의 스승으로서 반인반마의 모습으로 묘사되기도 하고 늙은 남자의 형상을 보이기도 함.
52) 「주체의 전복과 욕망의 변증법」, 『에크리』, 브루스 핑크 번역.

주길 바라야 하고, 또한 알키비아데스처럼 그의 거세를 그에 대한 유혹물로 과시해야 한다). 어떤 여인의 무기력함이 자칭의 왕자한테 매력으로 느껴지는 것을 관찰하는 것은 너무도 흔한 일이 되는데("나는 수학이 너무 서툴러!"라는 말은 유혹자가 흔히 하는 소리다), 그녀는 그에게 남근 지참인의 역할을 하도록 허용해준다("제임스는 사업계획을 세우는 일에 매우 유능해서 나는 그저 그 모두를 그에게 넘겨줄 뿐이야"). 혹은 그 반대로 라깡은 이것들이 선택의 역할이지 생물학적 결정이 아니라는 것을 지적해 주었다. 더욱 분명한 성적인 수준에서 가장 외설스런 포르노의(또한 하위포르노의—일상생활에서 점점 더 흔해지는) 이미지들은 **플라스틱처럼 아름다운 대상으로서가 아니라** 문자 그대로 프로이트적인 남근을 욕망하는 상태에 있는 주체로서 한 여인의 제시에 달려 있다. 욕망을 일으키는 것은 그녀의 상상된 욕망(또한 거울들의 끝없는 놀이 속에서 욕망되고 있는 그녀의 욕망)이다.

더욱 일반적으로 욕망이 창조의 근원이기 때문에 욕망은 그 자체로 바람직한 것이고 주체가 소중히 여긴다. 모든 작가들과 음악가들 그리고 예술가들은 욕망의 상실에 대해 깊은 두려움을 품고 있는데, 그들은 그것이 자신들의 창조성을 작동시킬 것으로 알고 있기 때문이다. 오스카 와일드는 이렇게 말했다. "이 세상에는 단 두 가지 비극만이 있을 뿐입니다. 하나는 자신이 원하는 바를 얻지 못하는 것이고, 또 하나는 얻는 것입니다." 분석에서 치유에 대한 환자들의 저항은 대개 욕망을 유지하려는 욕망에 지나지 않는다고 라깡은 말한다. 욕망은 주체의 기초에 관련되어 왔고 증상의 기록에도 안내자가 되며 주체 내에 있는 병증이 된다. 다시 말해 라깡에게 있어서 자신의 욕망 상실에 대한 두려움은 완전히 합리적이고 분석을 착수할 때 무시할 수 없는 것이다.

욕망은 주체 내의 구성력이다

남근에 대한 첫 번째 그릇(혹은 표상)은 부명이었다. 또는 우리가 대수적 형식으로 되돌아간다면 남근은 제일 먼저 부명의 시니피앙 밑에 감춰져 있었다. 여기에 덧붙여 하나의 시니피에가 된 남근 그 자체는 억압되어 왔던 시니피앙을 갖게 되었다. 그러나 시니피앙들은 치환을 따르게 되어 있어서 이렇게 써볼 수 있다.

$$\frac{\text{부명}}{\text{남근}} \longrightarrow \frac{\text{S1(주인 시니피앙)}}{a}$$

욕망의 대상·원인은 가로줄 밑에서 남근을 대체한다. 즉 의미화된 욕망의 대리들은 그 욕망이 동일하게 남아 있을지라도 변해가고 있었다. 은유의 가로줄 위에서 부명은 주인 시니피앙으로 대체된다. 기억해 두라. 이것은 시니피앙이 추방되었던 은유적 구조이기 때문에 무의식에는 여전히 이렇게 '상실되고' '불안정한' 시니피앙—남근의 결코-완전히-결정되지-않은 표상—이 존재하고 있다는 것이다. 이것이 바로 타대상에게 알기 어려운 특성을 부여해주는 것이다. 부명은 대타자의 대리일 뿐만 아니라 주체한테 동일시의 대상도 된다. 그것은 주체와 그의 자아 둘 모두의 구성에 기본이 된다. 그것은 주체가 욕망의 대상을 표상하는 것으로 선언할 가능성이 있는 시니피앙이다. 그것을 대신하는 주인 시니피앙도 정확히 동일한 특성을 지니게 될 것이다. 라깡이 주인 시니피앙한테 주체를 세우게 되는 척추로서의 중요한 구조적 역할을 부여하게 되는 이유도 바로 이것이다.

다음의 사례를 생각해보자.

> 어떤 남자는 요트경기를 몹시 좋아하여 자신의 이미지와 동일성의 대부분을 이것 주위에 만들어 두었다. 그의 많은 욕망들은 바다와 요트경기의 주위를 맴돌고 또한 그것과 관련된 단체 같은 것의 주위에 놓여 있다. 이런 모든 것들은 옷차림과 집과 여자들, 등등의 선택에서 알아볼 수 있다. '요트경기'는 그의 주인 시니피앙들 가운데 하나이다. 이 사람이 어렸을 때 그의 아버지는 훌륭한 선원이었고 그런 아버지와의 동일시와 아버지의 관심을 끌기 위해 형제들과의 격심한 경쟁에서 키를 잡는 그 소년의 기술은 권력의 주된 '무기'—그의 남근의 표상(혹은 타대상)—가 되었다. 만일 어머니의 욕망의 진정한 대상을 부명이 어떻게 숨기는지 생각해본다면 여러분은 '요트경기'가 욕망의 대상의 은유적인 표상으로서 부명을 대체하게 되었다는 것을 쉽게 알아볼 수 있을 것이다.

욕망은 불안과의 긴장 속에 존재하고, 욕망과 권력의 결정적인 대상은 결정적인 불안을 만들어내는 그것의 결여와의 긴장 속에 존재하게 된다(그것은 도저히 이해할 수 없는 박해에 직면하여 완벽한 무기력감으로 경험될 수 있는 것임). 우리는 그것들이 이런 공식으로 자물쇠와 열쇠처럼 딱 들어맞는다고 간주할 수 있다.

욕망의 대상·원인 → 불안의-원인-결여

바람직한 원초적인 대상이 남근인 것처럼 그와 똑같이 불안을 일으키는 원초적인 결여는 거세로 볼 수 있다.[53] 라깡은 거세된 주체를 $

---

53) 내가 '불안의-원인-결여'이라 부르고 싶었던 것을 라깡은 '존재에의-결여'(manque a être)라고 부른다. 내가 이 용어를 회피했던 이유는 라깡의 표현방식에 익숙하지 않은 독자들한테는 그것이 불필요하게 신비적인 인상을 주기 때문이다(사실상 그것은 존재와 의미에 관한 철학이론에서 유래하고 있다). 최소한 '불안을 일으키는 결여'는 명백한 것이고 '욕망의 원인·대상'과는 대등하게 대조되어 있다.

(간혹 빗금 친 주체라고 부름)로 나타낸다. 그것이 사용되는 방식을 보면 $ 는 주체의 거세되어 있음(castratedness)을 의미하는 것으로 생각될 수 있다.

나는 제3장에서 주인 시니피앙들이 음화와 양화의 형태(사진처럼)로 존재한다고 언급했는데, 주체에 의해 표명된 모든 주인 시니피앙에는 억압되어 있는 그의 음성적 상대가 있다. 내 자신이 만든 다음과 같은 공식에서 시니피앙들의 가로줄 밑에서 벌어지는 일도 그와 비슷하다.

무의식 　　　 언표

$$\frac{S2}{\$} \longleftrightarrow \frac{S1}{a}$$

S1이라는 시니피앙과 S2라는 시니피앙 사이에 긴장이 있는 것과 마찬가지로 욕망의 대상·원인과 불안의–원인–결여와 연결되어 있는 억압된 시니피앙들 사이에도 동일한 긴장이 존재한다. 우리가 주인 시니피앙에 '행운'이 포함되어 있는 어린 소녀에게로 되돌아가 보면 억압된 시니피앙이 '불운'이라는 것을 알 수 있고, 또한 그녀의 욕망의 대상·원인이 행운이어야 하는 곳에서 그녀의 불안은 그녀의 운이 좋지 못하다는 것이었다. 물론 내가 너무 과도하게 단순화하고 있겠지만, 이러한 설명이 억압된 '불안정한' 시니피앙들을 고려하지 않고 있다는 것이다. 현실적으로 '행운'은 의미화 연쇄에서 '최선'과 밀접하게 연결되어 있는 주인 시니피앙이었다("우리가 휴일에는 항상 최선의 장소인 콘월에 가곤 하지. 나는 그만큼 운이 좋은 거야." 등등에서처럼). 이런 시니피앙 연쇄들을 추적하는 것이 분석의 직무다. 다시 말해 '최선'은 빙산의 일각이었고 그 감춰진 부분이 차선이었는데, 그것이 바로 그 소녀가 남자형제에 관하여 느꼈던 것이다. 그녀의 타

대상—모든 것에 '최선' 이 되는 일과 모든 것에 '최선' 을 갖는 일에 연결된 것—은 차선(그렇게 좋은 것이 아닌)이 되는 것에 대한 그녀의 불안에 대비되어 추구되었다.

주체는 이런 주인 시니피앙들의 주위에서 구성되고, 또한 여러분이 자신들에 관하여 스스로한테 말하는 허구가 자아라는 라깡의 견해를 취한다면 욕망의 대상·원인과 주인 시니피앙들 사이의 관계에 의한 구조적 역할이 자아 형성에 작용하는 것을 볼 수 있다. 어린 소녀의 자아 동일성은 우수성인데, 우수성 그 자체를 위하기보다는 오히려 경쟁적인 우수성이었다. 모든 일에 있어서 그녀의 경쟁력은 선생님들과 가족들에 의해 비슷하게 인지되었다. 그녀는 유쾌한—간혹은 조증적인—낙관주의와 분노 폭발 사이를 왔다 갔다 하고 있었다. 또한 그녀가 어떤 일에 '최선' 일 수 없다면 할 만한 가치가 없는 것으로 그 일의 가치를 떨어뜨릴 것이다.

주인 시니피앙들이 부명의 치환물이 되는 것과 똑같이 욕망의 대상·원인은 불안을 일으키는 주체의 결여에 답할 수 있는 유일한 것으로서 상실된 남근을 대체하게 된다. 나는 이 마지막 사례가 이런 요소들 간의 관계를 분명하게 보여주길 바란다.

> 사십대의 여자 환자는 만성적인 불면증에 시달리고 있었는데, 생각을 중단할 수 없거나 '마음을 꺼버릴 수 없는' 그녀의 불가능성이 그 원인이었다. 그녀는 경력이 쌓인 수학자였고 주인 시니피앙들은 '합리성' 과 '논리' 를 포함하고 있었다. 즉 그녀는 정말 짜증스러울 정도로 합리적이었다.

그녀의 주인 시니피앙들의 가로줄 밑에는 합리적 세계에 대한, 즉 문제들의 가능한 해결책에 대한 커다란 욕망이 숨겨져 있었다. 다시 말해 이것의 주위를 맴도는 그녀 생활의 남근적 향락이다. 분석은 그녀가 어머니로부터 커다란 고통을 받았던 어린 시절을 드러내주었는데, 그 어머니는 분명히 터무니없는 결정을 내려서 가족들한테 커다란 대가를 치르게 하였고 어머니의 '유치한 무분별함' 은 그 아이한테 커다란 고통과 분노의 원인이 되었다. 그 아이는 최선의 방어라고 느낀 시니피앙과 대상들의 주위에 자신의 인격을 계속해서 만들어나갔다. 그녀의 무의식 속에서 '무분별함' 의 가로줄 밑에는 변함없이 무기력감—거세됨—의 불안이 있었는데, 그것은 그녀가 아이일 때 그것의 결과로서 경험했던 것이다. 심리적 기구의 기능 속에 향락이 들어있기 때문에 그 여자의 일부 문제는 그녀가 사유를 너무 크게 즐긴다는 것이다(불면증의 시간에 그녀는 마음속으로 체스 문제를 풀려고 했다). 그녀는 어린 시절의 무분별함에 대한 무기력감으로 생긴 불안에 부딪쳐 발전시켰던 방어기제를 제어할 수 없게 되었다. 다시 말해 그녀의 향락은 쾌락원칙과 현실원칙을 모두 위반하고 있었다. 그녀한테 특히 거세불안을 재경험시켰던 그런 상황들이 일어날 때마다 불면증은 악화되었다. 제아무리 많은 생각을 해봐도 해결할 수 없는 어려움들 때문에 그녀는 잠을 못 이루고 완전히 밤을 새워 그 결과로 탈진되고 분명하게 생각할 수 없는 악순환에 빠져서 이것에 대해 더욱 더 불안해지는 느낌을 받았다.

제12장에서 나는 불안/욕망/시니피앙/주체라는 이 체계를 라깡의 분석이 어떻게 다루는지 논의해보려고 한다.

물(物)

욕망은 대체로 실재계에 소속될 수 있는 어떤 징후에 연결되기도 하는데, 그것이 물(das Ding)이고 표상을 넘어서기도 한다. 그러나 타대상이나 남근에 연결되는 것과 동일한 방식은 아니다. 물은 욕망을 끌어당기는데 아마도 그 이유는 그것이 상실의 대상 그 자체가 되기 때문일 것이다. 즉 상징화될 수 없고 상상될 수도 없는 상실의 현실이다. "현실적으로 대상을 통한 욕망은… [오로지] 물 뿐인데, 그는 그 어떤 표상도 갖지 않고 또한 갖지 않을 것이다. 그 표상이 목표가 되지 않는 까닭은 그것에 도달하지 못하더라도 그 주위에 우리의 모든 표상들, 우리의 모든 정동들이 끌리지 않을 수 없기 때문이다."[54)]

물은 "우리가 상상하는 것이 불가능하다는 사실에 의해 특징지어지는" 것을 묘사하려는 프로이트의 공식화이다. 그러나 그것은 주로 그 것의 부재에 의해 특징지어지기도 한다. 프로이트는 1895년에 어떤 대상의 기억들을 운반하는 뉴런들의 배열과 그 대상에 대해 현재의 지각을 투자한 배열이 신경정신적인 기구의 일부를 공유한다고 암시해 주었다. 다시 말해 그는 물이 그 둘 사이의 모순들에 의해 만들어진다고 암시했다. 따라서 물은 "이것은 그것이 그렇다고 내가 기억했던 것은 아닌데, 뭔가 복구할 수 없을 만큼 상실되어 있지만 나는 그것이 무엇이라고 도저히 말할 수 없는 그런 것"이라는 느낌을 만들어 내는 것이다. 물의 주요한 특성은 상실되는 것이다.

물을 라깡 이론으로 설명하려면 우리는 그의 공식화와 프로이트의 어떤 공식화를 일치시켜 보려는 라깡의 시도로 되돌아가봐야 한다. 프로

54) 장-피에르 클레로 2006, p. 144. 『라깡의 철학이 존재하는가?』 파리: 엘립스.

이트는 단어표상(*Wortvorstellungen*)과 사물표상(*Sachvorstellungen*)을 구별해 보였다. 그 둘은 그의 전의식-의식 계통 내에서 결합되어 있는데, 그에 비해 무의식에 관한 프로이트의 개념에서는 오로지 사물표상이 발견될 뿐이다. 그러나 라깡은 무의식이 시니피앙들로 만들어져 있다는 그 자신의 확신에 이것이 모순되지 않는다는 점을 지적해주고 있다. 왜냐하면 독일어에는 '사물'에 해당하는 두 단어들—*das Ding*과 *die Sache*—이 있기 때문이다. *die Sache*는 사물(a thing)의 상징적 표상인데 비해 das Ding은 실재계에 있는 물(物 the thing)로서 '시니피에의-저편'이다. 따라서 프로이트의 무의식 개념에서 사물표상(*Sachvorstellungen*)은 시니피앙들과 동일하지만, 언어와 무의식의 밖에 있는 물(das Ding)과는 대조된다.

프로이트의 물은 그리워함의 대상, 즉 욕망의 대상이다. 그것은 향락을 만들어내고 언어의 대상이지만 상징화될 수 없는 그런 것이다. 우리는 우리가 말하는 바에서 항상 그것에 접근해보려고 시도하지만 우리는 그것의 둘레를 맴돌 뿐이다. 프로이트는 물이 '지고선'이라고 주장했는데, 주체들은 그것을 열망하지만 언제나 획득할 수 없게 되는 이유는 그것을 획득하는 것이 현실원칙을 위반하고 괴로움이나 악(evil)으로 경험되기 때문이다.[55] 따라서 마침내 프로이트는 '지고선'이 존재하지 않는다는 결론을 내렸는데, 그것을 획득하는 일이 결정적인 악이 되기 때문이다.

라깡의 혁신은 물을 어머니와 동일하게 여기는 것이었는데, 실재적인 어머니가 아니라 분명히 상실되어-있는-어머니, 즉 어머니의 부

---

55) 프로이트는 두 가지 '원칙들'을 가정했는데, 그 둘 사이에 인간 정신의 긴장이 존재한다. 쾌락원칙은 여러 가지 유지한 활동들을 지배하고, 현실원칙은 만족스런 '현실-세계'의 목표를 향하는 직접적인 활동들을 방해한다. 그는 쾌락원칙이 먼저 온다고 주장했으며, 아이가 현실세계의 요구들과 법칙들을 이해하게 되면서 그의 심리적인 안녕은 두 원칙들 사이에 나있는 길을 걸어가기에 달려 있다.

재이다. "이러한 시니피에의-저편[물]의 기능과 그것에 대한 정서적 관계의 기능으로서 주체는 그것과의 거리를 유지하고 그 어떤 표상보다도 먼저 주요한 정동들을 특징으로 삼는 그런 종류의 관계로 구성되어 있다."[56] 라깡은 여기서 주체가 물과의 분리와 물과의 정서적 관계로 구성되어 있음을 의미하고 있는데, 그 물은 상징화될 수 없고 따라서 억압될 수 없는 것이다. 물과의 이런 관계는 모아(母兒)관계의 특징인 주요한 정동이 실려 있고 그에 대해서 그는 다음과 같이 말하고 있다. "모아의 상호심리의 전반적인 발달—또한 소위 좌절과 충족과 의존의 범주들로 서투르게 표현된 것—은 어머니가 물의 자리를 차지하고 있는 한에는 모성적인 것, 즉 어머니의 본질적인 특성의 거대한 발달에 지나지 않다."[57] 그 어떤 실재적 어머니보다 차라리 어머니의 물 측면에 초점을 맞춘 그 문제에 관한 연구가 지닌 명백한 가치는 실재적 어머니들의 부재에서 상상적 대상으로서의 물이 주체의 정신 속에서 유지되고 또한 당연히 계속 작동하게 될 것이다.

> 물은 실재계에서 원초적인 실재가… 시니피앙으로 고통을 받는 것이고, 여러분은 그것이 우리가 아직도 그 한계를 정할 필요가 없는 하나의 실재라는, 즉 모조리 그대로의 실재계라는 것을 이해해야 되는데, 그것은 주체의 실재계이면서 동시에 그가 그의 외부로서 다뤄야 하는 실재계도 되는데… 이러한 물은 처음부터 거기에 있었고… 그것은 그 주체가 이름을 붙이고 표명하기 시작한 모든 것으로부터 그 자체를 분리시켰던 첫 번째의 것이었다.[58]

---

56) 『세미나 VII』, 데니스 포터 번역, p. 65.
57) 위의 책.
58) 위의 책.

만일 물의 주요한 특성이 상징화될 수도 없고 상징화할 수도 없는 것이라면 아마도 물은 태어나는 시점에서 상실된 것이라고 가정해 볼 수 있을 것이다. 그것은 자궁 내의 환경, 즉 유아가 아무런 욕구도 갖지 않았던 그런 상태인데, 그의 모든 욕구가 어머니의 기능에 의해 충족되고 있었기 때문이다. 출생과 더불어 환경의 변화와 신체적 욕구들(먹고 싸는 것)의 발달은 유아가 다른 존재방식이 있었다고 막연히 '기억하는' 상황을 만들어내지만 그런 일은 없는데, (변증법적 가능성의 부재에서) 그것에 비교할 만한 것이 아무것도 없기 때문에 그것은 전혀 표상될 수 없다. 따라서 물은 그 본성으로 볼 때 그것을 상실한 사건 이후에야 개념화될 뿐이고, 상실된 대상은 결코 상징화되지 못하고 상징화될 수도 없었다. 따라서 그것은 표상되지 못한 대상의 표상—순수한 상실의 표상—이다.

물의 개념이 현존과 부재 사이의 극성에 의해 만들어지기 때문에 물은 상징계의 밖에 있고 상상계와 실재계가 인접하는 지점에 존재한다. 비록 물이 타대상의 효과 같은 것이나 혹은 남근을 갖고 있을지라도 그 근원의 차이 때문에 그것은 독특한 맛을 풍겨준다. 타대상이 남근에서 생겨나고 그래서 간접적으로는 어머니의 욕망에서 생겨나지만 물은 아직도-표상되지-않은 것, 즉 잊을-수-없지만-이미-잊어버린 타자와 맺은 관계의 주요한 정동들에서 생겨난다. 이런 환상적인 어머니—이런 세계로서의-어머니—의 완전한 향락으로의 회귀는 주체의 해체를 필요로 하는데, 그것은 단지 불가능할 뿐인 언어이전 상태로 가는 퇴행의 일종이다. 주체는 시니피앙들에 의해 존재하게 되고 물은 상징계 영역의 밖에 존재하기 때문에 물에서의 완전한 향락은 시니피앙들의 영역으로부터 빠져나오는 출구를 필요로 할 텐데, 그 영역이 바로 주체성의 영역이고, 주체 그 자체는 지워지거나 소멸

될 것이다. 물과 어머니를 동일하게 간주하는 일에서 다른 중요한 것(그것이 부재하고 불가능한 어머니일지라도)은 근친상간의 터부 때문에 완전한 향락의 대상으로서 그것의 접근 불가능성을 강조해주는 점이다.

어머니에 대한 이런 근친상간의 개념은 그것을 근친상간의 가장 근본적인 터부로 만드는데, 이것이 라깡과 레비-스트로스 간의 차이점이며 그는 친족의 구조를 세우는 일에 오직 아버지와의 근친상간 금지만을 고려하고 있었다. 그러나 라깡한테는 어머니와의 근친상간의 위험성이 훨씬 더 중요하다. 결국 상징계에의 접근을 봉쇄하는 주체의 잠재력에 관하여 주체한테 가장 친밀한 것이면서도 가장 위협적인 것은 무엇일까? 어머니는 수많은 방식으로 상징계의 문지기가 되는데, 원초-사유가 시작될 수 있는 극성을 만들어내는 것은 그녀의 현존/부재이고, 대타자를 구체화하는 것도 그녀이며, 오직 그녀만이 부명을 불러낼 수 있을 뿐이다. 따라서 구조적으로 접근할 수 없고 금지된 것을 의미하는 어머니, 또한 유아주체에 의해 지고선으로 상상되는 어머니는 부재의 상태에서 또한 충분히 접근하기가 불가능한 상태에서 물을 구성한다.

따라서 물은 위반의 대상이 되는데, 향락 추구로 시작되는 행동에서 관찰될 수 있고 자기-파괴로 끝난다. 물은 죽음욕동의 대상처럼 생각될 수 있다. 성적인 흥분이란 이름으로 자신의 목을 조르는 여주인공이나 인간들에게서 망각을 추구하는 그런 사람들은 물에 대한 추구를 행동화로 내보일 수 있다. 물에 대한 추구는 남근의 추적과 타대상의 추적에 의한 긴장 속에 존재한다. 여러 가지 대상들 사이에 형성된 이런 긴장의 역동은 창조력의 총계로 보일 수 있다.

욕망과 보로메오 매듭

실재계에 속하는 요소가 욕동이고, 혹은 제6장에서 언급된 욕동들이다. 성애적인 욕동과 성적인 욕망이 동일한 것이 아니라고 주장하는 것은 중요한 일이다. 일반적인 말로(또한 간혹 정신분석학계에서조차) 그 둘이 흔히 동의어인 것처럼 언급되고 있거나 성적인 욕망이 단지 한 대상에 집중된 성애적 욕동인 것처럼 말해지고 있다. 그러나 후자의 언급이 진실이긴 하지만 성적인 욕망은 그 이상이고 공식화 그 자체는 다음과 같은 질문을 제기한다. "무슨 대상인가? 또한 무슨 기제에 의해 그 욕동은 집중되는가?"

영아의 삶이 시작되는 바로 그 순간에는 성적인 욕망은 존재하지 않고 오직 상징적 영역으로 주체가 진입한 이후에야 존재할 수 있을 뿐이다. 이 시점에서는 성기에 생기는 그 어떤 동요도 단지 그 실재적 상태로서 욕동의 효과일 뿐이다. 모든 인간사회로부터 격리된 가상적인 인간 영아를 상상해보라. 그의 생존이라는 있음직하지 않은 사건에서 그의 성기에 일어나는 성애적 욕동의 발현에는 수음으로 답할 수 있다. 그러나 그것은 야기된 상상들과는 아무런 관련도 없는 수음이 되기도 한다. 즉 환상이 전혀 없는 순수한 신체반응이 되기도 하는데, 아마도 무척 즐거운 행위는 못될 수도 있다. 그것은 성적인 욕망이 결여되어 있는 성애적 욕동에 대한 반응일 수 있다. 그것은 인간사회의 외부에 있고 **완전히 가상적**이다. 심한 정신장애를 앓는 소아들은 어느 정도 상상적 영역으로 진입했을 가능성이 있긴 하지만 그들조차도 이런 식으로 기능하지는 않을 것이다.

아이는 거의 대이나지미자 그 순간에 그의 상상적 영역이 발날하게 된다. 아이는 처음엔 젖가슴과 다른 부분대상들에 의해 어머니의 감각적인 세계와 밀접히 연결되어 있다. 편의상 여기서는 상상계를 원초적인 지각에 기초한 대타자다움의 개념으로 생각해보자. 대타자적인 향락(l'Autre jouissance)의 단계에 있는 영아는 그의 상상적 영역에서 대상관계를 발전시킨다. 이 시점에서 그의 가설들은 완전히 자기중심적이지만, 감각을 외부 대상들에 연결시키는 일과 이런 대상들에 관한 가설을 형성하기 시작하는 일이 가능해진다. 이 시점에서 그의 성기로 경험된 성애적 욕동은 자기의 외부에 있는 어떤 것의 향락에 연결된다. 그 영아는 비록 각성의 근원이 아직도 순전히 내부적인 욕동일지라도 만족이 다른 대상과의 관계로부터 나온다는 것을 알게 된다. 따라서 욕망에 대한 기초가 놓이는 것은 바로 이 시점인데, 대상들에 대한 아무런 인식도 없고 또한 쾌락을 주거나 좌절을 일으키는 그 대상들의 잠재력도 없다면 불안도 없고 욕망도 없을 것이다.

아이가 점차로 인간사회 내에서 기능하는 '말하는 존재'로 되어감에 따라 마지막 가닥—상징계—은 언어로의 아이의 진입에 딸려 나온다. 일단 그 아이가 대타자의 담론에 의해 상징적 영역으로 들어가면 성애적 각성(아직은 욕망이 아님)은 말에 의하여 다른 인물들에 부착될 것이다. 그러나 욕망은 성애적 욕구를 충분하고도 만족스럽게 상징화하지 못하는 대타자의 실패에 의해 만들어진다. 여러분이 기억하게 되겠지만 실재계의 본질적인 특성은 상징화될 수 없다는 것이고, 따라서 그것은 언제나 언어나 다른 형태의 표상들을 피해나가게 될 것이다.

우리는 이제 욕망이 주조되는 거푸집을 상징계와 상상계와 실재계의 매듭에서 갖게 되는데, 다시 말해 상상계의 대상관계 속에 세워진 환상들에 결부된 (실재계의 가닥 위의)욕동을 상징화할 수 없는 (상징계의 가닥 위의)대타자의 불가능성에서 그 형판을 갖게 된다(그 대부분은 무의식에 파묻혀 있지만 분석가의 카우치 위에서 충분한 시간이 주어지면 의미화 연쇄로서 출현할 수도 있다). 부성은유(거세)의 수용에서 발생하는 것처럼 욕망의 대상•원인은 세 가지 가닥들 간의 접촉 지점에 위치할 수 있다.

욕망의 수학

욕망의 원인으로서 타대상은 다음과 같은 환상의 공식에 나타난다.

$\$ \diamond a$

이것은 시니피앙들의 세계로 들어감으로써 분할된 무의식의 주체와 욕망의 무의식적 원인인 타대상 간의 관계를 보여준다. S 위에 그어진 빗금은 언어로의 진입에 의해 생겨난 주체의 분할을 나타낸다. 타대상은 상실된 어떤 것, 즉 비어 있는 장소로 보이는데, 그것은 주체가 평생에 걸쳐 다양한 상상적 대상들로 틀어막으려고 애쓰는 틈새이며 그 대상들은 주체의 역사에 의해 결정되고 특히 타자들의 시니피앙들과 환상들과의 조우에 의해 결정되는 것들이다. 마름모꼴은 타대상과 맺고 있는 빗금 친 주체의 환상적인 관계를 나타낸다.

라깡은 '원환체'—타이어 속의 고무 튜브—의 위상수학을 이용해서 대타자의 욕망에 대한 욕망의 연쇄를 설명하였다[그림 2].

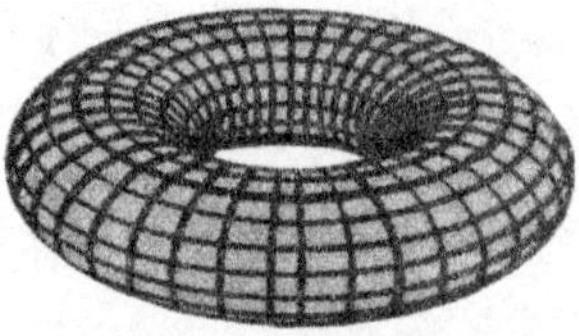

[그림 2] 원환체

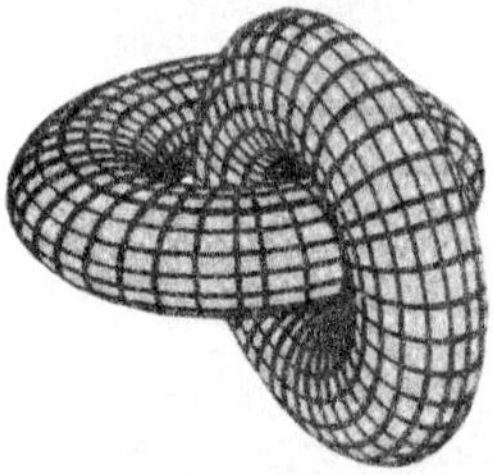

[그림 3] 맞물려 있는 두 원환체들

[그림 3]을 보면 주체(아이)의 욕망은 어머니의 욕망(옆으로 누워 있는 고리)의 주위를 도는 곁에 있는 고리와 비슷한데, 어머니의 욕망은 본래부터 완전히 다른 곳에 있는 어떤 것(옆으로 누워 있는 고리의 중심구멍)의 주위를 돌고 있다. 아이의 욕망은 어머니에게 만들어내는 사랑에 대한 요구와 어머니가 실제로 원하는 것 사이의 틈새에 의해 만들어지는데, 전자는 그 아이를 표상하는 고리의 평면 위에 새겨진 눈금처럼 보이고 후자는 구멍 속에 들어 있다. 여러분은 이러한 원환체를 생각해봐야 하는데, 그것이 이런 식으로 대타자의 욕망의 원환체에 연결된 것처럼 주체(아이)의 욕망과 어머니의 욕망 간의 관계를 상징하고 있다.

따라서 주체의 욕망은 주체가 어머니의 욕망이라고 생각하는 것을 선회함으로써 대타자의 욕망임을 알지 못한 채로 그것의 주위를 맴돌고 있다. 이런 식으로 주체가 욕망하는 것은 대타자의 욕망이다.

사랑과 욕망의 상호 배타적인 동거

프로이트가 대상의 선택이나 사랑의 대상에 대하여 말할 때 그것은 일반적으로 전인적 인간이다. 그러나 부분욕동들이 목표로 삼는 대상에 대해 연구할 때에 그것은 대개 부분대상(젖가슴, 음식, 등등)이다. 첫 번째 대상들의 선택은 의존성을 통해 획득된 충족의 경험에 연결되어 있다. 훗날 사춘기가 지나서 그 주체는 새로운 가능성들을 마주하게 되고 그의 첫 번째 대상들을 모델로 삼아 구성된 새로운 외부 대상들을 선택하게 된다. 그러나 그는 최초의 정서에서 성적인 관능성으로 옮겨가고 있다. 프로이트는 이처럼 근본적으로 다른 두 영역들(정서/관능)을 조화롭게 동거하도록 만드는 일이 어렵다는 것을 지적해 주었다. 그에게는 인간들이 욕망하는 것을 완벽하게 사랑할 수 없고 그들이 사랑하는 것을 욕망할 수 없는 것처럼 보였다.

라깡은 이런 부조화를 검토하면서 욕구와 욕망과 요구 사이의 관계를 기술하고 욕망에 대해 가장 가까이 초점을 맞추고 있었다. 그러나 사랑과 성적인 욕망 사이에는 흥미롭게도 부정할 수 없는 연결이 놓여 있다. 가장 완고한 카사노바(남자든 여자든)는 둘 사이의 완벽한 융합을 부단히 추구하고 있음을 인정할 수도 있다. 또한 사랑과 욕정을 결코 혼동하지 않을 거라고 주장하는 가장 냉소적인 사람들은 그들 스스로 '감성적인' 감정에 상처받기 쉽다는 것을 알게 된다. 로맨틱한 전통이 많지 않은 사회와 결혼이 사회적 거래가 되는 사회에서는 이성애적인 사랑은 성적인 욕망보다 사회적으로 받아들이기가 더 쉽지 않을 수도 있다는 것을 잊어서는 안 된다.

사랑에 대한 욕망과 성적인 욕망이 서로 뒤얽히기 쉬운 용이함과 오해가 일어날 가능성들은 두 가지 것들의 발생에 요약되어 있다. 두 경우에 모두 가능해진 요구들이 대체로 혼동을 만들어내게 되는데, 그 이유는 첫째로 그것이 다만 요구의 '추가분'의 충족으로 답해질 수 있기 때문이고(단지 배고픔을 가라앉히는 음식보다는 오히려 진짜 좋은 식사를 마련하려고 애쓰는 노력), 둘째로 요구에 덧붙인 정당한 욕구가 없기 때문이다. 그러니까 사랑의 증거를 제외하면 그것에 어떤 답변을 해야 하는가? 그것이 사랑을 받는 사람이라기보다는 차라리 사랑의 추구에서 성적인 호감을 '주는 사람'이라는 것은 보기 드문 일이 아니다. 또한 양쪽 모두에서 완벽하게 조화된 정욕이 존재하지 않는다면 거기엔 대체로 실망이 존재하게 되어 있다. 완벽하게 조화된 정욕의 경우에도 '주어져' 있는 것은 사랑의 증거를 너무 똑같이 닮아 있기 때문에 더욱 철저하게 혼동의 여지가 남게 된다.

현대 라깡학파의 견해로는 사랑과 욕망 간의 불일치는 욕동들에 두고 있는 그 근원에 의해 검토될 수 있다. 사랑은 아마도 자기보존 욕동과 성애적 욕동에 밀접하게 연결되는 것 같은데, 그에 비해 욕망은 (향락의 추구에서 보여주는 것처럼) 성애적 욕동과 죽음 욕동에 연결될 수도 있다. 따라서 (성애적인 것의 영역에서는) 겹쳐진 부분이 있지만 완전한 조화는 결코 존재하지 않는다. 이런 부조화의 발생은 남자와 여자한테서 각기 달라지는데, 거세과정에 대한 서로 다른 반응들 때문이다.

제9장

성화의 공식

젠더의 굽힘

여성은 존재하지 않는다(La femme n'existe pas)

라깡에게 있어서 우리의 젠더 동일성을 결정해주는 것은 성의 생물학적 현실이 아니다. 그는 젠더를 동일시 과정의 결과로 보고 그가 '성화'(sexuation)라고 부른 과정의 결과로 보았다. 이것은 주체가 남근과 거세와의 관계에서 그 자신을 결정하는 방법과 반드시 관련되어 있을 것이다. 여기서 라깡은 프로이트와 매우 다른 입장을 택하고 있는데, 프로이트는 오이디푸스 콤플렉스에 대한 자신의 견해를 소년들과 소녀들 간의 생물학적인 차이와 음경의 유무에 그 기초를 두면서 거세의 위협을 글자 그대로 받아들이기 때문에 그의 입장은 많은 비판을 받아왔다. 라깡한테서 거세는 상상적 대상—남근—의 상징적 상실인데, 그것은 어머니의 욕망의 대상이다. 소년들과 소녀들은 양쪽 모두가 남근을 갖지 못했음을 받아들이는 수긍과 관련된 부성 은유에 복종해야 한다.

그의 미숙성 때문에 유아는 무능해서 욕망을 추구하는 어머니한테 대항할 수 없다. 아이가 부성 은유에 복종하지 않으면 우울증과 허탈감을 앓게 될 텐데, 그 이유는 어머니한테 그 자신의 의지를 내세우기 위해 그가 할 수 있는 일이 아무것도 없기 때문이다. 어떤 의미로 부성 은유는 '속임수'—거짓말에서 공모의 게임—가 되는데, 그것은 완전한 절망의 위치로부터 아이를 구해내게 된다. 그러나 아이가 이런 상징적 거세에 대하여 취하는 태도는 남녀에 따라 서로 다르다. 소년은 어머니를 위한 남근이 되려는 생각을 포기하면서 어느 날 사랑하는 사람을 만족시킬 대상의 소지자가 된다는 기대 속에서 아버지를 동일시할 수 있다. 즉 소년의 '탐색' 은 어떤 남근적인 파편들을 찾는 일이다. 소녀는 남근을 소유하려는 생각을 포기하면서 소년과 동일한 위치를 채택하지만, 그녀는 한 가지 대안도 갖고 있다. 그녀는 어머니와 같은 부류라서 어머니를 계속 동일시할 수 있다. 그녀는 언젠가 어머니가 되리라는 것을 알고 있다. 다시 말해서, 그녀는 누군가 딴 사람에 의해 그녀에게 가져오게 될 남근에 대한 어머니의 욕망을 포함하여 어머니의 망또를 물려받게 될 것이다. 따라서 소녀는 누군가 딴 사람을 기쁘게 하기 위해 남근을 소유하려고 애쓸 필요가 없다. 그 대신에 그녀는 부성 은유를 통하여 남근의 대리인으로서 아버지의 욕망의 대상이 되려는 시도를 원할 수도 있고, 또한 남근에 관하여 어머니와 경쟁하는 관계로 들어갈 수도 있다. 따라서 거세 이후의 소녀의 위치는 남근(혹은 그것의 파편들)의 소유를 원하는 것이 아니라 그것을 소유한 것처럼 보이는 누군가를 유혹하고 싶어 한다.

이 과정에는 또 다른 차원이 있는데, 그 과정은 소년에겐 불안발생이 높은 편이지만 소녀에겐 매우 낮다. 유아의 첫 번째 동일시는 어머니와 이뤄지고, 그의 초기 삶에서 경험된 대타적인 향락은 전능함의 느낌에 크게 의존하는데, 그런 전능감은 마치 어머니의 육체가 자신의 육체나 되는 것처럼 그녀의 육체를 즐길 수 있는 자유뿐만 아니라 이런 동일시에도 따라 나온다. 거세에서 소년은 자신이 남근을 갖지 않았다는 것을 깨달을 뿐만 아니라 더 이상 어머니를 동일시할 수 없고 새로운 종류의 동일성을 찾아야 한다는 것도 이해하고 있다. 다른 한편 소녀는 어머니를 동일시한 채로 남아 있고 따라서 대타적인 향락의 축소된 형태로 남아 있게 된다.

거세가 소년을 더욱 두렵게 만드는 또 다른 방법은 그것이 어머니와 남근 사이의 이원적인 관계로부터 그를 쫓아내 버리는 일이다. 그는 그녀가 자신의 욕망들을 어떻게 추구해 가는지 증언할 수 있지만, 그것은 그와는 아무런 상관이 없다는 것을 받아들여야 할 뿐만 아니라 그가 얼마큼 동일시의 지속을 따라 한다는 것은 말도 안 되는데, 그는 결코 그녀처럼 어머니가 될 수 없기 때문이다. 즉 그는 진정으로 배제되어 있다. 다른 한편으로 소녀는 자신이 어머니의 당연한 계승자라고 기분 좋게 알고 있어서 어머니-남근의 관계 속에 머물 수 있다. 그녀는 어머니가 이끄는 곳으로 따라갈 수 있는데, 언젠가 어머니가 되리라는 것을 알고 있어서 만족을 추구하는 데에도 동일한 전략들을 채택하게 된다. 소년은 남근과의 어떤 관계를 이용하려고 또한 거세불안의 무기력한 우울증에 압도되지 않으려고 대타에 관여됨으로써 혼자 힘으로 그것을 추구해야 한다. 만일 허용된다면 그는 아버지와의 동일시로써 시작할 수 있는데, 그 아버지가 결국 남근의 첫 번째 소지자가 된다. 소녀도 역시 그렇게 할 수 있지만 그녀가 취하는 위치에서 선택할 수 있게 되는데, 한편 소년이 취할 수 있는 진정으로 성공적인 유일한 위치는 거세 쪽이다.

소년이나 소녀가 거세 쪽을 향하여 취하게 되는 위치에는 오직 생물학적으로 '타고난' 두 가지 뿐일 것이다. 첫째로 소녀는 어머니가 될 수 있는데 소년은 될 수 없다는 사실이다. 둘째로 소년은 어머니와 근친상간을 저지를 수 있지만 소녀는 저지를 수 없다는 사실이다.

라깡은 성화에 대한 네 가지 '학소'를 제안했다. 그들이 '말하는 존재'라는 맥락에서 두 가지는 남성적인 동일성을 규정해주고 두 가지는 여성적인 동일성을 규정해준다. 그러나 말하는 존재는 그 누구든 이 집단이나 저 집단에 들어갈 가능성을 갖고 있다. 이것은 남성적인 동일성과 여성적인 동일성이 생물학적인 성에 의지하지 않는다는 평범한 관찰을 지지해준다.

라깡이 남성의 성적인 동일성에 대해 말한 두 가지 진술은 다음과 같다.

- 모든 남자들은 남근적 기능에 복종한다.
- 남근적 기능에 대해 예외가 되는 적어도 한 사람이 존재한다.

우선 먼저 남근적 기능은 거세를 가리킨다. 뿐만 아니라 그로부터 뒤따르는 모든 것을 가리키기도 한다. 여러분이 남근을 얻지 못했어도 어딘가에 존재한다는 것을 인정한다는 사실 때문에 그것은 추구되고 있는 바로 그 대상이 된다. 두 번째 진술은 남근을 소유하면서도 거세에 복종하지 않았던 아버지라는 가상적인 존재를 가리키는데, 어떤 관념이 존재하려면 그의 역도 반드시 존재해야 한다는 의미에서 그렇다. 이것은 프로이트가 원시종족의 긍지에 관한 신화에서 묘사했던 것으로, 선사문화에서 그 집단의 아버지는 모든 여자들을 소유했고 아이들은 죽임을 당하든가 쫓겨났다. 이 신화적인 아버지는 남자 아이들이 사회에 접근하는 것을 막아버리고 어느 시점에서는 그 아이들이 그를 죽이게 된다.

남근-소지자의 가설은 한 부류의 대상들이 그와 구별되는 특성들의 부재 가능성에 의해 구성되는 동일한 방식으로 남성 동일성의 존재를 허용하는 데에 꼭 필요하다. 달리 말해서, 만일 두 다리를 가진 한 부류의 생물체들이 있다면 더 많거나 더 적은 다리를 가진 다른 생물체들도 존재해야 한다는 것이다. 이것은 소년들이 이런 신화적인 아버지의 상속인이라고 가정하는 것을 의미하지만 그들은 상속인이 아니다. 남자들은 거세에 복종해왔던 모든 사람들의 보편적 총체가 되는 하나의 총체를 구성하고 있다. 즉 그들은 이런 신화적인 아버지가 완벽한 대상의 완전한 향락을 경험했다는 환상을 갖고 있지만, 이런 향락은 평범한 사람한테는 금지되어 있어서 접근할 수 없는 것이다. 그러나 남성적인 향락은 남근적이어야(대상에 초점이 맞춰져야) 하고 거세에 의해 그 한계가 정해져야 하는데, 그 말은 오로지 사회의 법체계 내에서 그 대상들을 즐길 수 있다는 것을 의미한다. 보편적인 총체로서 그것은 전형적으로 군대와 풋볼 팀, 교회, 등등처럼 집단을 형성하는 남성적인 기능이 되는데, 그 집단은 한 가지 목표를 추구하며 형성된다는 점에서 남근적 기능을 갖게 된다.

여성적인 위치를 묘사하는 라깡의 진술은 다음과 같다.

- 모두가 아닌 여자들이 남근적 기능에 복종한다.
- 거세에 대해서는 예외가 없다.

이러한 역설은 여성적인 동일성이 거세에 의해 구성되지만 소녀들은 남근을 소유하려고(또한 그에 따라 대상에 초점을 맞춘 향락 속으로 완전히 들어가려고) 시도할 필요가 없다는 것을 의미하는데, 그들은 어머니의 욕망을 그들 자신의 것으로 채택할 수 있는 선택권을 갖게 된다. 라깡에 따르면 이것은 그 소녀가 신화적인 대상의 완전한 상실을 받아들일 필요가 없다는 것을 의미한다. 나는 그녀가 어머니와 남근 간의 관계로부터 완전히 배제된 것은 아니라고 말하길 더 좋아한다.

거세 이후 소년의 상황을 상상해보라. 그때 그는 남근-소지자가 다른 어떤 것/사람이라는 것을 받아들이게 되었다. 그렇다면 그녀 자신의 욕망이 남근이 되는 그런 어머니와의 관계 속에서 그는 과연 무엇이 될까? 그는 그 관계로부터 완전히 쫓겨난 것처럼 보이는데, 반면에 소녀는 적어도 자신이 언젠가 어머니가 되어 남근-소지자의 마음을 끌게 되리라는 것을 알고 있다. 소년의 위치는 불안과 동일성의 거대한 상실감을 만들어내야 하는 위치이고, 오히려 그는 어머니와의 관계 밖에서 자신의 동일성을 정립하는 다른 방법들을 찾아내야 한다. 어머니의 욕망과 맺은 환상적인 관계에서 쫓겨난 이후에 그 소년은 아버지와의 동일시에 의해 또한 남근적 기능에 의해 어느 시점에서 그도 역시 남근-소지자가 되길 바랄 수 있을 뿐이다. 또한 남근이 상상적 대상이라서 그는 그의 모든 대상관계에서 그것을 찾아내야 한다. 이 말은 매우 많은 남성적인 활동과 창의성에서 보이는 커다란 다양성과 임의성을 설명해준다. 즉 소년들은 남근의 유혹을 따라가면서 스스로의 힘으로 그 장소와 의미를 찾아내야 하고 인간 생활영역의 거의 모든 구석에서 이런 식으로 추구하여 찾아내게 될 것이다. 소년들은 하는 일(what they do)에서 스스로를 확인하고 싶어 하는데, 소녀들은 현재 상태(what they are)에 의해 스스로를 확인하려는 경향을 보인다. 그러나 소녀들에 관하여 오직 '경향을 보인다' 고 말할 수 있는 까닭은 라깡에 따르면 여성들에 대하여 일반화하기가 불가능하기 때문이다. 다시 말해서, "여성이란 존재하지 않기"(La femme n'existe pas) 때문이다.

소녀가 자신의 거세와 관련하여 취하고 싶은 위치에서 자신한테 보이는 가능성들의 거대한 조합을 생각해보라. 그녀는 남근적 기능의 요소들과 어머니의 욕망의 요소들을 떠맡을 수 있는데, 개인들 각자마다 이런저런 정도로 혼합하거나 맞춰놓고 혹은 그것들 사이를 왔다 갔다 하다가 결국엔 거세문제에 대한 여성적인 해결책이 단 한 가지도 떠오르지 않게 된다. 이것이 바로 라깡이 다음과 같이 주장했던 이유이다. 정관사(the)에 의해 여성을 보편적인 집단으로 규정하면서 여성과 같은 그런 것은 없다고 말하는 이유는 그 본질에 있어 그녀는 모두가 아니기 때문이다."[59] 그 남자한테는 오직 개별적인 여자들만이 있을 뿐이다. 그들 모두는 거세에 대한 서로 다른 반응에 의해 다르게 구성되어 있었다. 그러나 남성—보편적인 남성—은 존재한다. 왜냐하면 그는 그의 생물학과 거세에서의 위치에 의해 엄격히 설정된 경로의 산물이고 이러한 경로로부터의 변동이나 일탈이 거의 없기 때문이다. 어머니의 욕망을 채택하는 소녀의 위치를 그 자신의 것으로 채택하려고 애쓰는 소년은 조금 우스꽝스럽게 되고 이런 위치를 유지하기 위해서는 커다란 정신적 속임수를 스스로한테 펼쳐야 한다.

젠더 동일성의 두 번째 생물학적 결정인자는 앞에서 언급한대로 어머니와의 근친상간이 소년들한테는 가능하지만 소녀들한테는 불가능하다는 것이다. 근친상간의 금지는 남자들과 여자들한테서 동일한 방식으로 주체의 구조 속에 논리적으로 새겨져 있지 않다. 라깡한테서 근본적인 근친상간은 소년들과 그들의 어머니 사이에 있으며, 따라서 거세는 그들에게 이런 근친상간을 금지시키는 행위의 부가적인 결과를 갖게 되는데, 부명을 받아들이면서 소년은 자신이 어머니의 욕망을 충족시킬 수 없으리라는 것을 인정하게 되었다는 것이다.

59) 세미나 *XVIII, D'un Discours qui ne serait pas du semblant, Le seminaire, Livre XVIII, Association Lacanienne Internationale*, 회원들한테 이용 가능한 기록을 저자가 번역한 것임.

"성적인 관계와 같은 그런 것은 없다"

이 말은 의도적으로 자극하려는 라깡의 또 다른 진술인데, 그 말로서 그는 청중들한테 사물의 진정한 본질에 대해 생각하도록 해주었다. '관계들' (relations)이란 단어보다는 '라포르' (rapports)란 단어를 사용하여 그는 성적인 행위에 관련된 개인들 간의 관계의 환상적인 특성을 강조하였다. 즉 그는 성적인 관계들이 존재하지 않는다고 말하는 것이 아니라 그런 관계들이 상호적인 이해나 동의 혹은 라포르의 특성을 갖고 있지 않다는 것을 말하고 있었다. 개별적인 남자와 개별적인 여자는 공유의 성적인 행위에서 타자의 향락과 전혀 다르고 서로 무관한 그런 향락의 형태를 각자 추구하고 있다. 다시 말해, 남성의 대상은 여성의 대상과 서로 다르다.

남자들의 성에 대한 태도가 목표-지향적이라는 것은 흔히 하는 말이다. 더욱 정신분석적인 방식으로 표현해 보면 남근적 기능에 복종함으로써 그들의 즐거움이나 향락이 다른 사물들에서처럼 성에서도 대상에 맞춰진 그들의 초점으로부터 나오게 된다. 모든 사물들에서처럼 여자들에게는 다양하고 가능한 다수의 방법들이 있고 즐거움이나 향락의 수많은 근원들이 있는데, 여기에는 그녀의 파트너한테 남근적 기능의 대상이 되는 즐거움도 포함되어 있다.

제10장

네 가지 담론

관계의 네 가지 형태

네 가지 담론들은 1969년 라깡의 『세미나 XVII』에 나타난다. 그것들은 사람들이 서로 관계하는 여러 가지 방식들에 대해 또한 사회적인 관계에서 지식과 향락의 경제에 대해 그가 관찰했던 것을 형식화하려는 시도이다. '담론'이란 용어는 한 주체와 한 타자 간의 소통의 조직화에 관련된다. 라깡이 초점을 맞추기 위해 선택했던 네 가지 '타자들'은 주인과 대학, 분석가 및 히스테리 환자이다. 라깡은 자신의 형식화를 주인들(권력의 위치에 있는 사람들)과 대학들, 정신분석가들 및 히스테리 환자들에 관한 현실적인 관찰에서 끌어왔다. 그러나 주체와 맺은 그들의 관계에 대한 그의 형식화는 훨씬 더 광범위하게 적용될 수 있다. 주인은 권력의 위치에 있는 모든 사람을 표상할 수 있고, 대학은 학구적인 기관이나 법인, 정부기관, 혹은 상업적 시설을 표상할 수 있다. 분석가는 주체가 더 깊은 개인적 통찰로 향해 가는 정보를 공개하고 끌어내는 관계를 맺게 되는 사람이 될 수도 있다. 히스테리 환자는 진정한 욕구와 관심의 위치에서 나온 외부적인 문제들에 대해 질문을 던지는 사람이고 그렇게 해서 그 주체가 마치 주인인 것처럼 문제들을 해명하도록 강요하는 사람이다. 또한 담론 내에 있는 이러한 네 가지 '위치들'은 각각의 칭호에 따라 확고하게 정해지는 것은 아니다. 누가 됐든 그들의 인생의 다양한 시점에서 그 어떤 담론의 화자나 혹은 수신인의 위치에 놓여 있는 자신들을 발견할 수도 있다. 가장 비천한 노동자도 어느 시점에서는 다른 사람한테 주인이 될 수도 있다. 여러분은 어떤 기관에 의해 보증된 지위를 몹시 얻고 싶어 하는 누군가와 그 기관 사이의 관계를 경험하기 위해 대학에 있을 필요는 없다. 또한 우리가 앞으로 보게 되겠지만 히스테리 환자의 담론은 우리가 뭔가를 배우려면 우리 모두 받아들여야 하는 것이다.

주체의 의사소통 스타일은 시니피앙들과 맺은 그의 관계와 그의 타대상을 드러내 보여준다. 주체의 구조는 그가 사회적 상호작용에 관계하는 방식을 결정해준다. 이런 네 가지 담론은 간주체적 관계의 몇 가지 형태들을 설명해준다. 즉 그것들은 증상들에 의거하는 것이 아니라 증상들의 근저에 놓인 구조에 의거하는 임상적 서술의 형태로 보일 수 있다. 담론들은 누구든 참여할 수 있고 또한 혈육을 지닌 사람들에 의해 반드시 발언되지 않아도 괜찮은 사회적 상호작용의 형태들이다. 실제적인 사람들의 표명에 의거하지 않는 담론의 실례들은 로드 키치너의 제1차 세계대전 포스터가 될 것 같은데, 그 포스터는 "당신의 나라가 당신을 필요로 합니다!"라고 말한다. 또는 과도하게 여러 가지 위치들을 이용하는 광고 슬로건들이 있는데, 유혹으로 설득하려는 시도로서 간혹은 주인의 위치를 이용하고, 간혹은 대학의 위치를, 간혹은 히스테리 환자의 위치도 이용한다.

라깡의 담론들은 주인과 노예 사이에서 이뤄진 헤겔의 담론에 의해 영감을 받아 학소(matheme)들로 형식화되어 있다. 여기서 그에게 영향을 주었던 또 한 가지는 마르크스주의 경제학이다(아마도 1960년대 말에 프랑스의 혁명적인 분위기에 의해 기름이 부어졌을 것이다). 헤겔의 주인-노예 변증법은 대인관계의 변증법에서 나온 인간 의식의 형성물을 묘사하고 설명하려는 시도로서 라깡이 만들어냈던 이야기이다. 그는 두 개인들이 만날 때 타자에게서 보이는 차이점들에 의해 도전받는 느낌을 암시해주고, 또한 그들의 자기감(sense of self)에 대한 이런 '위협'이 투쟁 속에서 해소된다고 암시해주는데, 하나는 주인의 역할을 맡고 다른 하나는 노예의 역할을 떠맡는 투쟁을 말한다. 이처럼 새롭게 규정된 동일성(identity)들은 현실을 다른 방법으로 다루게 된다. 즉 노예는 주인을 위하고 또한 그/그녀 자신을 유용한 사람으로 유지하기 위하여 그것에 대해 배워야 한다. 반면에 주인은 그/그녀의 생존을 보장하기 위하여 오로지 노예보다 우세한 우월성의 관계를 유지해야 한다. 그러나 같은 이유로 주인은 외부세계를 다루는 일에 점점 너 무기력해지고 있다. 라깡은 이러한 헤겔식의 신화에다 마르크스주의 경제학에서 끌어온 '잉여가치' 라는 관념을 결합시켰는데, 그 가치는 노동자들의 노동과 지식의 결과로 만들어진 원래의 생산물에 부가된 것이다.

라깡은 욕망의 대상•원인(타대상)을 잉여가치와 동일하게 여겼다. 타대상처럼 잉여가치는 끊임없이 추구되는 사물이지만 실제로는 아무도 소유하지 못하고 즐길 수도 없는 것이다. 노동자들은 노동으로 그것을 만들어내지만 자본가한테 넘겨줘야 하고, 자본가도 그것을 충분히 즐길 수는 없다. 왜냐하면 그녀/그가 항상 그것에 재투자할 수밖에 없기 때문이다. 이보다 더한 유추를 들어보는 일이 특별히 효과적인 것은 아니지만, 흥미로운 것은 경제적인 관계에 대한 관심 덕분에 라깡이 학소를 공식화하여 네 가지 요소들 간의 관계를 보여주었다는 것이다. 네 가지 요소는 행위자와 진실, 타자 및 생산물(그 관계에 의해 생산된 것)이다. 이것은 담론의 결과—**생산물**—가 무엇인지 그걸 보여주는 특히 효과적인 방법이다.

$$\frac{\text{행위자}}{\text{진실}} \quad \frac{\text{타자}}{\text{생산물}}$$

이 학소에서 '행위자'는 주체—담론을 '주는 사람'—이다. '타자'는 담론이 건네지는 사람인데, 그 타자가 하나의 특별한 사람이 아닐지라도 그렇다. 또한 행위자는 반드시 실제적인 사람일 필요는 없고 어떤 사람에 의해 혹은 어떤 사람이나 사람들로 구현된 기관에 의해 표상되는 것이다. 행위자의 메시지 밑에 진실이 숨겨져 있는데, 그 진실은 공식적인 언표에 의해 감춰진다. 또한 타자 밑에 숨겨져 있는 것이 '생산물'로서 행위자(혹은 주체)가 마침내 그 관계로부터 얻어낸 것이다. 헤겔의 주인-노예 담론에 기초를 둔 그의 첫 번째 공식화에서 생산물은 노예의 능력으로 만들어낸 잉여가치였다. 그것을 라깡은 욕망의 대상·원인과 동일하게 여긴다. 그러나 다른 담론들에서 보게 되겠지만 다른 종류의 생산물들은 다른 관계들의 결과이다. 라깡은 자신이 묘사하고 있는 담론의 종류에 따라 S1, S2, $, *a*라는 네 가지 요소들을 이런 기본적인 학소로 치환하였다.

S1은 다른 모든 시니피앙들과의 관계에서 주체를 나타내는 시니피앙, 즉 '주인 시니피앙'이다. 여기서 주인 시니피앙이 주체를 가장 잘 규정해주는 시니피앙으로 생각될 수 있다는 것을 기억해 두자. 그것은 골격처럼 중심적인 위치를 차지하는데, 그 주위에 주체가 구성되어 왔다. 예를 들어 율리우스 카이사르에 대한 주인 시니피앙들이 '로마'가 되고 '문명'과 '규율'과 '승리'가 된다고 상상해 볼 수 있다. 혹은 루이 파스퇴르에 대한 주인 시니피앙들이 '과학'과 '발견' 등등이

되는 것으로 상상할 수도 있다. 앞에서 언급했던 것처럼, 주인 시니피앙들은 무의식에 그림자 같은 음화의 대응물을 갖게 되지만, 이런 담론들에서 S1은 과시된 버전이 된다. 다시 말해 그것은 타자들에 의해 그 사람에 대하여 가장 중요한 사물이 되는 것으로 인식되는 바이다. 예를 들자면, 주인 담론과 대학 담론에서 그렇다.

여기서 S2는 '지식'을 나타내는데, 불어로 'savoir'는 '능력'을 함축하는 순수한 지식으로서 'connaissance'와 대조를 이룬다. 후자는 영어로 익숙함(어떤 사람을 아는 것처럼) 속에 있는 지식을 암시해준다. $는 언어와 거세에 대한 복종으로 빗금 친 주체가 되고 따라서 그의 결여를 의식하고 욕망의 대상•원인을 추구하게 된다. *a*는 욕망의 대상•원인(타대상)이고, 첫 번째 담론에서 라깡이 노동자에 의해 생산된 것이란 의미에서 '잉여향락'의 지위를 부여하고 있다. 화살표는 알고리듬의 항(member)들 간의 관계에서 작용의 방향을 가리킨다. 주체가 그의 욕망의 대상에 직접 접근할 수 없듯이 $와 *a* 사이에는 직접적인 관계가 없다.

주인의 담론

이것이 첫 번째 담론으로서 다른 담론들한테 형판을 제공해준다. 주인의 담론에서 행위자/진실/타자/생산물의 관계는 다음과 같다.

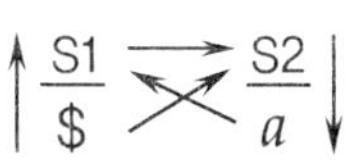

(주인의) 주인 시니피앙은 의사소통의 행위자이고 타자에게 말을 거

는 대신에 그/그녀의 자리에서 '그 지식'을 말하고 있다. 달리 말해서, 주인은 주체로서가 아니라 그/그녀의 기능적인 역할에서 타자에게 말을 걸고 있는데, (고용인, 군인, 기능공 등등으로서) 그/그녀의 능력이나 지식 때문이다. 한 가지 예는 자신의 군대에게 정확한 명령을 내리고 있는 육군의 장군이 될 것이다. 그 장군은 한 인간으로서 말하는 것이 아니라 그의 주인 시니피앙들—로마/영국/'모국' 등등—을 통하여 말하고 있는데, 이것은 오로지 전투방법에 대한 그의 지식에서 중요한 사람인 군인에게 말한 것이다. 주인 시니피앙의 진실—행위자(이 경우에는 장군)가 실제로 빗금 친 주체이고 그 밖의 모든 사람들처럼 결여되어 있다는 것—은 '숨겨져' 있다. 그러나 그런 주인 시니피앙의 밑에서 빗금 친 주체는 군인들의 지식의 생산물을 즐기고 있다. 즉 그는 그들이 그를 위해 해보이게 될 전투를 즐기고 있다는 것이다.

또 다른 예는 돈벌이를 위해 일하는 사람에게 말을 거는 회사 사장이 될 텐데, 그를 행사 주최자라고 말해보자. 그는 자신을 위한 파티를 준비해달라고 그녀에게 명령하고 있지만, 그가 말을 걸고 있는 것은 그녀 개인이 아니라 행사 관리에 대한 그녀의 전문지식이다. 그녀는 인간 주체로서의 사장한테 명령을 받는 것이 아니라 중요하고 부유한 고용주로서의 그의 주인 시니피앙을 통해 명령을 받고 있다. 또한 그녀는 행사를 연출하는데, 그때 거둔 성공은 피드백 되고 그리고 그의 불안을 완화시켜 주면서 그는 거세된 상태로 그 성공을 즐기게 된다.

대학의 담론

라깡이 대학인(universitaire)의 담론이 아니라 대학의 담론이라고 말하기로 결정했던 것은 흥미로운 일이다. 그는 기관들의 기능에 대한 생각을 밝히고 그 기관을 구체화할 능력에 있어 기관들 내에서 개인들의 확장에 의해 그 주장이 정당함을 보여주고 싶어 했던 것 같다. 결국 그는 일반적으로 특별히 창조적인 목적도 없이 자신들이 기관들을 동일시하려는 사람들의 경향에 대하여 굉장한 경험을 했다. 그 공식화는 다음과 같다.

지식—그 기관이 구체화한다고 가정되는 것—은 행위자의 자리에 놓여 있다. 그것은 타자—여기서는 학생의 타대상—에게 말을 걸고 있다. 지식의 구체화 밑에 숨겨진 진실은 그 기관의 주인 시니피앙(그것은 '중요하고' '역사적이며' '존경할 만하다')이다. 또한 욕망의 대상·원인 밑에는 빗금 친 주체, 즉 학생의 거세됨이 숨겨져 있는데, 그는 생산물을 지식에게 제공하고 있지만 사실상 그 기관의 주인 시니피앙에 의해 동기를 부여 받으며, 그 시니피앙이 그/그녀의 타대상에게 반영된다. 지식이 행위자의 자리를 차지하고 있는데, 행위자는 욕망의 대상·원인에게 말을 걸고, 지식에 대한 욕망은 결국 학생이 그곳에 존재하는 가정된 이유가 된다. 그러나 이런 관계에는 타대상도 있다는 것을 알 수 있고 또한 아마도 중요하게는 그 기관의 주인 시니피앙들에 의해 반영되고 이것들이 학생 주체의 거세됨에 끊임없이 기여하고 있다는 것을 알 수 있다. 아마도 학생은 그것이 이런 주인 시니피앙을 흡수함으로써 그/그녀의 주체의 분열을 이겨낼 수 있다고 상상할 것이다. 그 지식을 주체가 아니라 그 주체의 욕망의 대상·원인에게 말해줌으로써 '생산되는' 것은 사실상 더욱 거세되고 있는 것이다. 즉 학생의 거세는 그 기관 내에서 그/그녀의 위치에 의해 악화되는 것처럼 보인다. 지식을 분배하는 겉모습 밑에서 대학은 주인 시니피앙들('소르본', '명예', '국제적 명성', 등등)에 의해 주체를 통제하고, 주인이 그의 노예 노동의 과실을 즐기듯이 거세된 학생의 '생산물'을 즐기고 있다. 그 기관은 역시 주인 시니피앙들의 신중한 관심과 몰두에 의해 그녀/그가 그/그녀의 거세를 극복할 수 있다는 인상을 학생에게 심어준 책임을 지고 있다.

이것은 모든 기관들에 공통되는 기능체계이다. 사람들은 그것이 법인과 전문직 및 정부부서에서 작동되는 것을 볼 수 있다. 참으로 어떤 기관이든 그 안에서 '지식'이 담론을 말하게 되는 행위자를 어떤 형태로 대신하고, 또한 타자의 욕망에 대한 미끼로 작용한다. 이 세상은 기관 내에서 일하거나 공부해왔던 사람들로 가득하고 그들이 밖에서 더 많은 것을 배운다고 알게 되며, 또한 그 기관의 주요 관심이 그 자체의 환상을 영속시키는 데에 있다는 것, 즉 그의 주인 시니피앙들을 빛나게 닦아서 유지시키는 데에 있다는 것을 잘 알고 있다. 그와 똑같이 자신의 기관들의 주인 시니피앙들을 그 자신의 것으로 채택해왔던 사람들로 가득한데, 히스테리적인 동일시의 위치에서 '존경할 만하거나' '역동적이거나' 혹은 '강력한' 기관에 속해 있으면서 그들도 역시 이런 특성들을 획득한다고 상상하게 된다. 다시금 타자들은 수년간에 걸쳐 그 기관에 의해 더욱 더 무기력해지고 작아지며 거세되는 것으로 느껴져 왔다.

분석가의 담론

그 공식은 다음과 같다.

$$\uparrow \frac{a}{S2} \rightleftarrows \frac{\$}{S1} \downarrow$$

여기서 여러분은 분석가가 상징적으로 분석수행자의 타대상이 되길 인정했다는 것을 볼 수 있게 된다. 이것은 분석가가 받아들여야 하는 가장 일상적인 역할들 가운데 하나이다. 결국 그/그녀는 모든 것을 비춰볼 수 있는 텅 빈 거울이 되고, 완벽한 전이 속에 있을 때 분석수행자는 그/그녀의 욕망의 대상·원인에게 말을 걸게 될 것이다. 따라서 이런 경우에 분석가는 타대상으로서 그/그녀의 역할 가운데 환자의 거세됨, 즉 불안에게 그/그녀의 담론을 건네게 되고 또한 그/그녀의 질문은 분석수행자로 하여금 주인 시니피앙을 만들어내도록 재촉하게 되는데, 그 시니피앙은 분석가에게 되비춰지고, 한편으로 분석가의 감춰진 지식이 진실의 자리에서 거세된 주체에게 반영되면서 그에 의한 주인 시니피앙들의 생산에 연료를 보급하게 된다. 분석가는 "알-것으로-가정된-주체"이고, (분석수행자에 관한) 지식은 욕망의 대상·원인으로 나타나는 분석가 밑에 '숨겨져' 있다. 그러나 분석수행자는 그 자신의 욕망에 대한 지식이 분석가에 의해 간직되는 것이 아니라 그 자신의 주인 시니피앙을 통해 드러난다는 것을 깨닫게 될 것이다. 분석가는 주인처럼 권력의 위치라든가 대학처럼 지식의 위치를 차지하지 않고, 그렇기 때문에 흔히 기관들에 의해 전복되는 것으로 생각된다.

히스테리의 담론

$$\uparrow \frac{\$}{a} \rightleftarrows \frac{S1}{S2} \downarrow$$

우선 먼저 히스테리의 담론을 차지하는 일이 임상적인 의미에서 히스테리적일 필요가 없다는 것은 지적되어야 한다. 참으로 라깡은 이런 유형의 담론이 비(非)히스테리적인 사람들에게서 정확히 진정한 학습으로 이끌어주는 것이라고 분명하게 밝혀주었다. 여기서 그 담론의 행위자는 히스테리의 거세된 결핍성(lackingness)이다. 그 가로줄 밑에 그/그녀의 욕망의 대상·원인이 숨겨져 있다. 그의 타대상에 의해 작동되는 이런 빗금 친 주체는 타자의 주인 시니피앙들을 말하게 되는데, 그 시니피앙들은 가로줄 밑에서 지식의 생산으로 반응하고 있다. 히스테리가 자신의 질문들을 주인 시니피앙한테 건네주고 있지만 그녀/그는 오직 그 사람의 지식만을 대답으로 받게 되는데, 그것은 비록 이런 대답들이 그/그녀의 욕망에 대한 만족스런 반응으로 결코 여겨지지 않을지라도 더 나은 어떤 것의 결핍에 대해 히스테리는 즐긴다는 것이다. 히스테리의 질문에 기꺼이 답하려는 주인의 마음은 가르치고 싶은 그/그녀의 소망에 의해 부추겨지는 것이 아니라 사선의 화살표로 표시된 것처럼 히스테리의 타대상과 맺어진 무의식적인 연결의 효과이다. 히스테리적인 질문은 주인 시니피앙을 지식의 한계로까지 몰아가서 이런 한계에 도달하면 히스테리의 좌절로 이끌어간다. 히스테리의 담론은 지식으로 향하는 길 위를 가고 있는 모든 사람들에 의해 소유된다. 참으로 라깡은 지식에 대한 욕망이 지식으로 데려가지 않는다고 말하며, 그렇게 하는 것은 정확히 히스테리의 담론이다.

대학의 담론에서 학생의 빗금 친 주체가 사실상 지식에 반응하는 것만큼 그 기관의 주인 시니피앙에 간접적으로 반응하는 것을 볼 수 있다. 학생의 주요한 관계는 기관에 의해 표상되는 것과의 관계이지 지식과의 관계는 아니다. 학생은 지식 그 자체의 소유를 원하기보다는 알고 있는 사람의 지위를 원한다. 흥미롭게도 주인에게 끊임없이 질문을 해대는 히스테리의 위치는 지식의 획득으로 귀착한다. 그/그녀의 욕망의 대상·원인이 무엇인지 그녀/그는 진정으로 알고 싶어 하지만 그 대신에 지식을 얻어먹게 되고, 아는 사람이 되려고 시작도 안했는데 결국엔 알게 된다.

이것이 바로 훌륭한 저널리스트들이 취재하러 나가서 채택하는 위치이다. 그것은 (말을 거는 행위자인 빗금 친 주체에게서 보이는 것처럼) 자신의 무지에 대한 완벽한 수긍을 필요로 하는 위치이고 다른 어떤 지위를 탐내는 커다란 욕망도 필요하지 않고 욕망의 대상·원인에 대한 갈망을 필요로 하는 위치이다. 그것은 주체가 질문 없이 그러한 주인 시니피앙들의 권위를 받아들이면서 타자—주인 시니피앙들에 의해 표상되는 사람—한테 질문할 수 있는 위치이다. **내 앞에 있는 이 남자는 아프간의 군 지도자라서 나는 그가 자신의 영토에 대해 알고 있으리라고 기대하지만… 이 여자는 식물학자라서 나는 그녀에게 식물들에 대해 물어봐야 하고….**

이상하리만큼 히스테리 환자들과 저널리스트들을 제외하고는 그들의 진정한 전문영역에서 타자들한테 정확하고도 철저하게 질문을 던지는 사람들이 많지 않다. 다른 사회적 요인과 무의식적 요인들 때문에 우리는 타자의 주인 시니피앙에 대해 반드시 반응할 필요는 없다. 참으로 많은 사회적인 관계들은 타자의 주인 시니피앙을 무시하도록 요구한다. 예를 들어 만일 여러분이 어느 파티에서 유명한 작가를 만난다면 그녀의 작품에 대한 질문이 그녀에겐 성가신 일이 될 수 있다고 느낄 것이다. 만일 여러분이 어떤 전문가한테 (말하자면 법률문제에 관하여) 의견을 구하려고 한다면 그 일은 여러분이 그의 전문분야의 작업들에 관하여 더욱 개괄적으로 질문함으로써 한계를 넘어서는 상거래가 된다. 학생은 그/그녀의 선생님들/선배들에게 그런 식으로 질문해도 원칙적으로는 허용되겠지만 실제로는 드문 일이다. 이것이 그렇게 되는 이유는 그녀/그가 기관에 관련하여 느끼는 거세당함이 그녀/그가 물어보는 것에 대해 '어리석고' 당황한 느낌을 받는 것과 같아지기 때문이다. 또는 그녀/그가 열망하는 것이 지식 그 자체라기보다는 그 기관이 그/그녀에게 부여할 자격이나 지위이기 때문에 그녀/그는 괴로워질 수 없다. 혹은 그녀/그가 질문들을 던지게 된다면 그 질문들은 그 기관의 주인 시니피앙들을 동일시하기 위해 얼마큼의 노력으로 '잘 보이려고' 고안된 것일 수도 있다. 자신들의 거세됨을 눈높이에 놔두는 사람, 말하자면 진정으로 지식을 획득하려는 사람은 오직 히스테리의 담론을 채택하는 사람들일 뿐이다. 다른 한편 저널리스트의 역할은 그/그녀로 하여금 오랜 경력으로 히스테리의 담론을 채택하도록 **요구하고** 이런 결과로 마침내 많은 것들에 대해서 백과사전적인 지식에 이르게 된다.

제11장

분석가의 훈련

누가 분석가를 훈련시킬 수 있을까?

국제정신분석협회(IPA)로부터 교육 분석가로서의 인정이 취소되었고 또한 IPA의 인정을 원했던 프랑스의 그룹들도 라깡을 거부했던 이유는 라깡의 인격과 진료—특히 분석시간의 길이—때문이었다. IPA가 라깡의 진료에 대해 '진상 조사'를 시행했던 태도에는 이단 심문의 기미가 있었다. 그것은 비공개 회의에서 심문을 위해 각 개인들을 떼어놓는 일로서 그의 훈련생들한테 제시된 (달리 선택의 여지가 없는-역자) 홉슨의 선택이었다. 즉 **라깡과의 관계를 끊든지 혹은 당신 스스로 제명되든지**…. 또한 이단 심문에서처럼 이단의 실체에 대해서는 논의된 일이 전혀 없었고 단지 "그 일을 저질렀는가?"에 대해서 논의되었을 뿐이다. 교회는 적어도 그 초기에는 (그리스도의 신성을 부인하는-역자)아리우스파의 학설을 이단으로 확립했던 니케아 회의에서처럼 신학적 근거에 대한 논쟁을 벌였지만, 튀르케 위원회—또한 위니코트가 의장직을 맡기 이전의 위원회—는 가변적 분석시간의 이용에 대해서나 라깡식 진료의 다른 국면에 대한 이론적인 기반을 전혀 알고 싶어 하지 않았다

라깡이 불러일으킨 반감은 오늘날까지도 엄청난 것이다. 인터넷에

서 라깡에 대한 비방 기사들을 찾아볼 수 있지만, 그를 만난 일도 없는 매우 젊은 사람들이나 그의 작품을 읽어본 일도 없는 사람들이 쓴 것들이다. 또한 이런 비판들은 언제나 그의 이론들이 아니라 그 사람을 공격하고 있다. 즉 그의 이론들은 이해할 수 없는 거라고 말하지 않는다면 공격대상이 아니다. 프랑스에서는 아마도 열정이 고조될 것이다. 우리는 심리학자들이 공격하느라고 거의 제 정신들이 아니라고 들었는데… 무엇 때문일까? 그가 그들한테 보여주는 것이 무엇인지 알기는 어렵다. 그러나 그의 주체가 여전히 강력한 투사의 대상이라는 것은 확실하다. 또한 라깡 학파가 되길 원하는 분석가라면 누구나 동일하고 이상한 투사에 노출되는데, 그 투사는 아마도 IPA 심문의 유산이기 쉽다. 이단 심문은 '이단' 이란 시니피앙을 악마와 거의 동일한 것으로 간주했던 것처럼 튀르케 위원회도 '라깡' 을 '별나고 위험스런' 것과 동일하게 여겼다.

IPA는 물론 의식적으로 이런 효과를 가져오려고 하지는 않았지만 천사와 악마를 만들어내는 이단 심문의 과정에는 뭔가가 있어서 이성적인 생각을 뭉개버린다. 그것은 현실적인 문제—진료와 분석가의 훈련—에 대한 논의를 인정하지 않음으로써 연구 분야의 발전을 빗나가게 만들고, 또한 그것은 그 단체에 위협을 가하여 이런 일들에 대해 분명히 생각할 수 없도록 만들어 버린다. 그것이 이렇게 된 방식은 그 과정에 앞서 '죄' 를 확정함으로써 이뤄지는데, 따라서 그 위원회가 찾아내려고 하는 모든 것은 그 죄를 저질렀는지 그 여부가 된다. '처벌' 은 당연히 파문이란 위협이 되는데, 진료하는 분석가들한테는 그들의 경력과 간혹 그들의 생계를 의미하는 것이다. 이것은 반(反)지성적인 권력 남용이지만, 그것은 아마도 그 권력을 휘두르는 사람들한테 가장 심한 타격을 입히게 될 것이다. 왜냐하면 그들이 문제의 그 관념들에 대해 생각할 수 없기 때문이다. 그것은 심문 받는 사람들한테 타격을 입히게 되는데, 분석가와의 관계를 끊고 따라서 그들 자신의 지적인 유산을 포기하라고 그들한테 요구하기 때문이다. 또한 정신분석학계에도 전반적인 타격을 가하게 되는데, 그 학계에서는 첫 번째 최고의 권위자에 의해 이미 확정되었던 것들의 엄격한 범위 내에서 이뤄진 논의를 제외하고는 진료와 훈련에 대한 이론적인 논의가 전혀 이뤄질 수 없었기 때문이다.

출처가 불분명한 이야기가 하나 있다. 갈릴레오는 이단 심문에서 태양 주위를 돌고 있는 지구에 관하여 그가 발견했던 모든 것을 철회한 후에 법정을 나오면서 다음과 같은 소리를 중얼거렸다고 한다. “그런데도 그것은 돌고 있지!” 라깡의 수련생들—몇 달 동안 혹은 몇 년간 일주일에 몇 차례씩 그의 카우치에 있어 왔던 사람들—이 튀르케 위원회의 심문을 받고난 뒤에 스스로한테 뭐라고 중얼거렸을지 알고 싶을 것이다. 틀림없이 그들은 그 뒤로 몇 년 동안 아무 말도 하지 않았다. 프랑스의 정신분석 단체의 지도적 인물들—장 라플랑쉬, 장-베르트랑 퐁탈리스, 디디에 앙지외 및 다니엘 위들로셔—은 모두 라깡의 수련생들이었지만 그와의 관계를 끊었다. 그러나 그들은 라깡의 수련을 받았고 그의 흔적이 영원히 남아있는 데다가 이젠 나이가 너무 많아서 그의 오염을 ‘지우기’ 위해 또 다른 수련을 시작할 수도 없었다. 그들 자신의 이론들이 이상하게도 라깡의 이론들처럼 보이게 됐던 사람들은 그를 인용하지도 않고 그의 영향에 대해 결코 말하지 않는다. 한두 사람이 자신의 생애가 끝날 쯤에 가진 인터뷰에서 “그가 실제로 그렇게 나쁘지 않았다”는 것을 인정했다. 프랑스의 정신분석학계는 튀르케 위원회 이후에 이상한 단체, 즉 점령당한 이후 프랑스의 이중적인 이미지가 되었고, 거기에는 ‘비(非)진술’ (non-dit)의 광대한 분야가 존재하는데, 그것들은 언급될 수 없는 주제들이다.

다른 쪽에서는 라깡에 대한 박해가 그의 추종자들을 제자로 바뀌게 했다. 즉 그들은 철저하게 그를 옹호했는데, 그 이유는 그들이 그렇게 함으로써 스스로를 방어했기 때문이다. 그러나 이런 방어적 위치는 비판적인 담론의 결여를 초래하고 아마도 생애의 끝에 가서 라깡을 유명하게 만들었던 제멋대로의 방종으로 이끌어갔다. 그의 생애 가운데 마지막 약 5년 동안 스승이 기이하게 행동하기 시작했다는 것을 인정해오던 그 제자들은 낮은 목소리로 이렇게 말해왔다. 만일 그가 하던 일을 언제 그만둘지 혹은 언제 불합리하게 되어갈지 알 수 없었다면 그 이유는 아마 그에게 말해줄 사람이 아무도 없었기 때문이었을 것이다. 스승에게 무비판적인 존경을 보이는 경향은 몇몇 라깡 학회에서 발달되고 있었다. 다행스럽게도—또한 이것은 우스꽝스럽게 의도된 것은 아니다—라깡이 의미했던 바를 정확히 이해하기가 어렵기 때문에 누구든 그의 말에 대한 진정한 해석자라고 주장하기는 매우 힘들게 되었다. 또한 라깡 자신은 아마도 기관들 그 자체에 대한 커다란 불신 때문에 그 자신의 작업들에 대하여 우상 파괴적인 모습을 보였을 것이다. 다시 말해 그는 학파들과 체계들을 창조했다가 파괴하면서 그 자신의 공식들을 바꾸고 학소로 암호화해서 라깡학계는 그 어떤 '바티칸' 조직도 결여되어 스스로 파편화된 상태이다.

무엇이 분석가를 만드는가?

IPA가 라깡을 파문시켰던 것은 훈련 문제에 있었고 훈련문제와 분석가들의 인정문제가 정신분석 운동의 시작부터 논쟁의 근원이었다는 것을 기억해 두어야 한다. 1920년대부터 그것에 대해 미국인들과 유럽인들 사이에 긴장이 생겨났는데, 미국인들은 의학적인 훈련도 필요하다는 인정체계를 주장했기 때문이다. 그들의 나라에서는 널리 퍼진 '돌팔이 치료'가 이것을 필요로 한다고 느껴졌던 것이다. 그러나 그들이 아마도 정신분석을 '과학적인' 것으로 제시할 필요가 있었던 까닭은 대서양을 건너온 사유보다 우세한 모델이 행동주의였기 때문이다. 그 행동주의는 실험실과 '통제된' 실험 및 과학의 다른 다양한 과시적 요소들을 동물에 의존하고 있었다. 정신분석이 병원의 병실 내에서 발전했고 외부에서 들어온 지적인 흐름에 의해 풍부해지고 있었던 유럽에서는 통제된 인정체계와 훈련체계가 불필요한 것처럼 보였다. 여기에 덧붙여 정신분석은 동시에 다른 많은 경로를 따라 발전하고 있었으며, 또한 가장 기본적인 이론문제들에 대해 많은 동의를 구할 수 없었다. 이론적인 합의가 없다면 훈련이나 진료방식을 형식화하는 일이 어떻게 가능해질 것인가?

직관에 의해 발전된 지그문트 프로이트의 정신분석은 의학적인 임상관찰에 연결되었다. 그것은 진정한 자연과학처럼—논리적인 연역 및 모델과 가설의 가정에 의하여—발전되었고, 이런 모델의 정확함을 평가할 수 있는 가능한 하나의 방법은 순수 논리와 임상관찰의 결합에 의한 것이다. 그러나 그것은 단순한 과학적 확신이 대중적 상상력을 크게 지배했던 시대였고, 미국인들은 인정에 대해 또한 진료의 통제에 대하여 걱정하고 있었다. 정신분석을 통제하려는 싸움은 이미 제2차 세계대전의 발발에서 진행되고 있었는데, 세력균형이 미국인들 쪽으로 쉽게 기울러졌다. 유럽인들의 목소리는 흩어졌다가 잠잠해졌으며, 영국이 유럽을 대표했고 비록 싸움을 걸어봤지만 미국의 방법을 받아들일 수밖에 없었다. 프랑스의 정신분석학계가 점령의 그늘로부터 나왔을 때 그들은 그 풍경이 변해 있었음을 알게 되었다. IPA의 인정은 이제부터 분석가가 더 넓은 세계에서 인정을 받으려면 꼭 필요한 것이 됐으며, '파리정신분석학회' (SPP: 그 당시 프랑스의 유일한 정신분석 단체)는 이제 미국의 통제를 받고 있는 IPA의 규칙에 맞춰 훈련체계와 인정체계를 따라야 했다.

훈련에 대한 논쟁의 역사를 살펴보면, 프랑스의 정신분석에 생긴 첫 번째 분열이 바로 이 문제를 둘러싸고 일어났던 것은 놀라운 일이 아니다. 세계대전 이후에 SPP를 개조하면서 훈련이 연구소에 의해 규제되어야 하고 의학의 엄격한 규칙들을 따라야 하는 것으로 결정되었다. 정해진 규정들은 많은 SPP 회원들이 받아들이지 않을 것으로 판단되었고, 다니엘 라가쉬, 프랑수와 돌토 및 쥘리엣 파베즈-부토니에가 이끄는 '현대' 분석가 그룹은 1953년에 SPP를 떠났다. 그 당시 SPP의 회장과 새로운 교육연구소 소장으로 지명된 라깡은 그들의 입장에 공감하여 그들에게 합류했다. SPP의 분석가가 되기 위해 훈련 중이던 그의 제자들 가운데 약 절반쯤이 그와 함께 떠났다. 그들의 새로운 그룹은 '프랑스정신분석학회' (SFP)라고 불렀다.

문제의 요점은 분석가란 무엇인가? 라는 것이었다. 고전적인 기관의 대답은 분석적인 단체/기관의 회원이 분석가라는 것이다. 다시 말해 실제적인 분석가를 만들어주는 것은 회원자격이다. 회원자격의 획득과정은 '자질'을 보증해주는 것으로 생각되지만, 그것이 과연 그럴까? 간단히 말해서 SPP의 과정은 이렇다. 여러분은 얼마큼의 이론적인 학습뿐만 아니라 여러분 스스로 분석을 경험해야 하고 지도감독을 받는 분석에서 두 명의 환자들을 맡아야 하는데, 거기서 여러분은 분석가와의 분석시간과 지도감독 선생님과의 시간을 번갈아가며 갖게 되고 그 과정에 대해서 여러분의 선생님께 말하게 된다. 그런 다음 이런 지도감독의 분석들이 끝나게 되면 여러분은 인정을 획득할 수 있다. 라깡과 SFP의 다른 회원들에게는 이것으로 충분치 못했다. 라깡은 분석가는 그 자신의 증상들이 분석수행자와의 작업에 방해되지 않도록 하면서 분석수행자와 그 자신 사이에서 분석과정이 일어나도록 하는 데에 유능한 사람이라고 주장했다. 또한 어떤 사람이 모든 시련을 겪어내며 훈련의 '완벽한 과정' 의 끝에 가서도 여전히 치료에서 분석가의 자리를 안전하게 차지할 수 없는 상당히 신경증적인 사람이 될 수도 있다는 것은 충분히 상상할 수 있는 일이다. 특히 그는 SPP에서 제공하는 '교육 분석' 이란 생각의 위험성을 의식하고 있었다. 그와 SFP의 다른 회원들은 어떤 사람한테 분석가가 되기 위하여 분석을 받도록 요구하는 것이 개인적 분석 작업을 오염시키고 실제로 전에 작동하고 있던 신경증을 강화시킨다고 느꼈다.

많은 사람들은 어떤 분석이 직업적인 이유나 개인적인 이유로 착수된다면 그나마 전혀 없는 것보다 낫다고 생각할 것이다. 그러나 라깡의 견해는 직업적인 이유로 착수된 분석은 전혀 없는 것보다 더 못하다는 것이다. 그 이유는 성공적인 분석이 분석수행자의 성실한 참여와 욕구에 상당히 의존하고 있기 때문이고, 만일 이 사람이 개인적인 필요성보다 오히려 직업적인 필요성으로 카우치 위에 있는 것을 정당화할 수 있다면 분석은 실패할 가능성이 크기 때문이다.

불화

치료의 본질과 결과가 환자의 욕구와 요구와 욕망이 여동에 크게 좌우된다는 것이 라깡식 진료의 주요한 신조이다. 만일 환자가 직업적인 이유로 거기에 있다면 이것은 요구의 본질을 변화시킨다(또한 그것으로 치유되려는 욕망이 욕구와 요구 사이의 틈새에서 일어나게 된다). 그 요구는 더 이상 정서적 고통을 치유하려는 것이 아니고, 이러한 요구가 거기에 없다면 신경증의 훈습(working through)도 있을 수 없다. 더구나 분석 경험을 하는 사람은 누구나 알고 있듯이 여러분이 입을 열게 되면 여러분은 (어느 정도까지) 그 과정에 관련되지 않을 수 없다. 따라서 도움을 받으려는 진정한 요구가 부재할 때에 그 주체는 이미 그 자리에 있던 자아와 억압의 신경증적 구조들을 기반으로 삼아서 핵심적인 문제들을 회피해가는 더욱 더 정교한 방법들을 말로서 발전시킨다. 불완전한 분석은 신경증을 굳어지게 만든다. 사람들은 자신에 대해 더 많이 안다고 생각할 수도 있다(또한 참으로 조금 더 잘 알 수도 있다). 그러나 알려지지 않은 것이 이제는 꿰뚫을 수 없는 갑옷의 조직 속에 파묻혀 있다. 그런 잘못된 '작업'은 아마도 '교육 분석'—인정으로 가는 SPP 경로의 한 부분—이란 개념에 의해 지지되고 장려되어 있다.

그것이 라깡과 SPP와의 사이에 벌어진 불화의 기본이었다. 그러나 IPA의 인정 정책은 그와 그의 지지자들을 이 지점 너머로 멀리 쫓아내는 일이었다. 더 깊은 분열은 라깡도 합류했던 다니엘 라가쉬가 세운 단체—SFP—내에서 이 시기에 일어났던 것이다. 이 단체는 훈련에 대한 라깡의 이론적 견해를 공유했던 사람들로 구성되었고, 분열은 그들한테 라깡을 '고발하라'는 IPA의 압력이 원인으로 작용했다.

SFP의 모든 분석가들은 IPA의 회원—'국제적으로 인정받는 정신분석가'—이 되길 원했다. 그러나 IPA는 라깡의 가변적인 분석시간의 사용과 전반적으로 독불장군 같은 그의 태도 때문에 그를 두통거리로 표시해 두었다. 라깡을 제거하고 싶은 IPA의 소망은 SFP의 회원들을 딜레마에 빠뜨렸다. 그들이 라깡의 견해에 동의하든 안하든 그들은 IPA의 회원이 되기 위해 동의하지 않는다고 말해야 했다. IPA가 라깡의 진료에서 흠을 잡는 유일한 분야가 분석시간의 길이였고, 그들은 이론에 대해서는 그와 함께 논의하고 싶지 않기 때문에 그의 인격에 초점을 맞추고 그가 교육 분석가로서 위험스럽다—'유혹적이다'—고 말했다. 몇몇의 SFP 회원들은 라깡에 대한 충성심 때문에 자신들의 경력을 희생시킬 수가 없었다. 그들은 떨어져 나와 프랑스정신분석협회(APF)라는 그들만의 단체를 만들었다. 또한 그들이 튀르케 위원회의 심문에서 라깡과 '관계를 끊어' 버림으로써 그들에겐 IPA의 인정이 주어졌다.

축출과 새로운 시작

라깡은 다시금 따돌림을 당했고 이젠 교육 분석가로는 '부적당하다'는 낙인이 찍혔다. 반면에 그가 길러낸 사람들은 정신분석학계에서 최고의 위치에 올랐다. IPA의 지배로도 저지되지 않는 라깡은 (그에게 충성스런 지지자들과 함께) '프랑스 정신분석학파'라는 그 자신의 학파를 세웠는데, 그 명칭은 곧 '파리 프로이트학파'(EFP)로 바뀌었다. 1964년에 라깡은 작업에 대한 그의 기본 텍스트에서 '카르텔'의 원칙을 창안했는데, 카르텔은 3명 내지 5명의 훈련 중인 분석가들이나 이론적 문제들을 공부하는 분석가들과 여기에 그 작업을 주관하는 추가적인 한 사람으로 구성된 작은 그룹이다. 이 카르텔은 집중적인 이론작업을 허용하기 위해 디자인되었고, 개별적인 작업만으로는 그/그녀의 생산성에서 태만해지거나 자기만족적일 수 있다는 생각으로 출발했다. 카르텔은 단지 2년간 지속되다가 습관과 과도한 친밀감이란 부정적인 효과를 피하기 위해 그 구성을 변경시킨다. 라깡은 훈련이란 어려운 문제에 부딪쳐서 1967년에 새로운 과정인 '통과'(la passe)를 제안하게 되었다. 이 과정은 1969년에 적절히 제도화되었지만 EFP의 몇몇 선임 분석가들이 떠나는 계기가 되었는데, 피에라 올라니에와 프랑수아 페리에르는 그 학파를 떠나 그들 자신의 조직인 OPLF(프랑스어 정신분석학회)를 만들었다.

'통과'는 라깡에 의해 '학파 분석가'(Analyste de l' Ecole)라는 직함에 들어가는 방법으로 만들어졌는데, 이 칭호는 그 학파를 만들었던 최초의 회원들한테 1967년까지 사용되었다. '통과'를 원하는 지원자—통과할 사람(passant)이라 부름—는 그/그녀의 분석경험을 다른 두 사람들인 통과자(passeurs)한테 말함으로써 그것을 증언해주리라고 가정된다. 통과자들의 역할은 그 증언의 내용을 '승낙 심사위원단'에게 전달하는 일이다. 심사위원단의 의장은 라깡이었고 다른 위원들은 그 학파의 총회에 의해 선출된 '학파 분석가'의 칭호를 지닌 분석가들이었다. 통과는 여러 가지 점에서 분석수행자의 분석의 끝이 되었는데, 그때 그녀/그는 알-것으로-가정된-주체로서의 그/그녀의 분석가를 떠나게 되었다. 분석수행자의 전이는 이 과정에서 근본적으로 변하게 되고, 그/그녀의 분석가는 더 이상 전능한 인물이 아니라 그저 '그 밖의 사람'이 될 뿐이다.

반어적으로 말해서, 라깡이 통과라는 제도를 만들었을 때 그 자신의 몇몇 분석수행자들에 대한 튀르케 위원회의 영향을 마음에 두었다고 생각하는 것은 가능한 일이다. 그는 그들 중의 몇 사람들이 그 위원회와의 인터뷰 이후에 어떻게 그를 떠나게 되었는지 잘 알고 있었다. 그것은 마치 그에 대해 말한다는 것이 좌대로부터 분석가를 끌어내리는 행위가 되는 것처럼 보였다. 라깡이 자신의 작업에서 이용할 수 있는 어떤 아이디어의 씨앗을 그에게 타격을 입히려고 의도된 상황에서 찾아볼 수 있었다는 것은 그의 정신력의 징표이다. 다시 말해 그러한 인터뷰는 '종결'로서 분석의 고유한 결말을 명시하기 위해 사용될 수 있다는 것이다.

라깡이 "정신분석가는 자신의 권위를 오직 그 자신한테서 끌어내올 뿐이다"[60]라고 언급했던 때가 바로 이 시기였다. IPA의 회원들에게서 강렬한 항의를 불러일으킨 이 진술은 누구든지 분석가가 될 수 있다는 것을 의미하는 것은 아니고 사실은 그들이 일정기간 분석을 받고 '교육' 분석의 기간을 거치면 분석가로서의 인정이 허용되는 IPA의 규정에 대한 비판이었다. 라깡한테 이것은 충분할 만큼 엄격한 것은 아니었다. 즉 그의 진술은 이 과정을 거친 사람들 가운데 오직 몇 사람만이 분석수행자의 위치로부터 분석가의 위치로 옮겨가는 심리적 이동을 진정으로 해낼 수 있다는 것을 지적하려는 의도였다. 또한 그의 진술은 훌륭한 분석가를 만드는 일의 본질을 규정하기가 어렵다는 것을 강조하고 있었다. 또한 칭호와 자격증이 유능함의 보증이 아니라는 것은 여전히 사실이고, 한편 '비전문가'의 통찰력 있는 개입이 굉장한 치료효과를 가질 수도 있다. 더욱 실용적으로 그것은 오직 그 개인만이 그/그녀의 윤리와 정직성의 보증인이 된다는 것을 의미하고 있었다. 일단 진료실의 문이 닫히면 오직 그 분석가만이 진료의 현실성과 재능의 한계를 알고 또한 그 자신의 신경증이 분석과정을 방해할 수 있는 범위를 알고 있을 뿐이다. 이 모든 것들은 그 어떤 위원회나 고시위원회도 통제하거나 보증할 수 없는 것들이다. 그의 생애 가

---

60) "자끄 라깡 1969. 학파의 정신분석가에 대한 1967년 10월 9일의 제안", 실리세 제1권. 파리 : 쇠이유.

운데 바로 이 단계에서 이뤄진 라깡의 이러한 진술은 기성체제에 충격을 가하려는 도발이 아니다. 오히려 그것은 감히 분석가의 자리를 차지하려는 사람의 외로움과 높은 책임의식에 대한 실제적인 반성일 수도 있고, 인정의 방법과 기준에 대해 계속해서 생각하고 다듬어내려는 욕구일 수도 있다.

라깡 이후

통과는 라깡의 죽음 이전부터 이미 실패된 제도로 간주되었지만, 라깡의 사위가 관리하고 있는 '프로이트대의학파'(ECF)는 통과라는 제도를 계속해서 이용해왔다. 그러나 아마도 라깡의 반(反)제도적이고 반(反)규제적인 정신을 추모하여 훈련문제는 ECF에 계속적인 자기성찰의 근거로 남겨둔 것 같다. 훈련에 관한 이 학파의 어떤 기록에는 분석의 훈련효과에 대해 의문이 제기되어 있다. "분석치료의 훈련효과는 치료효과와 구별될 수 있다. 분석의 훈련효과를 예측하는 것은 불가능하다. 그것은 끝—치료의 종결—에 가서 그 결과로 판단될 뿐이다." 통과라는 제도의 이용은 정확히 자신의 분석의 훈련효과를 평가는 일이다. 분석의 훈련효과를 분석 훈련의 핵심에 두어왔으면서도 ECF은 이렇게 묻고 있다.

> 치료 기간에 벌어졌던 주체의 이런 변화들—주체의 분석치료와 주체가 획득했던 지식—은 그의 훈련을 보증하기에 충분한가? 혹은 그 경험—분석 경험 그 자체—의 외부에 있는 지식을 획득하는 일이 꼭 필요한가? 그 지식에는 임상진료가 포함되고, 분석 텍스트의 독해와 정신분석에 어떤 것을

가져다주는 과학 텍스트의 독해가 포함되어 있다.

따라서 ECF는 가르치긴 하지만 그 교육에 대해서는 양가적인 태도를 유지한다. "교육은 프로그램일 뿐만 아니라 작업도 되는데, 왜냐하면 주체가 그 학파의 작업에 몰입되어 이 작업에 적극적으로 시간을 쏟아 넣기 때문이다. 이런 훈련은 임상적일 뿐만 아니라 윤리적이고 정치적이기도 하다. 이 훈련은 분석적인 담론에 대한 주체의 관계에 대해 질문하고 있다." ECF는 분석경험 외에 어떤 종류의 외부 지식에 대한 필요성을 부정하지는 않지만, 이런 두 가지 유형의 지식들 간의 관계에 대해 매우 특수한 방식으로 생각해보는 일은 매우 중요하다고 주장한다. "이런 형태의 지식은 다시금 탐구되어야 하고 개인분석 기간에 도달하게 되는 비-지식(non-knowledge)의 시점에 의해 전복되어야 한다."[61]

두 번째로 분열되던 시기에 라깡을 떠났다가 IPA의 슬하로 되돌아온 분석가 집단에서 세운 APF는 이상하리만큼 유사한 방식으로 IPA 내에 있는 '프랑스적인 예외'라고 공언하면서 자신들의 차별성을 주장하고 나선다. 그들은 APF가 자신의 분석가들을 위한 훈련 방법을 '치외 법권'이란 단어로 묘사하고 있다(치외 법권은 관례대로 외국 대사관의 지위를 나타내는 법률존중의 용어로서 그 대사관이 위치하는 나라의 법으로부터 면제되어 있다). 훈련 위원회는 지원자한테 미리 알려주지 않고서 선발이 이뤄지게 될 그 기준에 따라 지원자를 교육연구소에 받아들이거나 혹은 거부할 수도 있다. 다시 말해서 오로지 그/그녀 자신의 분석경험만이 그/그녀를 인도해줄 수 있을 뿐이다.

61) 라깡학파의 오리엔테이션, 「양성」(la Formation). 프로이트대의학파. website, www.causefreudienne. org.

APF의 정회원들은 모두 IPA의 정회원이고 자동적으로 APF 교육연구소의 교육분석가들이 된다. 훈련중인 분석가들은 그들의 훈련이 충분히 인정되어 정회원이 될 때까지 피교육생으로 남아있게 된다. APF는 그 연구소가 지원자의 개인분석에 관련되지 않아야 한다고 생각하면서 교육분석을 없애 버렸다. 그들이 받아들인 지원자들은 라깡학회가 포함된 다른 분석학회의 분석가와 분석을 해왔는데, 심지어 어떤 사람은 훈련중인 분석가한테 분석을 받기도 했다. APF는 "무명의 카우치"에서 찾아오게 된 누군가의 요청을 심사하는 데 있어 그 개방성을 자랑스러워하고 있다.

그러나 APF에서의 훈련은 이 모든 것들이 암시하는 것보다 훨씬 더 많이 구조화되어 있다. 그 절차가 분명히 매우 개방적일지라도 극히 오래 걸리고 지원자가 반드시 뛰어넘어야 할 수많은 시련들을 보여주고 있다. 우선 먼저 지원자는 교육연구소에 들어가기 위해 수련위원회와 접촉할 때 분석 중이었거나 반드시 분석 중이어야 한다. 지원자가 의사나 심리학자라면 그건 바람직한 일이지만 필수적인 것은 아니다. 위원회는 9명의 분석가들로 구성되어 있는데 매년 1/3을 새로운 분석가로 바꾼다. 첫 단계로서 지원자에게 9명의 회원 명단을 보내고 지원자는 그들 가운데 3명을 선택해서 그들과 최초의 면담을 갖게 된다. 그런 다음 이 3명의 분석가들은 그 면담에 대해 위원회에 보고하여 그 후보를 더욱 진행시킬지 그 여부를 권고하게 된다. 만일 지원자가 이런 장애물을 넘어서게 되면 그녀/그는 연구소의 교육을 따르도록 허용되고 과학적이면서 학술적인 모임에 참석할 수 있으며 '감독되거나' 모니터되는 첫 번째 치료를 착수하게 될 것이다. 이것은 성인 분석수행자를 일주일에 세 번씩 카우치 위에서 보게 되고 그와 동시에 교육분석가(비록 그 연구소는 이 용어를 사용하지 않고 그 사람을

'감독인' 이라 부르지만)와 매주 두 번의 시간을 갖게 되는 일과 관련되어 있다. 이렇게 슈퍼비전된 첫 번째 치료에 이어서 두 번째가 시작되는데, 이처럼 연속해서 슈퍼비전된 두 가지 치료들이 적어도 10년간은 지속된다. 훈련의 최종 평가는 정회원단이 그들 중 한 사람의 보고서를 받아본 뒤에 그들에 의해 이뤄진다. 보고서의 저자는 지원자와 오랫동안 면담을 해왔고 지원자의 교육분석과 개인분석 모두에 대하여 논의하고 있다. 즉 세미나와 학문적인 활동, 병원이나 대학의 경력, 분석적인 진료, 논문, 저서, 등등이다. 정식 분석가(analyste titulaire)라는 칭호의 승인은 보고자나 회원이 심의와 표결을 요청하지 않으면 보고자의 제안으로 정회원단에 의해 이뤄진다. 이런 방식으로 APF의 훈련과정은 SPP의 훈련과정보다 훨씬 더 엄격하다.

SPP가 보이는 엄격함의 주된 영역은 '클럽의 회원자격' 에 있다. 즉 지원자는 그들의 회원 가운데 하나와 분석을 하고 있어야 하고, 이왕이면 인정된 교육분석가들 가운데 한 사람이길 바란다. 외부의 누군가와 분석을 해왔던 지원자—예를 들어, 만일 그녀/그가 다른 나라에서 왔다면—는 이미 카우치 위에서 10년 동안 경험을 했을지라도 SPP의 한 회원과 분석을 다시 시작해야 한다. SPP의 실행은 훈련문제에 있어서 IPA의 기준에 충실하다. 개인분석은 적어도 45분간 지속되는 분석시간을 적어도 일주일에 세 번씩은 가져야 한다. 지원자는 적어도 두 가지 분석사례들에 대해 슈퍼비전을 받게 될 것이고, 그런 슈퍼비전은 2년 내지 5년 동안 지속된다.

제12장

라깡식의 진료

내가 보여줬던 것처럼 존재적 수준에서 너무나 허약한 무의식의 상태는 윤리적이다. 진실에 대한 그의 갈증에서 프로이트는 그것이 무엇이든 나는 그곳에 가야만 한다고 말하는데, 어딘가에서 이 무의식은 스스로를 드러내기 때문이다.

(라깡,『정신분석의 네 가지 기본개념』)

침묵과 짧음과 냉담함의 신화들

라깡학파의 분석가들은 말을 한 마디도 하지 않는다는 소문이 나 있고 10분간의 면담시간도 그 대부분이 침묵으로 채워진다고 한다. 더구나 라깡학파들은 환자들의 치료에는 관심이 별로 없다고 한다. 심지어 라깡은 면담시간에 머리를 깎았다는 소문도 나돌고 있는데, 그가 그의 환자들을 몹시 무시했음을 암시하려고 퍼뜨린 이야기이다. 심문은 그렇게 악마처럼 만드는 효과를 보인다. 두 세기 전이라면 유아살해와 우물에 푼 독극물이 언급되었을 것이다.

라깡은 가변적인 길이의 치료시간을 사용했고 지속시간의 가변성은 그에게 중요한 도구였다. 만일 그가 10분 후에 치료시간을 끝낼 수 있다면 그는 그와 똑같이 그 다음 치료시간을 50분간이나 지속할 수도 있을 것이다. 라깡과의 분석을 끝내고서 몇 년이 지난 다음에 다니엘 위들로셔는 어떤 대담에서 매주 네 번씩 반시간 정도의 치료시간이 포함되었다고 밝혔다.[62] 다른 분석수행자들도 동일한 시기에 흔히 짧은 치료시간을 경험했다고 묘사했다. 이런 분석수행자들 각자의 '인격'이 매우 다르고 그에 따라 라깡은 짧은 치료시간을 의도적으로 사용했던 것 같다. 그러나 그가 짧은 치료시간을 사용했을 때 매우 흔하게 그는 분석수행자들을 더욱 빈번히 간혹은 거의 매일 보겠다고 제안했을 것이다.[63]

라깡한테 치료시간을 끝내는 일은 의미심장한 행위였고 또 너무나 중요해서 단지 한 형식으로 남겨둘 수는 없었다. 특히 분석수행자가 어떤 흥미로운 담론의 한가운데에 있다면 단지 배당된 시간이 다 되어 치료시간을 끝내는 것은 적합하지 않은 일이었다. 정반대로 분석수행자가 중요한 것을 이야기하는 순간에 치료시간을 끝내는 것은 유용해질 수도 있는데, 그렇게 해서 다음 시간까지 그것은 더 많은 반성을 하도록 '미해결 상태로 남겨둘' 수 있다. 흔히 더 많은 말들은 떠오르고 있던 깨달음을 애매하게 만들 수도 있다. 여러모로 치료시간의 끝은 특히 중요해진 어떤 측면을 강조하고 거의 하나의 해석으로 작용하게 된다.

또한 지속시간의 가변성 자체는 만일 분석수행자가 치료시간이 얼마 동안 지속될지 알고 있다면 그녀/그는 이것을 '탈출구'로 사용할 수 있다는 점에서 중요해진다. 실재적인 어떤 것에 대한 말을 회피하

62) 알랭 디디에르-웨일 2001, 『라깡 구역』, 플라마리옹, 파리.
63) 제라르 아다 2002, 『라깡이 나를 선택한 하루』, 그라세, 파리.

기 위해 중요치 않은 것들을 장황하게 늘어놓든가, 혹은 매우 일찍부터 중요한 것이 떠오르게 되면 시간이 끝날 때까지 쓸데없는 말 속에 그것을 '묻어두려고' 하는데, 그렇게 해서 그것은 잊어버린 거나 만찬가지가 된다. 분석수행자들이 자기에게 편리하도록 쓸데없는 말 뒤에 숨어서 고정된 지속시간을 갖고 노는 일을 매우 흔히 볼 수 있다. 라깡은 분석수행자가 놀고 있는 것을 분석가가 알고 있으며 그 두 사람의 시간을 허비하는 것은 아무런 의미가 없다는 것도 알고 있다는 신호를 전해주는 한 가지 방법으로서 그런 무익한 치료시간을 끝낼 수 있는 것이 중요하다고 봤다. 이 방법은 본래 분석수행자들한테 더욱 솔직해지도록 강요한다. 그들은 어떤 의미 있는 담론을 내보이든가 혹은 분석을 완전히 중단하게 되는데, 스스로에겐 작업을 계속하고 있는 것처럼 꾸밀 수가 없기 때문이다.

라깡은 짧은 치료시간으로 분석수행자를 '자극하려는' 목표를 삼았지만 가변적인 치료시간들을 적절히 이용하기 위해 분석가는 그 이면의 이론적 근거에 대해 명확히 알고 있어야 한다. 최소한의 재능 없이는 그것들을 다루기가 어렵고 분석가 쪽에서는 충분한 집중력과 완벽한 정직성이 필요하다. 그것들은 귀중하고 또 미묘한 도구가 될 수 있지만 단지 해로울 수도 있다. 늘 그렇듯이 자극적인 라깡의 말로는, "짧은 치료시간으로 우리는 남성 환자로 하여금 항문적인 임신이란 환상에 대해 말하게 하였는데… 그렇지 않았다면 우리는 그 시간에 아직도 도스토예프스키의 예술에 대해 논의하고 있었을 것이다."[64]

---

64) 「말과 언어의 기능과 영역」, 『에크리』, 저자의 번역임.

라깡학파의 정신분석은 무엇을 하지 않는가

라깡학파의 정신분석이 무엇을 목표로 삼고 어떻게 성취하려는지 추구해보기 전에 우선 먼저 라깡 정신분석이 아닌 것과 그 학파의 분석가들이 하지 않는 것에 대해 진술해보는 일이 중요할 것 같다. 이런 일이 필요한 이유는 라깡학파의 분석이 반대하는 것들이나 혹은 매우 다른 방식으로 분석의 측면들을 이용하는 것들이 정확히 제공되는 데에 유용해지는 다양한 정신치료들의 이론과 진료의 범위가 매우 크기 때문이다.

라깡식의 진료에서는 전이와 역전이의 현상을 다른 학파들의 정신분석과 동일한 방식으로 이용하지 않는다. 어떤 라깡학파의 분석가는 완전히 불투명한 거울로의 역할을 제외하고는 대화 속으로 들어가려 하지도 않는다. 또 어떤 라깡학파의 분석가는 환자에게 '동정적' 이지도 않고 그녀/그(분석가)가 어떻게 느끼는지 환자에게 말하지도 않는다는 것이다. 다른 한편으로 어떤 라깡학파는 환자들에게 그들의 느낌의 근원이 무엇인지 한번도 물어본 일이 없다는 것이다. 또 어떤 라깡학파는 여러분이 그/그녀를 여러분의 어머니/누이/애인이나 다른 사람들처럼 간주하고 있다는 것을 여러분한테 지적해주지 않고, 여러분의 감정반응이 이런저런 틀에 따라 혹은 여러분의 어린 시절의 이런저런 시기에 이뤄졌다고 지적해주지도 않는다는 것이다. 라깡학파의 분석가들은 해석을 고전적인 분석가들보다 훨씬 더 드물게 사용하고 더구나 이론 구성에 대한 직접적인 언급으로 해석하는 일은 거의 없거나 아주 특별한 상황에서나 할 뿐이다.

자신의 자존심을 끌어올리는 것처럼 보이거나 자신이 실제로 더할 나위 없이 좋아서 그저 자신의 '대응전략들' 가운데 어떤 것을 다시 생각할 필요가 있을 뿐이라고 확인되어 보이는 그런 환자는 라깡학파의 분석가한테 가지 않는 것이 좋다. 라깡식의 분석은 자아를 '강화시키거나' 혹은 '지지해주거나' 하지 않는다. 오늘날에는 타고난 인간의 권리로 생각되는 '자아'의 모든 표현들—자존심, 동일성의 느낌, 자기 이미지, 등등—은 정확히 라깡식의 분석이 볼트는 볼트로, 너트는 너트로 분해하는 것인데, 환자로 하여금 그 자신의 주체와 마주하도록 허용하기 위함이고 드디어 그 자신의 방식으로 그것을 인정하기 위함이다.

라깡식의 분석은 증상의 치유를 그 목표로 설정하지 않는다. 여섯 번이나 열 번 혹은 열두 번의 치료로 이런저런 문제를 치유한다고 약속하며 제공되는 수많은 치료들과는 달리 라깡식의 분석은 결코 그런 주장을 하지 않는다. 여섯 번의 치료시간동안에 따라하기 쉬운 어떤 모형에 의하여 라깡이 보기에는 매우 경솔하게 끊어버린 주체의 보로메오 매듭에서 증상들이 너무나 중요하고 중심적인 자리를 차지했다는 것을 보려면 오로지 병증(sinthome)에 대한 그의 이론을 되돌아봐야 한다. 만일 증상들이 분석과정 중에 사라진다면 그것은 '특별한 일'이다. 이런 입장은 환자들이 자유의지를 가지고 또한 그들의 인격구조에서 차지하는 증상의 중요성에 따라 치유되려고 할지 치유되지 않으려 할지 선택할 수 있다는 라깡의 믿음에서 나온 것이다. 중요한 것은 그들이 의식적인 자유로운 선택권을 갖는다는 것이다.

라깡식 진료의 기교

라깡식 테크닉의 윤곽을 그려보면 마지막에 요점이 무엇이냐? 라는 질문에—시작 지점이 있게 되는데, 실행의 목표가 그 진료를 정당화하기 때문이다. 그러니까 라깡식 분석의 요점은 무엇일까? 우리는 라깡학파들이 실제로 환자들을 치유하려고 애쓰지 않는 책임을 명확히 부정할 수 없다. 여러분이 '치유'의 정의를 어떻게 내리느냐에 달려 있지만 이 말에는 아주 적은 진실 하나가 들어 있다. 우리는 이미 라깡이 증상의 제거에 접근하면서 느꼈던 당황스러움을 목격했고, 아마도 그럴만한 유일한 명분이 있다면 그것은 치유되려는 환자의 요구인데, 이것이 무엇을 수반할지 충분히 알지 못한 채로 그렇다.

이렇게 위험스런 여정으로 환자를 안내하기 시작하는 라깡학파의 분석가는 분석과정 중의 어느 시점에서 환자가 어떤 결정—자신의 증상을 치유할 것인지 아닌지—에 다시금 직면하게 되겠지만, 여정의 시작에서 취했던 똑같은 결정과 이런 결정 사이의 차이점은 이제 자기-인식의 관점에서 이뤄진 현명한 선택이 되어야 한다는 것이다. 더욱이 증상은 주체의 구조의 일부가 되어 치료는 그것을 완전히 근절시킬 수 없고 항상 잔류물—증상의 근거—인 '병증'을 남긴다. 만일 환자가 증상을 포기하길 바란다면 그것이 채웠던 공간의 문제가 생길 수 있고 분석의 지속에 대한 필요성을 만들어낼 수 있다.

한 가지 예는 다음과 같다.

> 게이 남자가 몇 년간 분석을 하고 있었다. 그의 문제는 그가 게이라는 사실이 행복하지 않다는 것이다. 수년이 지난 다음에 그 자신이 바라는 것은 자녀를 두는 일, 즉 아버지가 되는 일이라는 것을 스스로 받아들이게 되었다. 그는 게이 입양을 반대하면서 한 여자와 함께 사는 것이 진정으로 행복해질 수 있을 뿐이라고 생각하게 된다. 그런데도 그는 계속해서 남자들과 이따금씩 섹스를 하고 있다. 그는 자신의 신경증 원인을 이해하게 되었는데, 그는 신경증의 흔적을 정확히 어린 시절로까지 거슬러 올라가서 자신의

몇 가지 주인 시니피앙들에 대한 충분한 인식을 표명하게 되었다.

분석가가 관련되는 범위 내에서 이것은 분석의 끝이 될 수 있다. 지금의 선택('정상인' 으로 될지 게이로 남을지)은 환자가 자유롭게 정할 일이다. 만일 그가 '똑바로 살고' 싶다면 전반적으로 새로운 문제들이 생겨날 것이고 이것들이 다른 치료의 주제가 될 수도 있고 안 될 수도 있다.

클라인이나 안나 프로이트 혹은 미국의 자아심리학자들과는 달리 라깡은 분석의 목표를 정하는 일이 없었는데, 모든 환자들한텐 각자 그 목표가 서로 다르기 때문이고 또한 분석 기간에 거의 확실히 그 목표가 변할 수도 있기 때문이다. 멜라니 클라인은 분석의 결과가 다음과 같다고 주장하기도 했다. "자아가 그 힘과 일관성을 얻어가는 동안에 억압은 줄어든다. 이상화된 대상과 박해적인 대상 사이의 분열이 줄어든다. 대상들의 환상적인 측면들이 그 힘을 잃어간다. 이 모든 것들은 무의식적인 환상적 생활—마음의 무의식적인 부분으로부터 덜 선명하게 분할된 생활—이 자아의 활동에서 더 잘 이용될 수 있음을 의미한다."[65] 우리는 앞서 언급된 자아와 무의식, 환상(무의식적인 환상)의 역할과 기능, 등등의 개념들에 대한 합의가 거의 존재하지 않을 경우에 그녀가 어떻게 이런 어떤 효과들이 바람직하다고 그처럼 확신하며 말할 수 있는지 의아하게 생각된다.

정신분석과 심리학의 어떤 분야에서는 사물들에 새로운 라벨을 붙여 다루게 되는 경향이 존재해 왔는데, 그 사물들을 보관할 수 있는 서랍들을 재정리하고 그럼으로써 어떤 것을 깊이 생각하고 이해하게

---

65) 멜라니 클라인 1952. 「전이의 근원」, 『국제정신분석잡지』, 33: 433-8.

된다는 인상을 줄 수 있다. 라깡은 오래된 라벨이 사용될 장소에 새로운 라벨을 사용하지 않았으며(예를 들어, '부정적 전이' 라는 최신유행의 서랍 속에 넣어두기보다는 오히려 '분석에서의 공격성' 과 '저항' 에 관하여 별개의 현상으로 말하기를 선호함) 또한 전형적인 그의 경고처럼 그는 단순한 목표들을 자세히 설명하길 거부했다.

그의 이론적 지침의 몇 가지 형식화에서 그는 욕구에 대해 이렇게 말하고 있다. "목적격인 '나' (me)와 주격인 '내' (I)가 재결합할 수 있는 시점을… 향하여 주체를 동반하려는" 욕구이다. 이 말은 자아의 차폐 체계의 통과를 의미하는데, 그것은 주체가 자신의 욕망과 공포로부터 구성해왔던 허구이다. 그는 주체의 진정한 욕망을 그 자신의 말로 드러내는 것이 분석 목표의 하나라고 암시해준다. "욕망의 탐색에서 그런 시니피앙의 기능은… 우리의 분석을 종결하기 위해 우리가 알아야 할 필요가 있는 것의 열쇠가 되고, 우리가 이 목적을 달성하려고 할 때 그 어떤 책략도 그것을 보충할 수 없다."[66] 그러나 직접적으로 분석의 목표에 대해 이야기할 때 그는 용이한 견해에 전념하지 않을 것을 선호하면서 신중해지고 있다. 「치료의 방향과 그 힘의 원리」라는 논문에서 그는 많은 페이지에 걸쳐 전이와 해석과 테크닉에 관해 광범위하게 숙고한 끝에 다음과 같이 기록하게 되었다.

> 따라서 우리는 보이지 않는 방향으로 항상 열려있는 이러한 힘의 미묘한 급소에 도달해 있었다. 그것은 선을 행하는 힘—어떤 힘도 다른 목적을 갖지 않는다—이고 그게 바로 힘이 아무런 목적도 갖지 않는 이유이다. 그러나 다른 어떤 것이 여기서는 문제가 된다. 즉 진실, 유일한 진실, 진실의 효과에 관한 진실이다. 일단 오이디푸스가 이 길을 내려가기 시작하면 그는 이

66) 「치료의 방향과 그 힘의 원리」, 『에크리』, 브루스 핑크 번역.

미 힘을 포기해버린 것이다. 그렇다면 치료의 방향은 어디로 향하게 될까? 아마도 우리는 그것을 건전한 상태에서 규정하게 되는 그 수단에 대해 그저 물어볼 필요가 있을 뿐이다. 한번 적어보자.

1) 말은 여기서 모든 힘들을 소유하고 있는데, 치료의 특수한 힘이다.
2) 정신분석의 근본적인 규칙으로서 분석가는 주체로 하여금 꽉 찬 말 쪽으로, 혹은 일관된 담론 쪽으로 향해 가도록 조금도 이끌어주지 않는다. 오히려 분석가는 주체가 그것에 대해 시도해 보도록 자유롭게 놔둔다.
3) 이런 자유는 주체가 무척 어렵게 견뎌내는 것이다.
4) 요구는 정확히 분석에서 한쪽으로 치워놓는 것이고, 분석가가 주체의 요구들 가운데 하나라도 충족시켜주는 것을 배제하는 일이다.
5) 주체가 자신의 욕망을 받아들이는 길 위에는 아무런 장애물도 없기 때문에 그는 바로 이런 수긍의 방향으로 향해가고 심지어 그쪽으로 방향을 돌리기도 한다.
6) 이 소유에 대한 저항은 마지막 분석에서 오로지 말과 이루는 욕망의 불일치에 관련될 수 있을 뿐이다.

이런 관점들은 우리가 라깡의 테크닉과 그 배경이론에 대해 더 충분히 이야기하게 되면 더욱 분명해질 것이다. 왜냐하면 오만에 대해 아주 흔히 혹평을 받았던 라깡이 정신분석학이라는 인문과학에 규칙과 한계(또한 목표는 그 자체로 한계가 된다는 것을 기억하라)의 부과를 거부하는 데 있어 그런 지적인 겸양을 보여줘야 한다고 기록한 것은 흥미로운 일이기 때문이다. 아마도 그는 그것이 발전적인 영역이었고 그런 영역이 된다는 사실을 강조하고 또한 실제로 여러분이 완전히 확신하지 못할 때 과도한 규범성이나 대담한 진술이 발전경로를 보기 어렵게 만든다는 사실을 강조하고 싶었을 것이다.

만일 환자가 단순한 목표, 예를 들어, 그녀/그가 치유되길 바라는 한 가지 증상을 갖고 있다면 그 환자는 라깡학파의 분석가한테 가지 않는 편이 좋겠다고 말해주려는 것은 아니다. 그러나 만일 그 환자가 열 번의 분석시간 동안에 치료된다고 약속하는 그런 치료들 가운데 하나보다는 오히려 라깡학파의 분석을 선택한다면 그 환자는 증상이 오직 자신의 깊숙한 인격구조의 창조물이라고 기꺼이 그것을 찾아내려는 시도를 **이미 받아들인** 셈이다. 식이장애를 가진 어느 십대의 어머니는 임시변통의 치료와 라깡식의 분석 사이에서 선택해보라고 했을 때 자신의 선택에 대해 다음과 같이 말하면서 결국 분석가를 택했다. "마치 우리가 그 문제에 대처하거나 다룰 수 있는 것처럼 들려요. 그걸 다뤄보는 것이 더 좋을 것 같다는 생각이 드는군요." 그녀는 그 문제의 가시적인 징후를 벗겨내려는 노력과 다시 자라나지 못하도록 그 뿌리를 캐어내는 것 사이의 차이점을 듣지 않고도 이해하고 있었다.

마찬가지로 환자의 목표는 그/그녀에게 정서적인 아픔을 일으키는 행동의 반복적인 양식에서 빠져나오는 것이 되기도 한다. 그러나 그 환자는 라깡학파의 분석가한테 찾아오면서 다시금 자신의 행동과 감정에 대한 모든 책임을 기꺼이 떠맡게 되는데, 그 분석이 잘 이뤄진다면 불가피하게 환자로 하여금 평생을 두고 그/그녀 자신의 자아 뒤에 숨겨진 그/그녀의 주체의 적나라한 진실과 조우하게끔 이끌어주기 때문이다.

이론에 의지하지 않는다면 또한 이 책의 어딘가에서 이미 말한 것을 반복하려고 하지 않는다면 라깡식 분석의 기교를 묘사하거나 설명하기가 불가능하다. 따라서 나는 여기서 중요하게 된 세 가지 개념들이 대타의 개념과 거울단계에서 주체의 형성, 그리고 욕망—그 대상들과 그 구성력—의 개념이라는 것을 말하려고 한다.

마음에 새겨둬야 할 몇 가지 관점들은 다음과 같다.

- 자아는 환자가 자기 자신한테 말하는 거짓말이다. 그것은 자신의 이미지에 대한 사랑과 대타의 담론 위에 세워진 주체의 허구적인 창작물이다. 바로 이런 허구의 유지 속에서 의미화 연쇄가 무의식 속으로 억압되기 마련이다. 분석과정의 목표는 자아의 '강화'가 아니라 정반대이다. "자아의 상상계는… 그의 욕망의 확실성 속에서 주체로 대체되어야 한다"[67] (또한 이것은 우리가 분석에서 욕망과 욕구와 요구의 상호작용이란 라깡의 복잡한 그물망 속으로 엮여 들어가기 시작하는 곳이지만, 우리는 혼란을 피하기 위해 이것을 잠시 미뤄둬야겠다).
- 환자가 찾고 있는 지식은 이미 그 자신에게 알려져 있다. 그것은 그/그녀의 무의식 속에, 즉 주인 시니피앙을 포함하는 의미화 연쇄 속에 존재한다. 이것은 꿈과 실언과 의도한 대로 안 되는 행위들에서 미끄러져 나오는 '지식'이고, 또한 당연히 주체로 하여금 우선 먼저 카우치에 오도록 재촉했을 수도 있는 증상들이다. 분석은 무의식에서 꺼내온 의미화 연쇄의 흔적과 점점 더 많은 그 연결들을 찾아간다.
- 진실은 주인 시니피앙들에 의해서 나타날 수 있는데, 그 "부정적인 측면"은 무의식으로부터 나와야 한다. 진정한 의미화 연쇄—주인 시니피앙들의 '탈-부정'으로 뽑아낸 것이 아님—는 주체 자신의 의지작용(volition)으로 건설되어야 한다. 그/그녀에게 그것을 말하기

67) 도르 1985.

는 그것의 신선한 억압으로 이끌어가거나 혹은 그것을 무의미하게 만들어가면서 그것의 충분한 요소들의 억압으로 이끌어갈 뿐이다. 기껏해야 분석가는 빠진 요소를 올바른 순간에 '공급할' 수 있지만, 연쇄 속으로 그것을 삽입하는 일은 환자의 유일하고 자주적인 권리이다.

- 대타—규칙들과 가설들의 집합으로서 그 안으로 개인이 태어나고 언어를 포함하면서 언어 속에 포함되는 것—는 주체와 그의 자아를 만들어낸다. 언어처럼 그것은 의미화 연쇄를 만들어냈던 가공되지 않은 재료들이다. 그것의 첫 번째 체현—어머니—은 아이의 첫 번째 동일시의 대상이 된다.
- 정신분석에서 첫 번째 전이는 일차성 동일시의 것을 흉내 내야 하는데 그렇게 해서 분석가는 대타를 체현하게 된다. 대타는 분석수행자에 의해 사용된 시니피앙들의 의미를 지켜주는 문지기이다.
- 분석가는 '알 것으로 가정된 주체' (sujet supposé savoir)이다. 분석수행자는 그녀/그(주체) 자신이 알지 못하는 그/그녀에 대한 것들을 분석가가 알고 있다는 가설을 만들어낸다. 이런 가설이 중요한 까닭은 그것을 만들어내는 데 있어서 분석수행자가 **알아야 할 어떤 것이 있다는** 것을 인식하고 있기 때문이다. 여기서 '어떤 것' 은 그녀/그가 잊어버리고 있는 것으로 분석에서 첫 번째 진실이 된다. 분석은 이러한 알-것으로-가정된-주체가 환자에게 경청할 준비를 갖춤으로써 작동되고, 또한 '평탄한 표면의 맑은 거울' (즉 일그러짐이 없는)의 정확성을 갖고서 환자 자신의 시니피앙들에 포함되어 있는 지식을 환자한테 되비춰줄 수 있는 그/그녀의 능력에 의해 작동된다.
- 욕망은 분석을 유지해주는 것이고, 욕망을 유지시켜주는 것은 분석가의 일이다. 욕망은 또한 그것의 쌍둥이 한쪽인 불안과 함께 주체

의 주요한 구성력들 가운데 하나가 된다. 그것은 자아가 흔히 잊어버리는 주체 속의 한 조건이 되고, 분석의 목표들 중의 하나는 주체로 하여금 진정한 욕망들을 의식의 빛 가운데로 가져오도록 허용하는 것이다.

• 분석가의 역할은 세 가지로 되어 있다. 맑은 거울이 되는 것과 대타가 되는 것, 그리고 욕망을 유지시키는 일이다.

라깡식 분석에서의 전이

라깡은 클라인과 안나 프로이트와는 달리 환자한테 그/그녀의 전이—그녀/그가 분석가에 대하여 느끼고 있던 것, 등등—에 대하여 말해 보라고 권장한 일이 결코 없었다. 참으로 그는 이런 진료에 대해 경고했는데, 그는 환자의 자아—진실을 지워버린 일에 책임지는 바로 그 부분—가 주체를 더욱 모호하게 만드는 일에 관련된다고 느꼈다. 그러나 분석에서 일정하면서 늘 변하는 전이의 표현이 분석가에 의해 매우 정확하게 기록되어야 했고, 또한 분석가에 의해 극도로 섬세하게 '연출되어야' 하는데, 이때 분석가는 가능한대로 불분명하고 반사적—빈 거울—이어야 한다. "분석의 전 과정을 통하여 분석가의 자아가 그곳에 존재하지 않는다는 데에 동의하는 유일한 조건으로, 다시 말해, 분석가가 살아있는 거울이 아니라 텅 빈 거울이라는 유일한 조건으로 벌어지는 일, 즉 주체의 자아와 타자들 사이에서 벌어지는 일이다."[68] 달리 말해서, 분석가는 자신의 자아를 한쪽으로 밀어놔야 하

68) 「치료의 방향과 그 힘의 원리」, 『에크리』, 저자의 번역.

고 '완전히 평탄한 맑은 거울' 처럼 냉정하게 경청하여 환자가 자신의 인생에서 경험해왔던 수많은 대화자들의 연속적인 이미지들을 그/그녀에게 투사할 수 있도록 허용되어야 한다는 것이다. 이 문장에서 '타자' 는 이러한 대화자들(흔히 어머니, 아버지, 형제자매들, 배우자)을 가리킨다. 라깡은 계속해서 이렇게 말한다.

> 분석은 그가 자신의 관계들을 의식하게 되는 데에 있는데, 분석가의 자아와의 관계가 아니라 그의 진정한 대화자들이지만 그가 알아보지 못했던 그 모든 타자들과의 관계를 의식하는 것이다. 그것은 그가 알지 못한 채 진정으로 말을 걸고 있는 타자라는 것을 차츰 알게 되는 주체의 문제이고 또한 처음엔 자신이 존재한다는 것을 알지 못했던 장소이며 또한 현재 그가 존재하는 장소에서 전이적인 관계들을 차츰 떠맡게 되는[알아보고 인정하게 되는] 주체의 문제이다.

라깡학파의 분석가들은 고전적인 분석가들과는 달리 만일 그/그녀가 교묘하게 해줄 수 없고 환자들이 말하는 어떤 것에 대한 반응으로 해줄 수 없게 된다면 마치 그/그녀가 그들의 어머니/전애인/할아버지 등등이 되는 것처럼 그들이 그/그녀에게 말하고 있다는 것을 그들에게 지적해주지 않는 경향을 보인다. 이상적으로는 그 환자들이 다음의 사례에서처럼 그것을 스스로 깨달아야 한다.

> 어떤 여자가 몇 차례의 분석시간 동안 그녀의 분석가에게 질문들—그것들은 모두 그녀의 자녀들에 관한 질문이었음—을 말하고 있었는데, 그 질문들은 그녀가 그들한테 어떻게 행동해야 하는지, 그녀가 그들과 함께 특정한 상황들을 어떻게 다뤄야 하는지, 등등이다. 사람들이 자신들의 어머니한테

> 요청하듯이 그녀는 실제적인 충고를 요청하고 있는 것처럼 보였다. 분석가는 어느날 그 여자가 다음과 같이 말할 때까지는 아무런 대꾸도 하지 않았다. "이건 어리석은 일이에요. 저는 선생님이 마치 제 엄마인 것처럼 선생님한테 말하고 있는 거예요!" 그에 대해서 분석가는 "정말로 그래요"라고 대답했다.

이와 같은 상황에서 라깡학파의 분석가는 해석의 한 형태로서 그 분석시간의 종결을 사용할 수도 있다. 그녀/그가 거기서 분석시간을 끝냄으로써 분석수행자로 하여금 그녀/그가 어떤 의미를 발견해냈음을 이해하고 그걸 더욱 반성해보도록 허용할 수도 있다. 이런 방식으로 분석시간의 가변성은 해석적인 도구로 이용되고 있다.

물론 환자가 세 스스로 실현하게 되는 일이 항상 가능해지는 것은 아니다. 이런 경우에 라깡학파의 분석가는 그것을 지적해줄 수 있다. 고전적인 분석가와의 차이점은 그들의 말이 분석수행자의 질문에 대한 답변이라는 그런 식으로 그것을 하리라는 것이고, 또한 그것을 지적하는 분석가의 행위에 포함된 분석가의 지식에 초점을 맞추는 것이 아니라 순전히 이동이라는 사실에 초점을 맞추는 그런 식으로 그 정보가 말로 표현되리라는 것이다. 예를 들어서, 마치 어떤 환자의 아버지에 의해 주장되었던 것으로 알고 있는 어떤 의견을 분석가가 주장한다고 생각되는 것처럼 만일 분석가가 얼마 동안 말해오고 있었다면, 그 분석가는 단지 "나는 당신의 아버지가 아니에요"라고 말할 수도 있는데, 그것으로 이 시점에서 분석가 자신의 존재를 그 게임 속에 너무 깊이 침투시키지 못하게 하면서 환자로 하여금 분석가가 그녀의 부재하는 아버지에 대해 언급해왔다는 것을 알게 해준다. 라깡학파라면 다음과 같이 말하지 않을 것이다. "당신은 세 시간 동안 마치 내가 당신의 아버지인 것처럼 내게 말하고 있었다는 것을 알고 있나요?" 왜냐하면 그런 간명한 진술은 환자의 주의를 분석가의 자아와 분석가의 진술 속에 포함된 지식으로 너무 많이 돌려놓기 때문이다.

"전이는 무의식이란 현실의 행동화다"[69]고 라깡은 말했는데, 그것은 분석가가 분석수행자한테 누군가 다른 사람을 생각나게 한다는 사실로부터 나오는 것이 아니라 분석수행자의 담론과 그 담론이 끌어내는 무의식적 지식 때문에 일어나는 것이다.

앞에서 언급했던 것처럼 주체가 해내는 가장 중요한 동일시는 대타자인 어머니와의 일차성 동일시이다. 분석에는 전이를 통한 이런 일차성 동일시의 재연이 벌어지게 된다. 분석가는 어머니가 언어 습득에 관하여 또한 시니피앙들의 관문을 통한 요구와 욕구의 운반에 관하여 아이를 위해 차지했던 자리를 떠맡아야 한다. 이것은 환자가 그/그녀의 시니피앙들을 새로운 관점으로 청취할(분석가의 거울에 되비춰 볼) 수 있는 가능성을 열어주게 된다. 그 일은 분석의 시작에서 일어나고 분석의 끝에서는 일어나지 않으며, 그것에 의해 분석가는 대타의 자리를 잡게 된다.

일차성 동일시는 일련의 전이들을 허용해주는데, 그에 의해 환자는 그/그녀의 과거에 여러 다양한 중요인물들로 분석가를 확인하게 될 것이고 그에 따라 분석가를 대하는 태도도 달라질 것이다. 이런 일이 벌어질 때 "분석가는 오로지 전이 내에 있는 그의 위치로부터 그것들[일련의 전이적인 담론들]에 반응해야만 한다."[70] 이것은 라깡식의 분석에서 해석의 자리에 대해 논의할 때 더욱 고려될 관점이다.

---

69) 『세미나 XI』, 저자의 번역.
70) 「치료의 방향과 그 힘의 원리」, 『에크리』, 브루스 핑크의 번역.

역전이와 분석가의 자아 문제

라깡은 역전이를 "치료의 변증법적 과정 가운데 어떤 시점에서 분석가의 편견과 열정, 혼란 및 불충분한 정보의 합계"라고 묘사한다. 라깡한테 교육분석은 "분석가를 열정 너머에 놔두지 않는다."[71] 그러나 만일 분석가가 이런 감정에 기초하여 행동하지 않는다면 그 이유는 그/그녀의 교육분석이 그/그녀의 열정을 배출시켰기 때문이 아니라 그/그녀에게 그러한 열정들보다 더욱 강한 욕망, 즉 분석가의 욕망을 부여해주었기 때문이다. "분석가가 자신의 환자에 대해 감정들을 갖지 않아야 한다고 아무도 말한 일이 없었다. 그러나 그는 그것들에 굴하지 않는 방법, 즉 그것들을 제 자리에 지켜내는 방법뿐만 아니라 그의 테크닉에서 그것들을 적절히 이용하는 방법도 알아야 한다."[72] 정신분석에서 역전이의 자리에 대해 라깡은 다음과 같이 묘사하고 있다. "분석가의 감정은 게임에서 오직 가능한 한 자리, 즉 빈자리(dummy)를 차지할 뿐이고… 만일 그 빈자리가 되살아난다면 그 게임은 누가 그것을 이끄는지 아무도 알지 못한 채로 속행될 것이다."[73]달리 말해서, 분석가는 자신의 감정을 알고 자신의 놀이에 그 감정을 고려하고 있지만 분석시간에는 그것을 갖고 놀지 않는다. 그렇게 하면 분석가가 될 것으로 가정되는 거울의 평탄한 표면을 심하게 어지럽혀 놓을 것이다. 만일 어떤 이유로 분석가가 자신의 감정이 작동되도록 결정한다면 분석수행자가 그것을 알지 못하는 그런 식으로 그것은 작동되어야 한다.

---

71) 「전이에 대한 개입」『에크리』 저자의 번역
72) 『세미나 I. 테크닉에 관한 프로이트의 논문. 1953-4』, 저자의 번역.
73) 「치료의 방향과 그 힘의 원리」, 『에크리』, 브루스 핑크의 번역.

자신의 자아를 문간에 남겨두기로 동의했던 분석가를 '맑은 거울'로 간주한다는 생각으로 되돌아가 보면 해석을 내리는 곤란한 일에 이르렀을 때 이런 해석이 반드시 분석가의 자아에 의해 만들어졌다는 말을 라깡이 피하려고 하지 않았다는 것은 주목되어 마땅하다. 그것이 사실이라 하여도 환자는 테이프 레코더한테 말하고 있을지도 모르는데, 분석가가 그렇게 '되길 그만둘' 수 없다는 것은 아마도 분명해질 것이다. 해석을 만들어내는 데 있어 분석가의 자아의 자리는 해석에 관한 부분에서 논의될 것이다.

분석에서 욕망과 요구

전이는 분석수행자가 자유롭게 연상할 수 있도록 도와주고, 분석에서 주체는 정상적으로 회피할 수도 있는 모든 종류의 사물들에 대해서 말하게 될 텐데, 이런 것들이 대개 욕망의 대상들, 즉 타대상의 아갈마가 들어 있는 그릇이다. (타대상과 그 그릇—욕망의 대상·원인보다는 오히려 욕망의 대상—을 이 시점에서 구별해야 하는데, 라깡학파의 분석가들은 실제로 그 그릇에 대해 말할 때 약칭으로 '타대상'을 사용하는 경향이 있다.) 그러나 여기서 흔히 한 문제가 발생한다. 이런 욕망의 대상들은 주체한테 대단히 매혹적인데, 그 주체는 그것들에 대한 생각에 고정될 수 있어서 상당한 기간 동안 더욱 의미 있는 담론을 만들어낼 수 없다. 많은 분석들은 욕망된 대상에 좌초되어 완전히 침몰한다. 또한 욕망은 그 자체로 바람직하고 불안에 대한 방패가 되면서 그것을 위험에 빠뜨릴 수 있는 어떤 일을 하는 데에 자연적인 저항이 존재하게 된다.

어떤 여자가 수년 동안 결혼한 남자들과 일련의 고통스런 관계에 연루되다가 그 이후로 분석을 시작했다. 그녀는 문제의 그 남자들에 대해 거리낌없이 말할 수는 있지만 이 남자들한테 존재하면서 또 삼각관계라는 상황을 통해 손에 넣을 수 있다고 상상하는 타대상에 대해서는 더 이상 말을 진행할 수가 없다. 그녀는 자신이 처해 있던 고통스런 상황들을 묘사하고 또한 그 상황들에 대해 어떻게 느꼈는지 그 감정을 묘사할 수 있다. 그러나 그녀의 욕망을 위태롭게 만들기 시작하는 담론에서는 재빨리 멀어져가고 있다. 그런 관계들에 관련된 아픔은 그녀의 욕망의 가능한 소멸보다 여하튼 더 좋은 것처럼 보인다.

능숙한 분석가가 아니라면 그녀의 분석은 많은 사람들이 그들의 친구들에게 말하면서 도달하게 되는 바로 그 시점에서 오도가도 못 하게 되었을(잠시 동안 그랬을) 것이다. (얼마나 자주 친구들은 수십 년에 걸쳐 지겹도록 묘사된 동일한 문제에 대해 동정적으로 들어달라고 부탁을 받고 있을까?) 분석가가 할 일은 자신의 욕망을 분석수행자의 욕망에 대비시키는 것이다. 또한 분석가의 욕망은 오로지 환자를 도와서 그/그녀 자신의 진실을 얻도록 함으로써 그/그녀가 치유되도록 하는 것 뿐이다.

라깡한테서 분석가의 이러한 욕망은 전이 현상보다 훨씬 더 중요하다. 왜냐하면 이것이 분석을 계속 진행시키고 멈추지 않도록 예방하는 원동력이 되기 때문이다. "분석가는 자신의 환자를 다루려고 의도하는 것뿐만 아니라 자신의 환자가 성공하게 하려고 의도하는 것도 존재한다."[74)]

74) 『세미나 XI』, 저자의 번역.

분석가의 임무가 얼마나 거창한 것인지 생각해보라. 그것은 청어 한 마리로 도시의 성벽을 파괴시키는 것과 같다. 분석은 주체를 둘러싼 자아의 성벽에 위협이 되고 욕망의 근거를 위태롭게 만든다고 해서… 저항하는 주체를 누가 비난할 수 있을까? 또한 아직도 분석가는 한 가지 것—그렇게 말하고 싶다면, 그 도시의 성벽 안에 있는 배반자—에 의해 지지되고 있으며, 또한 그것이 분석수행자가 분석시간에 찾아오게 되는 단순한 사실이 되는데, 그녀/그가 **치유되고 싶은 욕망**을 갖는다는 유일한 표지이다. 치유되고 싶은 이런 욕망—때때로 타대상의 주위에 구성된 자아의 기념물에 반대되는 어떤 일을 하기엔 분명히 너무나 연약한 것—은 환자가 분석가한테 부당하게 해대는 요구들에서 그 자체를 내보이게 된다. 분석가는 치유되고-싶은-욕망의 연약한 불꽃을 유지하기 위해 이런 요구들을 이용해야 한다. 또한 분석가는 어떤 지식을 갖고 있는데, 분석수행자에 의해 분석가가 가지고 있을 것으로 가정된 지식이 아니라 "욕망이 대타의 욕망이"라는 지식이며, 또한 전이에 의해 부여된 대타로서 분석가의 자리에서 분석가는 침묵과 해석이란 자신의 무기를 조심스럽게 다뤄야 한다.

라깡학파의 분석가가 환자에 의해 그/그녀에게 제기된 질문들에 대한 답으로 침묵을 지키는 것은 일차적 요구—치유되려는 요구—를 유지하기 위함이다. 그러한 질문들은 현실적인 문제에서 우회하는 것이고 그 환자도 그것을 잘 알고 있을 것이다. 중요한 것은 환자가 그 자리에 있고 아직도 요구를 하고 있다는 사실이다. 또한 이런 요구들을 좌절시킴으로써 욕망이 유지될 수도 있다.

> 나는 조용히 앉아 있다. 내가 그렇게 함으로써 환자를 좌절시킨다는 것은 누구나 동의하는 일이며, 내가 역시 그걸 안다는 것을 그도 알고 있다. 어째

> 서일까? 만일 내가 그를 좌절시킨다면 그 이유는 그가 나에게 어떤 것—그에게 정확히 답해주는 것—을 요청하고 있지만, 그는 그것이 단지 말일 뿐이라는 것을 알고 있으며 그가 좋아하는 사람이라면 누구한테서나 그것들을 얻을 수 있다는 것을 매우 잘 알고 있기 때문이다. 그것들이 틀린 말이라면 말할 것도 없고 그것들이 올바른 말이라 해도 그가 내게 감사해 하리라는 것은 확실치 않은 것이다. 그가 요청하고 있는 것은 이런 말들이 아니다. 그는 그가 말하고 있다는 바로 그 사실로부터… 단지 내게 요청하고 있을 뿐이다. 즉 그의 요구는 자동사이고…. 물론 그의 요구는 함축적인 요구의 영역에서 전개되고 있는데, 그것 때문에 그가 거기에 있다. 그를 치유해달라는 요구, 즉 그를 그 자신에게 드러내주라는 요구이다.[75)]

또한 좌질 그 사체는 욕방을 유지시키는 것 이외에도 다른 기능을 갖고 있다. 그것은 결국 분석수행자로 하여금 그녀/그가 이미 갖고 있는 무의식적인 지식으로부터 그/그녀 자신의 질문에 답할 수 있게 만들어주는 것이다. 라깡의 말로 그것은 "좌절을 유지시키고 있는 시니피앙들이 다시 나타나도록 만들어준다."[76)]

라깡식의 침묵은 또 다른 역할을 해낸다. 그것은 좌절시키는 침묵일 뿐만 아니라 주체의 말을 '드높이 가져오는'—기수가 깃발을 들고 있는 의미로—것도 바로 그 침묵 속이다.

> 분석가는 자신이 (깃발의 기수처럼) 말을 지니고 있을 때 모든 사람들한테 공통된 기능을 누구한테나 가능한 것은 아닌 방법으로 사용하고 있다는 점에서 스스로를 구별하고 있다. 이것은 그가 주체의 말을 다루는 것인데,

---

75) 「표준 치료의 변형」, 『에크리』, 저자의 번역.
76) 위의 논문.

> 청자의 침묵 속에서… 오직 그걸 환영할 때조차도 그렇다. 이런 침묵은 '잠자코 있기'(keeping silent)라는 표현에서처럼 말을 포함하고 있는데, 분석가의 침묵에 관하여 그 표현은 그가 소리를 내지 않는 것을 의미할 뿐만 아니라 그가 대답하기보다는 오히려 조용히 있는 것도 의미한다.[77]

주체가 자신의 말의 공명을 들을 수 있게 되는 것은 오직 침묵 속에서 가능하고 또한 분석가에 의해 체현된 대타의 존재 속에서 가능할 뿐이다. 이것 때문에 라깡은 정확히 자신의 역할이 **대답해주지 않는 것**이 되는 그런 질문들이 존재한다고 주장하는 것이다. 이때의 대답은 결국 동정적인 친구들로부터 자유로워지고 언제나 무시하는 데에 활용된다("당신은 내가 그를 두고 떠나야 한다고 생각하나요?"라는 질문이 한 가지 예가 되는데, 분석가가 이것이라고 답해줄 수 있는 대답은 없다. 그것을 되풀이하는 것은 무의미한 말보다 더 나쁜데, 그 이유는 주체로 하여금 그것이 다른 사람으로부터 그녀에게로 되돌아오는 것을 들을 수 있도록 해주기 때문이다. 다시 말해 그 질문이 **그녀의 것이고 오직 그녀의 것뿐**이라는 사실을 감춰주기 때문이다. 침묵은 적어도 그 점을 무척 명백하게 만들어줄 것이다).

라깡한테는 분석이 그 끝을 향해 가까이 다가가면서 분석가의 힘이 약해지다가 결국엔 분석가가 빈 껍질처럼 버림을 받게 된다는 것이다. 이것은 다른 분석학파들의 견해와 분명하게 대조되는데, 그들은 분석의 끝이 분석가에 의해 면밀히 통제되고 관리되어야 한다고 생각한다. 라깡학파의 분석에서 그 끝은 단지 치유되려는 환자의 욕망이 더 이상 충분히 강하지 않아서 그/그녀로 하여금 여행을 떠나도록 권유할 만한 시점이 된다. 이런 욕망의 감퇴는 '호전'의 자연스런 결과

77) 위의 논문.

여야 하고, 그것을 방해할 유일한 것은 잘못 다뤄진 전이가 되기도 하는데, 그런 전이에서 치유되려는 일차 욕망을 대신하는 이차 욕망이 만들어져 왔던 것이다.

욕망에 대한 결정적인 단어가 여기에 어울리겠지만, 환자의 욕망 주위에서 이 시기쯤에 그/그녀의 자아가 구성되고 또한 그 욕망을 발견하는 것이 분석의 임무가 되고 있다. 욕망이 불안에 대한 주체의 방어의 기본이 된다는 것을 독자한테 상기시키고, 욕망의 대상·원인(타대상)이 불안을 일으키는 결여 속에서 그 반대의 것도 갖게 된다는 것을 상기시켜준다. 다음과 같은 공식으로 표현될 수 있다.

무의식 말해진 것

$$\frac{S2}{\$} \longleftrightarrow \frac{S1}{a}$$

(S1은 말해진 주인 시니피앙이 되고 S2는 그것의 억압된 부본임). 욕망의 기초 위에 또한 언어의 구성요소들로부터 주체의 자아는 구성된다. 분석수행자의 담론의 암중모색으로부터 그/그녀의 진정한 욕망을 언술하고 아마도 연장선상에서 그/그녀의 거세됨을 언술하게 될 의미화 연쇄의 요소들이 출현하게 될 것이다.

그러나 연쇄의 구성은 결코 쉬운 일이 아니다. 대부분의 요소들이 드러났을 때라도 분석수행자는 올바른 의미가 나타나게 될 방식으로 그 요소들을 조립하게 된다(또한 언어학에서 보면 의미를 부여하는 것은 시니피앙과 시니피에 사이의 '자연스런' 연결이 아니라 시니피앙들의 결합이라는 것을 기억하라). 주인 시니피앙들에 대한 관점은 그것들에게 의미를 부여해주는 억압된 대응물을 그것들이 갖고 있다는 것이다. 그러니까 주인 시니피앙의 명백한 시니피에는 중요하지 않다. 따라서 이제 제3장과 제8장의 사례들로 다시 가보자. 아버지가 훌륭한 선원이었던 그 남자한테 '항해' 라는 시니피앙은 오로지 아버지에 대한 연상과 집안에서 형제간 경쟁상황에 대한 연상에서만 중요성을 갖고 있다. 이것이 없으면 배는 그냥 배일 뿐 그밖엔 아무것도 아니다. 그와 마찬가지로 어린 소녀한테서 '최선' 에 힘과 중요성이 부여되는 까닭은 '차선' 에 대한 대응위치 때문이고 이것과 연결된 연상의 사슬 때문이다.

라깡에게 있어서 주인 시니피앙들이 주체한테 진정한 의미를 드러내기 위해서는 먼저 주체 자신의 마음속에서 '변증법화' 되어야 한다. 즉 분석수행자는 '최선' 과 '차선' 사이의 관계를 인식해야 한다. 그런 다음에야 주인 시니피앙은 그 긴장—불안발생의 빼쏜 꼴과 연결되는 긴장—을 잃어버릴 수 있으며 그 연결이 풀리는데, 라깡은 그 과정을 '분리' 라고 불렀다.

이런 분리가 분석의 끝이다. 바로 그 시점에서 어린 소녀는 '최선' 이 '차선' 과 더 이상 연결되지 않기 때문에 그 중요성을 잃어버리게 된다고 진정으로 느낄 수 있다. 그녀는 모든 것에서 '최선' 을 바라지 않을 수도 없지만 적어도 그녀는 어째서 그런지 그 이유를 알 수도 있고 그것이 언제 난센스가 되는지 그때를 알아차릴 수도 있다(문자 그대로는 그녀의 욕망-불안의 변증법 밖에서 그것은 아무런 의미도 없고 따라서 그 긴장을 잃어버리게 된다). 그런 다음에야 '최선' 에 대한 대안이 그렇게 위협적인 것이 되지 않을 수도 있다. 그와 비슷하게 '합리성' 이 매우 중요해졌던 여자는 체스나 문제풀이를 즐길 수밖에 없지만, 그것의 필연적인 정반대가 그녀에겐 너무 큰 위협이 되는 것으로 더 이상 느껴지지 않을 수도 있다. 주체의 기본적인 욕망에 대해 얼마나 막중한 위협이 분석에 의해 제기되는지 알 수 있으며, 그것이 저항을 만난다고 해도 놀랍지 않을 것이다. 우리는 정말로 우리의 욕망들을 포기하고 싶어 하는가? 우리는 그것들의 자리를 무엇이 차지하게 될지 알고 있는가? 라깡은 이 점에 대해서는 조금도 확신하지 못하고 있다. 욕망의 인정과 욕망의 포기는 서로 별개의 일이다. 최후에 아마도 우리의 최대의 공포는 우리의 욕망이 해탈의 단조로운 무(無)로 대체되리라는 것이다. 또한 해탈은 정확히 욕망과 불안 사이의 긴장이 너무 많아졌던 바로 그 사람들에 의해 갈망되고 있는 것이다. 아마도 현실적인 유일한 해결책은 욕망의 노예가 되지 않도록 자신의 욕망을 인식하는 일이 될 것이다.

대부분의 분석은 이런 긴장의 감소를 충분히 보여줬던 시점에서 중단된다. 분석을 끝낼 수 있는 수많은 시점들이 있지만, 대개는 정서적인 고통의 경감에 대한 욕망이 너무 약해져서 환자의 내원을 유지시키지 못하는 시점이고, "분석가가 증상의 소멸과 인격의 완성으로 자신이 쓸모없게 되면서 자신의 힘이 쇠퇴하는 것을 보는"[78] 때이다.

라깡식 분석에서의 해석

변증법화의 작업과 의미화 연쇄의 구성은 주체의 작업일 뿐이고, 또한 라깡은 이런 이유 때문에 다른 분석가들보다 해석을 훨씬 적게 이용하는 경향을 보여주는데, 그런데도 라깡학파의 분석가 역시 대타로서 그 자신의 역할을 완수하려면 해석을 해야 한다.

만일 증상이 고전적으로 주체한테 의미를 갖는 것으로 보인다고 기억하며 또한 해석이 이런 의미를 꺼내오는 목적을 갖는다고 마음속에

78) 「현실원칙을 넘어서」, 『에크리』, 브루스 핑크 번역.

새겨두면 라깡이 두려워했던 것은 많은 고전적 정신분석가들이 해석을 일종의 논증으로 이용한다는 것이다. 그들은 이 논증으로써 분석가가 그것에 붙여놓은 의미—분석가의 이론구성 위에 세웠던 의미—를 환자로 하여금 받아들이도록 설득하고 있다. "당신은 스스로를 방어해야 했던 거세시키는 아버지로 나를 보고 있기 때문에 나에 대해 적개심을 보이고 있어요," 등등. 만일 이런 해석들이 '저항'을 만나게 되면 분석가는 자신의 이론적인 서적으로부터 더욱 더 많은 논증을 채택해서 환자에게 해석이 어떻게 그리고 왜 작동하는지 '보여주게' 될 것이다.

라깡한테 증상들은 어쨌든 시니피앙과 시니피에 사이의 연결에서 얻어진 '현실적인 세계'라는 의미를 전혀 갖지 못하고 오로지 주체에게는 자기 집에서 자란 매우 특별한 시니피앙 연쇄의 결과로부터 생겨나올 뿐인데(실제로는 병증), 그 의미는 시니피앙들에 대한 주체 자신의 연상에서 나온다. 따라서 해석은 분석가에 의해 결정된 의미의 창출을 피해야 되지만 증상의 구조적 기초가 되는 병증의 기입에 관련된 시니피앙들의 노출을 그 목표로 삼아야 한다.

라깡은 당신의 환자한테 그들의 현재 감정이나 행동이 이런저런 이론적 구성에 어떻게 들어맞는지 말해주는 그런 진료를 반대하고 있는데, 그 부분적인 이유는 어떤 구성은 오로지 분석가의 상상력에 의한 허구일 뿐이라는 그런 인식이 분석가한테 결여되어 있음을 그러한 진료가 암시해주기 때문이다. 모든 허구들처럼 그것은 '정말처럼 들릴' 수 있고 환자로 하여금 어떤 것을 이해하게끔 하는 데에 유용해질 수 있지만, 그와 똑같이 그것은 단지 허위일 수도 있고 허위가 아닐 수도 있다. 그러나 어쨌든 그것은 여전히 상상적인 구성이고 여러분 자신의 것 하나로 환자의 상상적 구성들(그것들의 환상들)에 반응하는 일은 완전히 상상적 영역 내에서 게임을 하는 것이다. 만일 분석수행자가 분석가 자신이 되고 싶지 않다면 혹은 라깡학파의 이론으로 볼 때 흥미로울 수 있는 인격과 지성의 부류가 아니라면 그는 남근이나 물(物) 혹은 실재계의 돌입에 관한 강의에서 그들한테 직접적인 치료 혜택을 찾아 볼 수 없었다. 영국학파나 미국학파 혹은 비엔나학파의 방식으로 해석하는 것에 관해서 라깡은 이렇게 말할 수밖에 없었다. "해석에 대한 고진직인 논평을 읽을 때마다 사람들이 제공해주는 비로 그 사실들을 얼마나 하찮은 것으로 만드는지 나는 항상 그걸 애석하게 여긴다는 언급에 국한하려고 한다."[79] 달리 말해 만일 분석가들이 환자의 말에서 자신들의 이론적 구성의 어떤 근거를 찾아내기 위해 무척 애쓰지 않고 또한 주체가 말하고 있는 바를 더욱 축어적으로 설명하려 했다면 분석가들은 바로 거기서 답을 찾아낼 수 있을 것이다.

어떤 이론을 인용하여 해석을 하는 가장 나쁜 결과는 환자가 특히 강한 전이와 문제의 히스테리성 인격을 보이는 경우에 그런 이론적인 근거에 알맞게 구성된 환상들을 갖고서 반응하기 시작할 수 있다는 것이다. 다시 말해 분석가와 환자 사이의 관계는 이중정신병(folie à deux) 비슷한 것이 될 수 있는데, 양쪽에서 서로의 상상적 영역을 먹고 살아가게 된다. 또한 히스테리 환자들의 경우에 가장 나쁜 것은 이런 게임이 신경증의 구조에 직접적으로 작용하는 것인데, 대타의 욕망으로 자신의 내적인 공허를 채우고 싶어 하는 것이다. 이것이 그렇게 된 것은 분석의 종결이 환자가 분석가를 동일시하게 되는 시점이라고 1950년대 영국학파 내의 몇몇 분석가들의 관찰에 나타난 것처럼 보였기 때문이다. 라깡한테 이것은 매우 불만스러워 보였다. "기

79) 「치료의 방향과 그 힘의 원리」, 『에크리』, 브루스 핑크 번역.

껏해야 현대의 분석가는 자신의 환자를 순전히 상상적 동일시의 지점에 남겨두는데, 그런 동일시에 히스테리 환자가 매혹을 느끼는 이유는 그녀의 환상이 그것의 함정에 걸려드는 것을 의미하기 때문이다." 80)

라깡학파의 분석에서 해석은 드물게 사용되고 특별한 경우를 제외하고는 분석가의 이론 구성에 관련되는 것은 아닌데, 예를 들어, 분석수행자가 라깡 이론에 개인적으로 훌륭한 지식을 갖고 있는 수련생인 경우이다. 더욱 흔하게 이론은 역전이처럼 브리지 게임의 빈자리 같은 것이다. 즉 그것에 따라 게임을 하지만 그것으로 하는 것은 아니다. 달리 말해 이론은 거기서 분석가가 환자와 그 자신을 이해하는 데에 도움이 된다. 그것은 그/그녀에게 암호해독에 쓰이는 일종의 코드 같은 모델을 제공해주지만, 그것은 오직 분석가의 행동에 대한 안내서일 뿐이고, 만약 그렇지 않다면 분석과정과는 무관한 것이다.

라깡한테 중요했던 것은 어떤 사람이 분석을 받으러 올 때 그/그녀의 생활환경 때문에 제기된 특정한 문제들에 대한 답을 찾기 위해 온다는 것이다. 여기서 그 해답은 그녀/그가 이미 무의식적으로 알고 있지만 그/그녀의 자아는 알아차리지 못한 것이다. 라깡은 이것이 진정으로 중요한 유일한 지식이란 입장을 취했다. 따라서 해석(혹은 침묵)의 사용은 주체로 하여금 억압된 지식을 이론 구성에 따라 인식하는 것이 아니라 **그들 자신의 방식으로** 또한 그들의 상황논리에 따라 인식하는 데에 도움이 되도록 디자인되었다. "만일 우리가 주체를 어디로든 인도해간다면 어떤 논리 같은 것이 이미 무의식에서 작동한다고 가정되는 판독으로 인도되는데, 그 논리에서는 예를 들어 미심쩍은

---

80) 위의 논문

목소리나 논증의 발전까지도 인식될 수 있다."[81]

라깡한테 해석이 옳은지 아닌지 그 여부를 결정해주는 유일한 것은 그것이 치료에서 효과적인지 그 여부이다. 분명히 잘못된 해석은 작용하지 않겠지만, 올바른 해석도 올바른 시니피앙들로 표현되지 않거나 정확히 올바른 시점에 전달되지 않으면 작동되지 않을 것이다. 분석가는 자신의 이론체계에 따라 환자에 관한 어떤 진실을 볼 수도 있지만, 환자가 그 자신의 현실적인 말로 표현된 동일한 진실을 볼 수 있을 때까지 그것은 쓸모없게 된다. 결국 의미는 주체 자신의 시니피앙 연쇄의 구성으로 이해될 수 있을 뿐이다. 다음처럼 물어보는 것이 더욱 유용할 것 같다. 해석이 효과를 냈다는 걸 언제 알게 되느냐?

라깡한테 해석은 오직 환자에게서 변화를 작동시킬 때에만 효과적이다. 이런 변화는 그 해석에 대한 환자의 즉각적인 수용이나 거부처럼 눈에 보이는 것이 아니라 장차 환자의 말과 행동에 나타나 관찰 가능한 변화로 눈에 띄게 된다. 라깡은 해석의 정확성에 대한 환자의 부정으로 전혀 괴로워하지 않았다. 다시 말해, 그것이 옳다면 어쨌든 그 불가사의한 힘을 작동시킬 것이다. 그 이후로 그/그녀의 기능에 아무런 변화가 없다면 해석에 대한 환자의 동의를 기뻐하지도 않았다. 이것이 바로 그가 '부정적인 전이'에 대한 어떤 분석가들의 집착을 비웃었던 이유인데, 그것은 그들의 해석에 대한 환자의 저항을 담아두었던 서랍이 된다. "주체의 저항은 암시에 반대될 때 욕망을 유지하고 싶은 욕망일 뿐이다. 그의 저항은 그 자체로 긍정적 전이로 생각되어야 하는데, 분석의 방향을 유지시키는 것이 욕망이기 때문이다."[82]

---

81) 「주체의 전복과 욕망의 변증법」, 『에크리』, 브루스 핑크의 번역.
82) 「치료의 방향과 그 힘의 원리」, 『에크리』, 브루스 핑크의 번역.

이곳이 아마도 분석가의 역할에 대해 한 마디 말할 수 있는 지점이 될 것이고, 또한 그녀/그가 분석시간에 그/그녀의 자아로 하여금 작동할 수 있도록 허용할지 그 여부가 된다. 라깡에게 그 대답이 긍정적이라는 것은 분명했지만, 많은 사람들에겐 이것은 첫째로 분석가가 '맑은 거울'이 되어야 한다는 그의 주장에 모순되고, 둘째로 분석가가 "오직 전이에서 그의 위치로부터" 환자의 요구에 반응한다는 그의 권고에 모순되는 것처럼 보였다. 두 번째 진술에 의하면 그는 해석이 불가해한 이론들을 포함해서는 안 되고 주체 자신의 담론의 논리에 들어맞아야 한다는 것을 의미했다. 앞의 진술에 의해 환자가 자유롭게 연상하고 그/그녀의 시니피앙 연쇄를 형성하기 시작하려면 '맑은 거울'의 침묵이 필요하다는 것이다. 그러나 그것이 해석에 이르게 되면 말하는 분석가의 자아가 되어야 했던 것은 (적어도 라깡에게는) 분명해지는데, 아니면 달리 무엇이 될 수 있을까? 라깡은 만일 환자가 분석가의 말을 전이에서 그/그녀의 상상적인 대화자의 말로 받아들일 뿐이라면 그 환자는 동일한 위치 내에 무한히 머물러 있게 될 것이고 분석은 머지않아 얼어붙게 될 것이라고 지적했다. 더욱이 해석하는 데 있어 분석가는 그/그녀의 다른 역할을 이행하기 위해 그/그녀의 자아를 다시 떠맡아야 했는데, 그것은 바로 대타가 되기도 하는 알-것으로-가정된-주체의 역할이다.

한 가지 여담으로 라깡은 해석을 할 때 분석가가 될 것으로 가정되었던 것에 대한 지나친 관심 때문에 상당히 화가 난 것처럼 보였다. "거기서 분석가의 신분에 대해 누가 말할 것이며, 그가 해석의 임무라는 난관에 부딪칠 때 그에게 무엇이 남겠는가?" 그(분석가)가 사람이고 또한 우리와 같은 종의 동물이라는 단조로운 대답을 피하기 위해 그는 훗날 그 질문을 더욱 직접적인 몇 마디로 고쳐서 제기하게 된다.

"누가 말하고 있는가?" 그에 대한 대답은 '내'(Me)가 되어야 한다('자아'와 같은 프랑스어 'moi'의 이중적인 의미와 함께).[83]

라깡은 역시 해석이 어떻게 작용하는지 이해하려는 실제적인 노력을 드물게 내보였다. 다른 사람들 대부분은 단지 그것의 효과와 그 결여에 주목하는 것으로 만족하지만(또한 후자의 경우에 그 실패를 환자측의 '저항' 탓으로 돌린다), 이것은 마법을 믿는 것과 비슷하다. 그것이 작동되고 있지만 우리는 그 방법을 알지 못한다. 소수이 분석가들이 해석의 작용 방식에 관하여 가설을 세웠으며, 라깡은 이런 방향으로 애쓰는 에드워드 글로버의 노력에 대해 몹시 비판적인데, 그는 "모든 곳에서 해석을 찾아내고 의사처방의 평범한 말에서도 찾아내니까 그것에 어떤 한계도 설정할 수 없으며…. 이런 식으로 생각해보면 해석은 일종의 플로지스톤이 된다. 그것이 상상계의 불길에 기름을 붓는 한에는 옳게 이해되든 잘못 이해되든 모든 것에서 분명해진다."[84]

바르게 수행된 해석의 효과는 환자한테서 관찰될 수 있지만, 이것은 다른 많은 문제들을 야기하는데, 첫째는 정확히 무엇이 변화되었고 어떻게 변화되었는가? 라깡은 두 번째 질문인 '방법'부터 작업하길 바라고 있었으며 그 대답은 작업되고 있던 자료, 즉 말의 특성에 놓여 있다고 느꼈다. "그 모든 근본적인 함의들 속에서 시니피앙의 기능이란 개념을 받아들이지 않는다면 해석이 작동하는 장소를 보여주는 데에 있어 어떤 지표로도 충분치 못한데, 주체가 그것에 의해 사주되는(장악되는) 매우 커다란 범위까지 시니피앙에 스스로 복종하는 일이 어디서 벌어지는지 파악하게 된다."[85]

83) 위의 논문.
84) 위의 논문. 플로지스톤은 연소에서 방출되는 기본적인 물질—요소—로 생각되었다. 이상하게도 잘못된 이런 생각이 과학의 역사에서 최근까지 계속되었고 18세기 후기까지 불가해한 것을 설명하는 데에 사용되었다..
85) 「치료의 방향과 그 힘의 원리」, 『에크리』, 브루스 핑크의 번역.

라깡은 분석가가 시니피앙들과 지식의 보고(寶庫)를 지키는 파수꾼인 대타의 역할을 떠맡으면서 주체가 만들어내고 있는 시니피앙 연쇄에서 분실된 연결을 제공해주는 역할에 지명된다고 가정했다.

> 무의식적인 반복의 통시성을 판독해내기 위하여 해석은 시니피앙들의 공시성에 개입해야 하는데, 그것들은 불현듯 번역이 가능하도록 만드는 것과 거기서 합쳐지게 된다. 이것은 분실된 요소가 나타나게 되는 그러한 대타와 관련되어 있으면서 정확히 코드의 소유에서 대타의 기능에 의해 허용되는 것이다.[86)]

분석가로 하여금 올바른 연결을 제공할 수 있도록 만들어주는 것은 분석가에 대한 환자의 믿음이 아니다. 분석가가 그것을 만들어낼 만큼 충분히 훌륭하다면 분석수행자가 그것을 듣고서 인정하도록 허용해주는 것은 분명히 이런 믿음이다.

'해석하기'는 정확한 타이밍과 정확히 올바른 말의 사용을 필요로 하는 고도로 섬세한 전략이다. 예를 들어 주체의 진실의 의미화 연쇄를 찾아갈 때 분석가는 한동안 주체의 주인 시니피앙들을 알고 있었을 수도 있는데, 흔히 그것들을 들어본 일이 있거나 그녀/그가 들었던 것으로부터 그것들을 추론한 일이 있다. 그러나 그것들의 억압된 대응물들을 찾는 방향으로 또 한 걸음을 내딛고서 만일 분석가가 이것들의 현재 상태에 대해 어떤 생각을 갖게 된다면 분석수행자가 스스로 그것들을 언술해가도록 슬며시 밀어주는 것이 가장 좋은 방법이다. 아마도 그때의 언술은 시의적절한 질문이기도 하고 혹은 분석수

86) 위의 논문.

행자가 더듬어 찾고 있거나 아주 가까이 다가갈 때 딱 한마디의 말이기도 하다. 그것을 너무 빨리 말해버리면 즉각적인 묵살과 부정으로 이끌어가게 되고, 제 시간에 그것을 포착하지 못하면 덮어가리는 시니피앙들의 소용돌이 속으로 다시 매장하게 될 것이다.

라깡이 지적했던 것처럼 분석적인 전이는 정확히 동일한 담론과정에 의하여 진실을 뒤에 감추는 덧문의 개방을 허용해줄 뿐만 아니라 그 덧문들을 단단히 닫아버리게 만들기도 한다. 이것은 바로 그가 왜 전이를 해석이란 수단으로 분석하고 설명하는 일에 반대하는지 그 이유가 된다. 그것은 환자의 자아를 너무 많이 이용하는 것이다.

> 전이에서 일어나고 있는 바를 분석가와 함께 판단할 수 있을 것으로… 거기서 생각되는 주체의 건강한 부분에 호소하는 일은 다음과 같이 오해하는 것이다. 즉 대문이거나 창문, 덧문들, 혹은 그 무엇이든 그것을 닫아버리는 것은… 정확히 이 부분이라고 오해하는 것이고, 또한 이야기를 나누고 싶은 미인이 그 뒤에 있는데 다만 그 덧문들을 너무 열심히 열려고 해서 다시는 열 수 없게 되는 것도 그 부분이라고 오해하게 된다. 이것은 해석이 바로 이 순간에 결정적인 것이 되는 이유인데, 왜냐하면 말을 걸어야 하는 사람은 바로 그 미인이기 때문이고… 무의식은 대타의 담론이기 때문이다. 그런데 실현되려고 하는 대타의 담론, 즉 무의식의 담론은 울타리 너머에 있지 않고 그 외부에 있다. 분석가의 입을 통해 덧문의 재개방을 요청하는 것은 바로 이 담론이다.[87]

87) 『세미나 XI』, 앨런 셰리던의 번역.

결론

라깡은 분석을 이렇게 봤다. 즉 절망감으로부터 가장 훌륭히 착수하게 되는 위험한 모험이라는 것이다. 그것을 시작하는 다른 이유로는 자신의 욕망이 매우 강렬하지 못하다면 그런 훌륭한 결과를 성취하기가 쉽지 않기 때문이다. 라깡한테 진실에 대한 욕망과 지식에 대한 욕망이 궁극적인 욕망이었고 그 추구가 궁극적인 즐거움을 만들어냈다. 따라서 분석은 주체의 욕망을 서투르게 삭제해내는 데에 그 목표를 두지 않아야 하고 오히려 그 강화에 두어야 한다. 그것은 자아를 강화시켜서는 안 되고 그의 허구를 약화시켜야 한다. 그에게 있어서 주체의 욕망은 항상 알기 어려운 상태로 남아 있고 또 그럴 수밖에 없는데, 그 모험은 그것에 접근해갈수록 더욱 좋아질 뿐이다.

> 욕망의 실현이란 문제는 항상 '최후의 심판'이란 관점에서 구성되고 있다. '자신의 욕망을 실현시켰다'는 것이, 말하자면, 결국 그걸 실현시켰음이 아니라면 무얼 의미할지 한번 상상해보라. 그것은 주체에겐 욕망실현의 공식화를 찾기 위해 시도하는 그 어떤 질문에 대해서도 그 역동설을 부여해주는 생명에 대한 죽음의 이러한 침해가 된다.[88)]

88) 『세미나 XI』, 앨런 셰리던의 번역.

제13장

21세기의 라깡
홍수 이후

그것이 영속하리라는 희망을 가져보자!
(마리아-레티치아 라몰리노, 나폴레옹의 어머니)

이젠 라깡 선생이 돌아가신 지도 4반세기 이상이나 지났다. 그의 카우치 위에서 분석을 경험하고 그의 세미나에 참석했던 분석가들의 세대는 이제 '늙은 파수꾼'이 되어 있다. 그들 가운데 몇몇이 스승에 대한 절대적 존경의 위치로부터 멀리 떨어져 나갈 수 있었고 또한 그의 어떤 견해들에 일치하지 않을 수도 있었다는 것은 그들의 전이에 대한 어떤 종류의 해결을 가리키고 있다. 그 다음 세대는 동일한 전이를 경험하지 않았을 것이고(아직도 그의 담론 속에 강조되어 있듯이 비록 어떤 전이는 죽은 주체와 함께 존재할 수 있고 또 존재하게 될지라도), 그의 작업에 대해 객관적인 견해를 취해서 그 위에 세우는 일을 더 잘 할 수 있다. 그러나 절대적인 스승을 찾고 있거나 절대적인 스승이 되고 싶은 새로운 세대에서도 항상 그런 사람들이 있을 것이고, 또한 라깡의 복잡한 저술에서 전수받지 않았거나 덜 전수받은 초보자들을 감동시키고 통제할 수 있는 강력한 도구를 찾아보게 된다.

자끄 라깡의 서거로 인해서 그의 제자들은 분열을 가져올 정도로 제도적인 위기와 이론적인 위기를 초래하게 되었다. 이런 갈등의 정치적 측면과 개인적 측면을 넘어 라깡의 제자들을 두 개의 커다란 캠프로 나뉘게 되는 이론적인 차이점들이 존재하게 되었다(그의 죽음 이전에 주류 집단으로부터 쪼개져나간 제3의 그룹은 '프랑스어 정신분석기구' 의 형태로 존재한다고 말할 수 있다).

첫 번째 그룹은 라깡의 이론을 완성된 작업체계로 보려고 하는 분석가들로 구성되어 있어서 초심자들한테 그 이론에 대해 해설하고 설명해주며 학생들한테 가르칠 필요가 있다는 것이다. 이런 제자들은 라깡의 작업을 충실히 공부하면 밝혀지게 될 통일된 이론이 존재한다고 믿으려는 사람들이다. 다른 그룹은 라깡의 이론들이 프로이트 위에 세워졌듯이 그 자신의 제자들과 그 다음 세대들은 그의 작업 위에 계속 쌓아가야 한다는 견해를 갖고 있는데, 비록 그들은 그렇게 함으로써 그의 공식화의 일부로부터 멀어질 수 있더라도 말이다. 이런 반교조주의 그룹이 자끄 라깡의 정신에 더욱 가까운데, 그는 통일된 이론을 갖는다고 주장해본 일이 결코 없었고 정신분석 이론은 발전 중인 작업이라고 믿었다. 프로이트학파의 영역에서 벌어져왔던 일과 비슷하게 이런 몇몇 이론가들한테 '모던 라까니언' 이란 이름이 붙을 수도 있다. 이 차이점들은 학파나 연구소보다는 오히려 개별적인 분석가들한테 적용된다. 라깡학파의 다양한 조직체에서 양쪽의 유형을 모두 가진 사람들도 있다.

프랑스에서 샤를 멜망과 장 베르줴는 아마도 두 번째 그룹의 가장 흥미로운 대표자들일 것이다. 세계무대에서 그들에게 흥미로워 하는 것은 그들 모두 라깡처럼 정신과의사라는 것이다. 프랑스 밖에서는 정신의학이 정신분석으로부터 크게 소외됨으로 해서 양쪽 분야를 서로 빈곤하게 만들었다. 프로이트와 라깡이 모두 의사였다는 것을 기억해둬야 하고, 그 학문의 선구자들이 보여준 주요한 정신분석적 통찰들이 대부분 병원에서 이뤄진 임상관찰의 결과였다는 것도 기억해둬야 한다. 정신의학이 신체적 원인의 정신의학적 증상들뿐만 아니라 극단적인 사례들도 다루고 있다는 사실 때문에 스스로 선택한 자발적인 집단의 분석수행자들을 주로 다루는 분석가들한테는 별로 유용하지 않은 넓고 깊은 견해가 의사들한테 허용된다는 것이다. 프랑스에 남아있는 작은 집단의 라깡학파 정신과의사들은 학문의 창립자라는 특별한 위치에 놓여 있고 그들의 공헌도 경시되지 않아야 한다.

샤를 멜망은 라깡의 작업을 기반으로 삼아 그것을 정신분석 이론의 규범으로 취급하는데, 그 이론의 더 큰 작업이 진행 중에 있다. 그의 많은 작업들이 정신병과 강박신경증의 이론에서 이뤄짐으로써 그는 『문명과 그의 불만』에서 프로이트가 했던 것처럼 사회 내의 변화들을 이해하는 데에 정신분석 개념들을 이용하기도 했다.[89] 현대 라깡학파의 그룹 내에서 주요한 저자들 가운데 또 한 사람이 장 베르줴이다. 신경과와 소아과에 실제적인 경험을 가진 소아청소년 정신과의사로서 그는 신체에 관심을 둔 극소수의 정신분석가였고 이완요법을 시행하고 있었다. 신체-심리 상호연결에 대한 인식 덕분에 그는 인간의 발달에 매우 특별한 통찰을 얻을 수 있었다. 생트안느병원에서 열린 그의 세미나에서 그는 몇 가지 새로운 개념들을 소개하고 옛날 개념들에 대한 새로운 이해방법들을 발전시켰다. 이런 신개념들 가운데 하나가 생각하는 과정의 청사진으로서 신체기능의 작용에 관한 것이다. 베르줴의 또 다른 진전은 이행증(transitivism)의 이용으로서 이것

89) 샤를 멜망 2002, 『무중력의 인간 – 모든 대가를 치른 향락』, 파리 드노엘.

은 그녀/그가 경험하고 있는 동일한 것을 또 다른 사람이 경험하고 있다고 상상하게 만드는 과정을 가리키는 매우 오래된 정신의학 개념이다. 왈롱과 라깡 이후에 베르줴는 소아에게 생각의 점화를 이끌어주는 상호작용의 중심에서 이행증의 과정을 보게 되었다. 이행증은 어머니로 하여금 아기에 대한 가설을 세우도록 도와주는 기제이다. 어머니와 아기 사이에서 가설의 게임은 '사회적 상호작용' 의 시작이 되고 아이가 상징적 영역에 접근하도록 허용해준다. 그는 또한 영어권에서 자폐 스펙트럼이라고 부르는 것에 대한 새로운 초심리학적 접근방법을 제공해주었다.[90)]

라깡의 유산은 지속될 것인가? 두 가지 관점들을 분리해서 검토해봐야 한다. 즉 정신분석 내에서 라깡식 모델의 미래 및 '심리학적 치료' 의 더 넓은 스펙트럼 내에서 정신분석의 미래이다.

첫 번째 관점에서 라깡식의 정신분석은 따뜻한 방안에서 효모처럼 자라왔다. 첫 번째 라깡학파는 1960년대 초에 창립되었고 그 뒤에 분열되고 또 다시 분열되었는데, 각각의 분리는 그 자체의 에너지와 엄격함을 지닌 새로운 학파의 탄생을 가져오게 되었다. 따라서 21세기 초에 아마 라깡학파 분석가들의 숫자가 다른 이론적 오리엔테이션의 분석가들보다 더 많은 것은 아닐지라도 적어도 그만큼은 될 것이다. 국제정신분석협회는 이런 분석가들을 배출시켜 왔던 그 학파들을 인정하지 않고 있지만 그 일이 그 학파들의 기능을 중단시키지는 못했다. 그러나 이러한 단일의 규제기관이 결여되어 있기 때문에 오늘날 진료중인 라깡학파 분석가들의 숫자를 정확히 계산하기가 어려웠다. 세계정신분석협회(the Association Mondiale de Psychanalyse)는 라

90) 장 베르줴 및 가브리엘 발보 2001, 『정신병과 자폐증 및 인지 부조화』 파리, 에레.

깡학파들이 다시 모여서 1992년에 창립되었다. 그 필요성은 이 그룹들이 건강하다는 것을 알려주는 신호로 보일 수 있지만, 그와 동시에 국제정신분석협회와의 경쟁적인 입장을 영속시킬 수도 있다.

그러나 라깡 작업의 강점은 정치력에 있지 않다. 라깡학파의 분석가들은 전형적으로 정치력의 장악에 흥미가 없다. 또한 심지어 '주류' 나 '유행' 이 되는 것 또는 다른 것이 되는 문제에도 흥미를 느끼지 못한다. 반(反)조직존중주의는 라깡의 유산의 내재적 일부가 되고, 그는 이것을 그의 네 가지 담론에서 그의 이론의 설립취지들 가운데 하나로 생각한다. 라깡의 지속적인 성공은 그의 이론 자체의 유용성에 있다. 그의 창의적인 직관력과 세심한 관찰 및 다른 학문들에서 빌려온 차용물들을 통하여 라깡은 분석가들이 복잡한 문제들을 이해하는 데에 효과적인 것으로 알게 된 거대한 설명가능성의 체계를 만들어냈다. 젠더 문제와 전이, 외상, 아버지의 역할 및 정신병은 그의 이론 구성을 통해 재검토될 수 있는 많은 토픽들 가운데 들어있다.

라깡의 유산

라깡의 작업은 프로이트의 작업처럼 현재 진행 중인 작업이다. 그는 일생 동안 갈 수 있는 데까지 멀리 가보았으며, 그가 제기한 많은 문제들은 더욱 발전될 수 있고 또 발전될 것이다. 이렇게 해서 여러 세대의 분석가들한테 광대한 범위의 작업이 허용되고 있는데, 그 분석가들은 라깡이 프로이트의 개념들을 재작업했던 동일한 방법으로 라깡의 개념들을 재검토하기 위해 언어학과 철학 같은 다른 영역들의 발전을 이용하는 면에서 라깡을 모방할 수 있고 또 모방하게 될 것이다. 분석치료에 대한 라깡의 생각들은 그 타당성이 매우 큰 편인데, 그 생각들은 의사들이 부딪치는 진정한 문제에서 떠올랐던 것이다. 여기서 그 문제들은 분석연구소에서 제대로 논의되지 않았고 오늘날까지도 언급되지 않은 채로 남아 있다. 예를 들어서, 분석시간의 길이에 관한 이론적인 논의가 한번도 없었고, 가변적인 분석시간의 사용에 대한 경험은 4반세기 이상이나 그 논의에 부가되어야 할 가치를 보여주고 있다. 마찬가지로 분석가의 훈련과 인정이란 문제도 깊이 논의되어 본 일이 없는데, 아마도 역사적인 이유와 정치적인 이유 때문일 것이다. 그러나 20세기 후반부에 시작된 논의는 21세기의 어떤 단계에서 일어나야 한다.

라깡이 장수하게 되는 한 가지 요인은 언어학과 철학과 인류학에서 빌려온 '차용들' 때문에 그의 작업이 비(非)임상적 영역의 학자들에 의해 이용될 수 있고 이용되고 있다는 사실이다. 문학과 사회학, 정치학, 젠더연구 및 비판적 사고에 관련된 다른 영역들(예를 들어, 영화학이나 연극학)은 모두 라깡의 이론을 이용하고 있다. 라깡의 작업은 철학자들도 연구하고 그의 복잡한 견해들은 여전히 학자들 간의 수많은 논쟁에 기름을 부어주고 있다. 라깡에 대한 이런 비임상적 관심의 정도는 거대해져서 라깡의 핵심개념들에 대한 단순한 인터넷 검색으로도 학구적인 작업의 세계를 드러내준다. 라깡의 광범위한 인기는 어쨌든 그의 작업의 생존을 보증해주는데, 그것은 정신분석적 유행과 심리적 유행의 변덕을 넘어서게 만드는 것 같다. 그런 유행은 처음부터 정치적인 논쟁에 빠지기 쉬운 경향과 특별한 이론들의 갑작스런 포용이나 거부의 경향을 보여 왔던 어떤 기구의 지시를 받게 된다. 정신분석보다 훨씬 더 많은 분야에 라깡을 적용할 가능성은 그의 작업의 미래가 그 지적인 가치에 굳건히 연결되어 있다는 것을 증명해준다.

이렇게 말해놓고 보니 정신과의사들이 정신과의사인 라깡을 좀처럼 읽지 않는다는 것은 슬픈 일이다. 이것은 아마도 부분적으로 정신의학이 생물학적 모델로 향해가는 움직임 때문일 것이다. 그런 모형은 1960년대에 향정신성약물의 제1세대 발달과 함께 시작되었고 1980년에 『진단통계편람』(DSM III)의 출간으로 그 모형에 '공식적인' 지위가 부여되었다. 이것은 미국정신의학회의 정신의학 분류체계이고 세계적으로도 지배적인 모델이 되었다. 그것은 정신장애의 이해에 심리적 모델의 자리를 거의 찾아볼 수 없는 패러다임의 변화와 관련되었고, 이런 이해의 가장 복잡한 요소들을 보여주는 정신분석에 대해서도 더욱 그랬다. 정신분석 내에서는 라깡 텍스트의 어려움과 번역 문제 때문에 공인된 교육의 외부에 남겨져 있을 뿐이다.

정신분석의 미래

우리 사회 내에서 어떤 치료체계의 존속 여부가 주로 경제학에 근거하고 있다는 것은 불행하지만 이론의 여지가 없는 진실이다. 영국(공적 자금이 투입된 의료서비스를 지닌 다른 많은 국가들과 함께)은 21세기가 시작되면서 '근거중심' 진료에 몰두하게 되는데, 그것이 돈의 가치를 보증하는 것으로 생각되고 있다. 또한 과학적으로 증명된 인지행동치료(CBT)의 효과는 심리적인 치료들에 대한 관심의 부활을 가져왔다. 정신분석 기구는 그 효과를 보여주려고 통계에 의한 그 존재의 정당화를 시도해본 일이 없었고, 또한 좋은 '결과'가 무엇인지 그 규정에 대한 이론적 곤란 때문에 방해되곤 한다. 그러나 그것이 도

전하는 데에 걸리는 시간은 길지 않을 수도 있고, 발생하게 될 문제들 가운데 하나는 장기간에 걸쳐 환자에게 일어나는 일이다. 6개월에 걸친 증상의 소실이 진정한 '결과' 인지 그 여부에 관한 논의와 다른 증상들의 재발이 나중에 그것의 반증이 될지 그 여부에 관한 논의가 고조에 달하게 된다. 그러나 인지행동치료가 제공해왔던 효과의 증거에서 정신분석에 흥미를 일으키는 것은 CBT가 적어도 심리적인 치료이고 오늘날 대부분의 정신과의사들이 사용하는 정신질환의 신경학적/유전학적 모델에는 적합하지 않다는 것이다. CBT의 성공은 후자의 집단으로 하여금 DSM의 기초가 되는 가설에 대해 재고하도록 강요할 수도 있다.

미국에서 시작된 CBT는 정신분석과는 근본적으로 다르고 대조되는 치료이지만, 두 분야는 흥미롭게도 많은 기본적인 방법들에서 서로 유사하다. 첫째, 정신분석처럼 CBT는 심리적인 고통과 기능부전성이 순전히 심리적인 중재로 완화될 수 있다는 믿음에 의지하고 있다. 둘째, 그 고통을 이해하고 언급하는 데에 사용되는 매체가 언어이다. 셋째, 치료기제는 두 사람이 비대칭적인 위치에서 상호작용하는 치료시간의 형태를 취하고 있는데, 치료자의 지식 때문에 그/그녀는 치료를 지도하고 언제 끝낼지 결정하게 된다. 의사는 치료와 그 자신에 대한 환자의 태도를 잘 알고 또 고려해봐야 한다. 그리고 환자에 대한 의사 자신의 태도가 치료의 성공에 부정적으로 간여할 수 있어서 자신의 태도에도 비슷한 주의를 기울여야 한다. 살짝 바꿔 말하면 이 모든 것이 정신분석의 몇 가지 교리와 매우 비슷해 보인다. 따라서 정신분석은 CBT가 떠오름으로 해서 위태로워지기는커녕 장기적으로는 그로부터 이득을 보게 될 것이다.

그와 비슷하게 정신분석 모델의 지속적인 성공을 보장해주는 것은 정확히 CBT와 정신분석 간의 차이점들일 수도 있다. 두 가지 접근방법들은 몇몇 관점에서 상당히 다른데, 그 첫 번째는 증상에 대한 태도이고, 둘째는 무의식의 문제이다. CBT는 증상의 감소를 주된 목표로 삼는데, 정신분석은 증상의 원인에 대한 이해에 초점을 두기 쉽다. 어떤 입장이든 각자의 장점을 내세우지 않고서도 두 접근방법들은 서로 다른 형태의 어려움 속에 있는 서로 다른 사람들한테 적합할 것 같은 생각이 든다. 오직 공개된 장소에 대한 두려움을 재빨리 감소시키길 원하는 사람은 CBT 치료자한테 도움을 구하게 되겠지만, 비참한 성생활의 근본적인 원인을 이해하고 싶은 사람은 정신분석가한테 도움을 구할 수도 있다.

CBT는 우리를 병들게 하는 것이 사건들 자체가 아니라 그 사건들에 부여된 의미라는 이론에 기초하고 있다. 그러나 CBT는 이런 의미가 의식적인 것이라서 접근할 수 있고 애매하지 않다고 믿는다. 만일 누군가가 어떤 사람한테 미안함을 느낀다고 말한다면 그들은 미안함을 느끼게 되고 그들의 문제는 그들이 미안함을 느끼지 않아야 한다는 것일 수 있다. 즉 치료자는 환자를 도와서 그들이 '잘못된 방식'으로 어떤 것에 대해 생각하고 있다는 것을 알게끔 해주려고 노력한다. 프로이트의 가장 중요한 발견인 무의식의 개념은 그 그림을 즉각적으로 더욱 복잡하게 만든다. 만일 당신이 어떤 사람한테 미안하다고 말한다면 그 말은 당신이 미안하다는 것을 진정으로 의미할 수도 있지만, 한편으로는 당신 자신의 공격성과 당신이 타인한테 생긴 일을 기뻐한다는 사실에 직면할 수 없다는 것도 의미할 수 있다. 무의식의 존재라는 문제가 중대한 것이 되는 이유는 만일 CBT가 무의식적인 의미와 논리의 가능성을 고려하기 시작한다면 정신분석의 또 하나의 분파가 될 것이기 때문이다.

아마도 정신분석에 더 큰 위협이 되는 것은 다양한 형태의 '카운슬링'의 부상이 될 것이다. 이것은 다양한 근원들로부터 출현되어온 직업이고 현재로는 진료에 필요한 최소한의 법적인 자격제한이 없다는 점이다. 훈련도 매우 다양해서 어떤 과정은 매우 철저하고 유익한 교육을 제공하고 있지만 상당히 불충분한 프로그램을 제공하는 과정도 있다. 그 영역의 발전에는 자조(自助)적인 면이 강하고, '상호 지지적이며' 또한 '클라이언트 중심적인' 요소가 있는데, 애초부터 카운슬링 중인 사람들은 '동정적인' 접근방법을 기대할 수 있다는 것을 의미한다. 즉 그녀/그는 자신의 문제에 대해 직접적인 책임을 느끼기보다 오히려 '정신적 피해자'와 '희생자'가 되고 '죄를 지은' 것으로 가정된다. 모든 카운슬러들에게 동일한 결점이 있다고 생각하는 것은 잘못일 것이다. 그것은 가지각색의 이론적 근거와 실행을 포함하는 영역이고 매우 훌륭하고 재능 있는 카운슬러도 있기 때문이다. 그러나 그 영역의 세미프로적인 특성 때문에 다수의 잘못들이 감춰질 수도 있다. 가장 바람직하지 못한 형태의 카운슬링은 개인의 신경증적인 방어들을 강화시켜주는 경향이 되는데, 예를 들어, '자기주장'과 '자만심'을 증가시키고 라깡이 '자아의 허구'라고 말하기도 했던 것을 지지해 주려는 시도이다. 카운슬링은 그 비용이 비교적 덜 들기 때문에 공적 자금으로 이용할 수 있는 영국에서 널리 보급되었고, 지지가 필요한 사람들이 아무것도 얻지 못하는 것보다 뭐라도 얻게 해주는 것이 더 좋아 보인다. 결국 관련되지 않은 쪽에서 경청한다는 그 사실이 치료적인 기능을 갖게 된다. 그러나 더욱 형식화되고 엄격해진 치료를 대신해서 카운슬링이 사용될 위험성이 존재하고, 인간의 관심사를 능가하는 예산상의 문제로 이런 위험성은 불행하게도 더욱 커지고 있다.

그러나 정신분석가와 인지행동치료자와 카운슬러 사이의 의견 차이는 결국 심리적인 치료들을 전혀 믿지 않는 이런저런 사람들과의 의견 차이보다 그 중요성이 덜하다. 또한 정신적인 문제와 정서적인 문제까지도 생물학적 요인들(유전, 눈에 보이지 않는 뇌의 병소, 등등)의 결과로 보고서 화학적 방법과 물리적 방법으로 치료할 수 있다고 생각하는 사람들과 그 문제들을 심리적인 요인들의 결과로 보는 사람들 사이에 근본적인 대립이 존재하기 때문에 라깡 이론의 미래는 다른 학파들의 정신분석의 미래와 항상 연결되고 모든 심리적인 치료들의 미래와도 관련될 것이다. 경쟁이 치열한 치료 시장에서 '일시적인 해결책' 으로는 스스로 정당화하길 거부하는 치료에 대해 밝은 미래를 예견하는 것은 너무 낙관적인(혹은 아마도 상당히 어리석은) 것처럼 보일 수도 있다. '치유하기' 가 실제로 바람직한 목표가 되는지 그 여부에 대해서도 의아심을 품게 되는데, 하물며 고정된 치료시간도 보증하지 않는 치료방법이라서 더욱 그렇다. 라깡학파의 분석은 날아서는 안 되는데도 날고 있는 뒤영벌과 비슷하다. 그것은 더욱 더 많은 정신분석가들을 유인하고 이 분석가들은 더욱 많은 환자들을 끌어들이는데, 아마도 그 이유는 이런 사람들이 그 치료 작용을 스스로 경험해봤기 때문이거나 혹은 그들이 그 치료에 대해 들었던 바가 사실처럼 들리기 때문이다. 또한 임상가들이 그 분석에 매혹을 느끼는 까닭은 그 분석이 발전중인 작업이어서 이론을 더욱 발전시킬 수 있는 가능성을 그들한테 남겨주기 때문이다. 제12장에서 암시된 것처럼 라깡의 환자들은 스스로 선택한 사람들의 집단이다. 즉 그들은 특별한 증상이 빨리 치료되길 바라는 사람들이 아니라 깊숙한 진실과 통찰을 탐구하는 사람들이다. 그러나 이 때문에 정신병이란 가장 심한 임상사례로부터 가장 경미한 신경증에 이르기까지 모든 환자들한테 라깡학파의 진료가 유용하지 못하게 되는 것은 아니라고 말해야 할 것이다. 매일의 작업에서 그러한 환자들을 다뤄야 하는 의사들(예를 들어, 정신과의사들)이 라깡의 생각들에 더욱 흥미를 갖게 될지 그 여부는 출판사와 학술단체를 통한 그 생각들의 전파에 달려 있다. 현재로서 라깡이 정신의학과 임상심리학에 한 자리를 차지하고 있는 곳은 오직 프랑스뿐인데, 아마도 그 이유는 최근까지도 그의 작업이 현재의 링구아프랑카(영어)로 번역되지 않았기 때문일 것이다. 이것이 차츰 극복되어야 하는 첫 번째 장애물이다. 두 번째는 그의 이론을 설명하기가 어렵다는 것이다. 그러나 첫 번째 관점에 대해서는 근년에 이런 작업을 추구하는 더욱 많은 책들의 출간을 보게 되었고 이 책도 그중의 하나이다. 설명에 대한 이런 노력들과 임상에서 라깡 정신분석의 성공 및 현대 라깡학파들의 이론 작업은 다 함께 이처럼 난해해서 짜증나는데도 불구하고 재기 넘치고 정직한 사상가의 작업은 앞으로 영원히 계속해서 열매를 맺어 가도록 보증해줄 것이다.

용어풀이

거세(castration) 상상적 대상인 **남근**의 상징적 상실. 거세는 자신이 결코 완벽하지 못하고 제한되어 있으며 세상을 통제하거나 만족시킬 만큼 전능하지 못하다는 것에 대한 승인이다. 따라서 거세는 아이로 하여금 법규 속에 자신을 위치시키고 그 자신의 욕망들이 최우선이 아니라는 것을 받아들이게 하는 상징적 과정이다. 거세는 신경증적 불안의 중심적인 근원이다.

거울단계(mirror stage) 아이가 거울 속에서 그 자신의 이미지를 인식하게 되는 발달 시점으로서 주체의 형성에 중요한 발걸음을 보여준다. 이 시점에서 영아는 그 자신을 조각난 방식으로 지각하는 것에서 자신의 통일된 이미지를 하나의 독립체로 소유하는 것으로 옮겨간다.

남근(phallus) 어머니의 욕망 대상이란 생각에 연결된 시니피앙이고 따라서 가정된 '완벽한 대상'이 됨으로써 일차성 억압의 대상이 되고 타대상의 전구체가 된다.

담론(discourse) 어떤 사람에 의해 말해진 것으로서 **시니피앙들** 및 대상들과 맺는 그의 관계에서 주체의 독특함에 의해 결정되는 것.

대타자(l' Autre) 규칙들과 가설들의 집합으로서 그 속으로 주체가 태어나게 된다. 대타자의 발현은 언어 및 다른 모든 상징적 구성물들이다.

몰인식(méconnaissance) 다른 책들에서는 이것을 '오인' misrecognition)으로 번역해 왔는데, 이 말은 어떤 것이 잘못 인식되었음을 의미한다. 나는 라깡이 이 용어로 의미했던 것이 '염두에 없음'(obliviousness)이라고 믿는다. 그것은 어떤 것에 관하여 '맹점'을 갖는 것과 같다. 따라서 주체는 그 자신의 의도나 의미를 염두에 두지 않을 수도 있다.

물(the Thing) 물(物)은 "우리가 상상하는 것이 불가능하다는 사실로서 그 특징을 삼게 되는" 것을 기술하기 위한 프로이트의 형식화이다. 즉 그것은 그 자체가 욕망의 대상이 아니면서도 욕망을 불러일으키는 상실의 대상이다. 라깡한테 물은 언어와 상징계의 외부에 존재하는데, "주체가 명명하고 표명하기 시작했던 모든 것들로부터 그 자체를 분리했던 첫 번째의 것"이다(라깡의 『세미나 VII』). 또한 그는 그것을 어머니의 금지된 측면과 같다고 생각한다.

병증(sinthome) 주체의 구조의 한 측면으로 실재계 위에서 그의 시니피앙 연쇄의 특수한 배열 작용을 통해 증상들을 만들어내는 것이다. 그것은 **상상계**를 **상징계**와 **실재계**에 붙잡아 두려고 보로메오 매듭 위에 네 번째 원으로 나타난다.

부명(name-of-the-father) 부성은유에서 남근을 나타내게 되는 **시니피앙**.

분석가의 욕망(desire of the analyst) 분석가가 분석수행자한테 성취하길 기대하는 것이고 분석과정을 지지해주는 것.

상상계(Imaginary) 라깡의 정신의 세 가지 '영역들' 혹은 질서들 가운데 하나. 이 책에서는 '상상적인'이란 평범한 용법과 구별하기 위해 대문자로 시작하고 있다. 상상계는 영아와 그의 거울상과의 만남에서 나오는 정신과정에 붙인 이름이다. 그것은 감각들의 영역이 되는데, 감각적인 지각에서 직접 나온 개념작용을 그 안에 수용하게 된다. 거울단계 때문에 그것은 개념화의 질서도 되고 **신체 이미지로부터** 시작된 기능도 된다.

상징계(Symbolic) 언어를 붙잡고 있는 정신의 한 '영역'이나 '질서'로서 대타자이다. 대타자는 인간의 사회와 사고를 구성하는 모든 규칙들과 가설들이다. 억압된 시니피앙들로 구성되어 있는 것처럼 무의식도 역시 상징계의 영역에 속한다.

성화(sexuation) 남자들과 여자들이 자신들의 젠더와 관련되고 거세문제와 젠더차이에 관련되는 방식.

소타자(l'autre) 거울단계에서 아이가 처음으로 거울 속에서 그 자신으로 확인하는 것. 이것은 흔히 소문지 'o'니 'a'로 쓴다는 사실을 강조하기 위해 'the small other'라는 영어와 'le petit autre'라는 불어로 나타내는데, 대타자(l'Autre 혹은 the Other)와 구별하게 된다. 소타자라는 개념은 그것과 이루는 아이의 동일시가 다른 사람들과 맺는 그의 관계의 형판을 만들어 주는 일이라서 중요한데, 그는 이제 그들 가운데 하나로 그 자신을 '인식하게' 된다.

시니피앙(signifier) 한 단어를 형성하기 위해 하나의 관념을 운반하는 신호. 언어학에서는 음성-이미지로서 소쉬르의 언어기호의 반쪽.

시니피에(signified) 한 단어에 의해 표상되는 관념으로서 소쉬르의 언어기호의 반쪽.

실재계(Real) 정신의 '영역들'이나 '질서들' 가운데 하나. 실재계는 하나의 시니피앙이 현실의 어떤 조각에 붙게 될 때 쫓아내버린 것이다. 즉 그것은 시니피앙이 붙잡지 못한 한 조각이다. 시니피앙에 의해 우리의 인식 영역으로 들어온 모든 것들 가운데 어떤 것은 감지되지 않고 상징화되지 않은 채로 남아 있어야 한다. 이것이 실재계이다.

아갈마(agalma) 신들에게 바치는 그리스의 장식용 공물로서 전달이나 교환을 위한 권력과 대상의 표지가 될 수 있다. 플라톤의 『향연』에서 아갈마는 소크라테스라는 사람한테 포함되어 있고, 그는 못생겨서 육체적 가치가 없는 사람으로 그려져 있다. 라깡은 아갈마를 타대상의 은유로 사용하고 있는데, 어떤 것 속에 담겨져 있는 귀중한 자산이며 그 가치는 그것의 그릇이 되는 것에서 나온다. 타대상은 욕망의 대상·원인이며 그렇지 않았으면 무가치했을 대상들에게서 찾아볼 수 있는 바람직한 자질이 된다.

욕망(desire) 주체가 결여하고 있는 바를 표현하는 데 있어 말이 실패한 결과.

위상수학(topology) 계속적인 변형에도 보존되는 공간의 속성을 연구하는 수학의 한 분야이다. 공간의 외양이 아무리 변할지라도 일정한 상태를 유지하는 속성을 찾아내는 일과 관련되기 때문에 그것은 인간의 정신과 그 상호작용의 당혹스런 복잡성에서도 요인들의 일관성을 찾아내려는 정신분석가한테 매력적인 모델이 된다.

의존성(anaclytic) 어떤 것에 의지하는 속성. 의존우울증은 1945년에 르네 스피츠가 입원된 아동들에 관한 연구에서 규정한 유형이다. 의존우울증은 요즘엔 애착 대상이라 부르는 아이의 주된 지지근원의 제거 때문에 발생한다.

타대상(l' objet petit *a*) 욕망의 대상·원인.

통과(la passe) 라깡학파의 분석가들이 승인을 위해 평가되었던 과정. 라깡은 다른 정신분석 학파들의 승인과정에서 보인 어떤 약점들을 극복하기 위해 이 과정을 창안했다. 통과에서 후보자는 그 자신의 분석에 대해서 설명해야 하고 그가 이해했던 바를 다른 두 사람들한테 설명해야 하는데, 그 두 사람은 그들이 들었던 바를 기술해서 심사위원단에게 '보고하게' 된다.

폐제(foreclosure) 폐제시킨다는 것은 미리부터 닫아버리는 것, 즉 접근을 완전히 차단하는 것이다. 부성은유에 적용했을 때 폐제는 주체가 '은유의 가로줄 건너기'를 실패하는 것이고 그렇게 함으로써 **상징계**의 영역에 접근하는 것을 실패하게 된다. 라깡한테 폐제는 정신병의 기초를 형성해주었다.

학소(matheme) 정신분석적인 개념을 의사(擬似)수학 형태로 표현하는 공식. 학소는 자체 내에 있는 모든 변수들에 유효해야 한다.

향락(jouissance) 영어로는 대개 'enjoyment' 혹은 'usage'로 번역된다. 라깡의 생각으로 향락은 목적달성에서 오는 만족을 가리키는 것이 아니라 합법적인(의도된) 방식으로 어떤 것의 사용(usage)에서 유래된 즐거움(enjoyment)의 한 형태를 가리키는 이점을 가지고 있다. 즉 그 쾌락은 욕동에 연결된 신체적인 기구나 심리적인 기구의 기능과 함께 온다. 이것은 이런 유형의 즐거움을 욕구의 충족에서 얻어진 쾌락과 구별해주는데, 그 쾌락은 향락과는 달리 긴장을 감소시킨다.

찾아보기

(ㄱ)

(ㄴ)

(ㄷ)

(ㄹ)

(ㅁ)

(ㅂ)

(ㅅ)

(ㅇ)

(ㅈ)

(ㅊ)

(ㅋ)

(ㅌ)

(ㅍ)

(ㅎ)

젊은 치료자를 위한
라 깡

초판인쇄일	2013년 9월10일
초판발행일	2013년 9월25일
저 자	Lionel Bailly
옮 긴 이	김 종 주
펴 낸 이	오 무 근
펴 낸 곳	도서출판 **하나의학사**
주 소	서울시 서대문구 거북골로 7-7 하나빌딩 1층
출 판 등 록	제300-2011-21호(1988. 4. 1)
전 화	(02)730-2555, 2556
팩 스	(02)730-2557
이 메 일	hanampc1@naver.com

정가 19,000원

ISBN 978-89-92141-96-3 93510